La vida interior del niño

David L. Carroll

La vida interior del niño

Traducción de José Tola

RobinBook

Título original: *Spiritual parenting.*

Aptdo. 94.085 - 08080 Barcelona.
Diseño cubierta: Regina Richling.
Ilustración: Mark Graham (The Image Bank).
ISBN: 84-7927-028-4.
Depósito legal: B- 44.182-1992.
Impreso por Libergraf, Constitució, 19, 08014 Barcelona.

Impreso en España - *Printed in Spain*

Introducción a la educación interior

El mayor secreto de Dios

Un antiguo relato hindú comienza en un desierto infinito con Dios y un sabio, llamado Narada, caminando juntos y contemplando la enorme extensión vacía. Transcurrido un rato, Narada se vuelve hacia Dios y pregunta: «¡Oh, Gran Señor! ¿Cuál es el secreto que se oculta detrás de las apariencias de este mundo y de la vida de todas las criaturas que viven en él?».

Dios sonríe y guarda silencio.

Continúan. Al cabo de un cierto tiempo, mirando al horizonte, Dios dice: «Hijo, tengo sed. Si avanzas un poco encontrarás un río. Síguelo hasta llegar a un pueblo, ve a una de las casas y tráeme una taza de agua fresca».

«Inmediatamente», responde Narada, y se marcha.

Después de andar varios minutos, Narada llega efectivamente a un río; detrás aparece una población. Se acerca hasta una granja y llama a la vieja puerta de madera. Le abre una hermosa joven, de extraños y luminosos ojos, que le recuerdan los del Gran Señor; cuando Narada los mira, olvida el encargo y el objeto de su visita.

La muchacha le hace entrar. En el interior, el padre y la madre de la joven parecen aguardar la visita del sabio, y una gran variedad de alimentos le esperan. Nadie le pregunta por qué ha venido y qué es lo que quiere. Es como si fuera un viejo amigo que regresa después de muchos años.

Narada permanece varios días con la familia, disfrutando de su hospitalidad y observando en secreto la belleza de la muchacha. Pasa una semana y después dos. Narada comienza a participar en el trabajo de la granja y la familia le invita a quedarse permanentemente. Acepta y pasa el tiempo. Al final, pide la mano de la muchacha. El padre está encantado, todo el mundo lo esperaba.

Narada y la joven se casan y se quedan a vivir en la granja. Después tienen dos hijos y una hija. Más tarde, el sabio abre una tienda, consigue gran prosperidad y cuando mueren sus suegros se convierte en jefe de la familia. Al cabo del tiempo el pueblo depende del liderazgo económico y personal de Narada, que es nombrado para un cargo importante en el ayuntamiento y acaba totalmente inmerso en el quehacer cotidiano de la pequeña población. Su vida continúa así próspera durante muchos años.

Un día por la mañana, durante los monzones, el cielo se oscurece y estalla una violenta tormenta poco habitual. Poco después se produce una crecida del río, amenazando las aguas con destruir todo el pueblo.

Por la tarde existe ya la certidumbre de que la tormenta no cesará y de que no hay posibilidad de salvar el pueblo. Narada avisa a los habitantes, reúne a su familia y les conduce en plena noche con la esperanza de encontrar refugio en las tierras altas. Su mujer y sus dos hijos ascienden trabajosamente a su lado mientras él lleva en brazos a su pequeña hija.

Pero el viento sopla tan violentamente y las aguas han subido tanto que Narada, mientras lucha contra las columnas de agua, tropieza y los elementos arrastran de su lado a uno de sus hijos. Al intentar sujetarle se le suelta el segundo. Momentos después una violenta ráfaga de viento le arranca de los brazos a su hijita y a continuación su mujer desaparece en la oscuridad.

Narada clama indefenso al cielo, pero sus gritos quedan ahogados por una enorme ola que surge de las profundidades de la noche, dejándole inconsciente. Las aguas empujan su cuerpo y lo arrastran por el río.

Pasan las horas, incluso los días. Poco a poco Narada recupera el sentido, descubriendo que ha sido arrastrado hasta un banco de arena, lejos del río, casi desnudo y medio muerto. Es de día y la tormenta ha pasado, pero no hay rastro de su familia ni de ningún ser viviente a su alrededor.

Por unos instantes permanece tumbado cara a la arena, solo y abandonado. El río arrastra restos de la destrucción y el viento lleva el olor a muerte. Se ha quedado sin nada, las aguas se han llevado todos sus objetos de valor. Parece que no hay nada que hacer y llora.

De pronto escucha una voz que le hiela la sangre: «Hijo, hijo, ¿donde está mi taza de agua fresca?»

Se da la vuelta y ve a Dios a su lado. El río ha desaparecido y vuelve a encontrarse en medio del desierto. «¿Dónde está mi agua? –vuclvc a prcguntar Dios–. Llcvo cspcrando casi cinco minutos.»

Se arroja a los pies de su Señor y le pide perdón. «Lo olvidé –se lamenta, sin dejar de gemir–. Lo olvidé, Gran Señor. ¡Oh, perdóname!» Dios sonríe y dice: «¿Entiendes ahora, Narada, cuál es el secreto que hay detrás de las apariencias de este mundo?»[1]

Venimos a aprender

Si cree en la existencia de una fuerza superior y que la vida tiene un significado espiritual último, probablemente suscribirá también la idea, algo anticuada, de que los seres humanos –igual que Narada– hemos sido enviados a este mundo para *aprender algo*.

Las enseñanzas en la vida se prolongan desde el seno materno hasta la tumba y en muchos sentidos cuanto mayores somos se vuelven más exigentes. Pero las lecciones que aprendemos de niños tienen una calidad especial. Quedan en una cámara particular de nuestras mentes y nuestros corazones, una que no puede abrirse una vez pasada la niñez, pero que nunca acaba de cerrarse del todo.

Estas lecciones son las que mayor influencia ejercen sobre nuestras vidas. Una vez arraigadas nadie las puede arrancar del todo. Una vez aceptadas no se las puede restituir por completo. Poco a poco, para bien o para mal, forman nuestro carácter y nuestro destino.

Éste es un hecho especialmente irónico si tenemos en cuenta que, durante este temprano período tan crítico para nuestra formación, paradójicamente es cuando *menos* disponemos de nuestros destinos. A una edad en que deberíamos seleccionar con cuidado las influencias que nos moldearán como adultos, la naturaleza nos ha dejado inermes, como niños recién nacidos. No sólo Dios en Su infinita sabiduría ha retirado de nuestras manos las cuestiones sobre la formación primera de nuestra personalidad, sino que las ha dejado en manos de dos perfectos extraños: nuestros padres.

Este libro es para usted

Si va a leer este libro puedo suponer que usted es:

1) un padre, un abuelo, un futuro padre, un padrastro, un padrino, alguien que algún día será padre o el amigo o pariente de alguien que encaje en esta descripción,
2) una persona interesada por la educación interior,
3) una persona interesada en educar niños de un modo espiritual.

Como padre descubrí que algo de mi propio compromiso estaba en estas tres categorías. Al nacer mi primer hijo, descubrí con pesar que había pocos libros que resultaran adecuados para aquellos que se interesan por estas cuestiones.

Editoriales religiosas de diversas creencias distribuyen escritos, algunos magníficos, acerca de la educación de los niños desde su óptica particular. Profesionales de la Nueva Era, filósofos y educadores orientados espiritualmente han escrito infinidad de libros acerca del modo de educar, pero hasta la fecha son pocas las obras que tratan el tema para aquellos padres que pueden o no tener una determinada religión pero que, de todas las maneras, desean educar a sus hijos con una *idea concreta de lo sagrado.*

Como escritor profesional, padre de dedicación plena y a veces maestro, decidí asumir los riesgos de llenar este vacío... con algunas ayudas de mis amigos. Lo que viene a continuación es, por consiguiente, un enfoque de la vieja cuestión de cómo educar a los hijos, vista esta vez desde una perspectiva *religiosa* no concreta aunque sí incondicional, si por religión entendemos el deseo del alma humana por conocer la Divinidad. Se espera que un cristiano, un judío, un musulmán, un budista o un hindú (entre otros) puedan leer este libro con un elevado grado de acuerdo y mínimas objeciones. Se espera asimismo que personas de mentalidad espiritual, aunque no pertenezcan a ninguna confesión concreta pero que crean en un poder superior y deseen que sus hijos también crean en ello, lo encuentren útil y apropiado.

Espiritual frente a religioso

Pasé el manuscrito del libro a algunos amigos para que realizaran una lectura crítica. Dos de ellos son maestros, dos trabajan en el campo de la educación infantil, uno es editor, uno clérigo y otro psicólogo infantil. Aunque a la mayoría les gustó el proyecto, a varios les desconcertaba la insistencia del libro en que los términos *espiritual* y *religioso* deben tomarse como sinónimos. Afirmaban que los adornos sacerdotales –mantras, rosarios, estatuas de Jesucristo o de Buda– no tenían nada que ver con el camino espiritual real, que la espiritualidad pertenece al amor fraternal y al respeto por la vida, no a las «pompas» eclesiásticas, y que debería eliminarse de estas páginas toda referencia a religiones organizadas, lo mismo que se arroja a los ídolos del templo.

Comprendía las ideas que había detrás de ese sentimiento, pero no estoy de acuerdo y espero que ustedes tampoco. En mi opinión y, lo que es más importante, en la opinión de muchos amables y sabios consejeros, cuyos nombres irán apareciendo a lo largo de estas páginas, el proceso contemplativo interior y la forma religiosa externa son ambos necesarios para que en el niño se desarrolle el sentido de lo sagrado. «Sin la fe –señaló un autor–, el ritual es seco y vacío; pero sin el ritual, la fe es dispersa e incontenida.»

Especialmente hoy existe una gran confusión referente a la diferencia entre lo religioso y lo espiritual, como lo ponen de manifiesto las críticas de mis amigos. Uno de ellos me dijo: «Debes distinguir entre lo espiritual por un lado y la religiosidad por el otro». Otro más señaló: «Estamos en este libro en una búsqueda espiritual, buscamos el respeto por la vida, por toda la vida. De poco sirven las Vírgenes en este viaje, lo mismo que las cruces, las estrellas de David, o las peregrinaciones a la Kaaba en La Meca».

Comencemos poniéndonos de acuerdo en que, en el fondo de este desacuerdo, hay una noción vaga y medio definida por parte de mis amigos de que cualquier beneficio social o ético es también, ipso facto, espiritual. Ésta es la escuela de pensamiento que cree que si usted es bueno con su esposa y su vecino, sigue una dieta vegetariana y practica ejercicios orientales, respeta los derechos de los animales, sigue sesiones de canalización, practica medicina natural y asiste a marchas por la paz en el mundo, automáticamente es una persona «espiritual».

Será probablemente una persona con sensibilidad social si practica tales actividades y, quizás, también honrada. Pero solamente será espiritual si cree también en una inteligencia superior y si se esfuerza activamente por conocer su nombre sagrado. De lo contrario practicará lo que los musulmanes llaman *shirk*, que significa adorar los signos de Dios como si fueran Dios mismo, parafraseando el primer mandamiento: *No adores a otros dioses más que a Mí*. En el budismo zen la misma idea se expresa, si bien de modo algo más elíptico, en el antiguo dicho de que «hay un dedo señalando la Luna, pero no confundas el dedo con la Luna». Espiritual es este libro, por consiguiente, se refiere exclusivamente a la creencia en el *espíritu*, lo que a su vez significa el Hálito de la Divinidad.

En lo que respecta a los signos externos de la religión, las cruces, los rosarios, las estrellas de David, los dioses con múltiples brazos, además de muchos otros símbolos sagrados que tienden a irritar a los no religiosos y a los religiosos, no son más que ayudas contemplativas destinadas a recordar a los devotos los principios sagrados y a servir de apoyo para la concentración durante las oraciones y la meditación. Muchas personas de creencias esotéricas consideran que poseen también un poder transformador inherente a ellos mismos. Algunos creen que simplemente con ver estos símbolos, con oírlos o tocarlos se obtiene un beneficio espiritual.

El hecho de que lo ritual y la espiritualidad son parte del mismo tejido sacro se manifestó con toda claridad a muchos intelectuales que en los años cincuenta leyeron las obras de D. T. Suzuki y Jack Kerouac y que después se hicieron practicantes del budismo zen. Interpretándolo como una enseñanza de libre flujo, desligada de reglas, que prescindía del ceremonial y que no toleraba la moral convencional, muchas de estas personas se escandalizaron al verse confrontadas en persona con los maestros zen, que comenzaron a llegar a Estados Unidos durante los años sesenta procedentes de Corea y Japón. Estos austeros y enigmáticos hombres traían una doctrina altamente formalizada que exigía esfuerzos casi sobrehumanos de sus seguidores. Jóvenes atraídos por la supuesta «laxitud» del zen se sintieron de pronto como golpeados por una maza al sufrir durante la meditación o al verse obligados a seguir unos códigos de comportamiento moral diametralmente opuestos a su anterior estilo de vida libre. La abstinencia sexual era una parte esencial de la experiencia zen, comprobaron con estupefacción. Lo mismo sucedía con la obediencia estricta a las órdenes del maestro. Otro tanto con el culto a la Divinidad en forma de figuras de dioses y diosas. ¡Sorprendente!

Una revelación similar se produjo entre los aficionados y seguidores del sufismo. Fascinados por las seductoras historias de Idries Shah, muchos lectores creyeron a Shah literalmente cuando afirmaba que los sufíes no debían lealtad a ninguna religión organizada sino que eran miembros de una sociedad secreta libre y mágica que se remontaba hasta Pitágoras. Sin embargo, cuando en años posteriores se dispuso de una información más fiable sobre el sufismo, quedó claro que todos los grandes maestros sufíes insistían con énfasis en la importancia de la práctica islámica formal –plegarias, ayuno, peregrinaje a La Meca y lectura del Corán– y hoy en cualquier escuela sufí auténtica, ya sea en oriente o en occidente, el primer requisito para ingresar es que el recién llegado sea un musulmán ortodoxo.

¿Qué es la educación interior?

En estas páginas no se intentará convertirle en un «creyente» o convencerle de que el mejor enfoque para educar a los hijos es el de la educación interior. Se presupone que usted ya siente cierta atracción hacia esta idea o como mínimo no se opone por completo a ella.

Se da tambien por supuesto que ya albergará algunas dudas referentes al modo en que se educa a los hijos en la sociedad moderna. Que no estará conforme, por ejemplo, con los padres que creen que la música satánica, los juegos de muerte electrónicos, los alimentos desnaturalizados, el sexo explícito y los espectáculos que representan el tipo de horror diabólico del que las sociedades más tradicionales ni siquiera hablan, deberán ser algo natural en la educación de los hijos.

Se supone asimismo que no estará de acuerdo con otros padres que enseñan a sus hijos que nuestro hermoso mundo es una máquina estúpida en la que el accidente fortuito es la única causa y la reacción mecánica el único efecto real, y que cree que los seres humanos no son más que mutaciones aleatorias cuyo único fin es comer, reproducirse, buscar placer e ir detrás del número uno.

Se supone, además, que al estar usted preocupado por las influencias negativas a las que sus hijos están corrientemente expuestos, lamentará la falta de influencias positivas a disposición de las mentes jóvenes de hoy en día.

Por último, se supone que usted cree que los niños son buenos por naturaleza y que son algo muy especial. Theodore Geisel, más conocido como el autor de literatura infantil Doctor Seuss, ha dicho: «Un chaval es un chico al que nunca escribo como si fuera un ignorante. Se interesará en lo que digo si lo hago interesante. Es asimismo el último reducto de un sentido del humor que desaparecerá cuando se haga mayor y se ría sólo según el modo en que los otros, la sociedad, los políticos o la familia, quieren que lo haga. Entonces se convierte en un adulto. Y un adulto es un niño anticuado».

Mucha gente cree que cuando los niños nacen van totalmente equipados con el potencial para estados de conciencia superiores. Pero debido a la educación personal y social que les inculcan los adultos que les rodean, pronto se encuentran, lo mismo que el sabio Narada, arrullados en un estado de olvido espiritual: de donde ellos proceden (de su Yo superior) y a donde deben volver (de nuevo a este Yo superior). El mundo literalmente les duerme. «En verdad –afirma un pasaje del Corán– el hombre es muy olvidadizo, muy iluso.»

El crítico literario y filósofo espiritualista A. R. Orage describe vivamente la mecánica que hay detrás de este proceso de sabotaje espiritual. Discípulo íntimo del místico George Gurdjieff, Orage pasó muchos años estudiando el efecto que tienen las influencias de los adultos sobre las mentes juveniles y los procesos mediante los cuales los niños pasan de seres atentos y receptivos a transformarse en adultos cerrados y de conducta mecánica.

Orage cree que la causa subyacente a este proceso puede simplificarse en un único factor crítico: sugestionabilidad, es decir, la tendencia de los niños a creer lo que los otros les cuentan, siempre que lo escuchen suficientes veces. Orage escribe: «Se nos ha dicho de niños que ser ricos es un estado más placentero que el de pobres, que las personas son superiores o inferiores según su posición en la vida, o sus posesiones, su atractivo, educación o talento... Se nos ha enseñado a creer que la grandeza natural es una condición de felicidad individual, que los entretenimientos entretienen, que la compañía distinguida es brillante, que es necesaria la alabanza de otras personas y que su reprobación debilita, que los libros, las imágenes y la música son estimulantes, que el ocio sin trabajar es deseable, que es posible no hacer nada, que la fama, la ostentación de poder, títulos y éxito son valores auténticos».[2]

Lo que Orage describe en su relación es, en sentido metafórico, sinónimo de la joven en el cuento de Narada. Este símbolo de la materialidad terrena, que de hecho se encuentra a las puertas de cualquiera, lo conocen los budistas como Mara, Ella Que Tienta a las Personas al Olvido, y los hindúes como Maya, Ilusión. Sin la ayuda de Dios (o, quizás más misteriosamente, *debido* a sus planes) incluso el mayor de los sabios queda indefenso cuando mira los ojos risueños y fijos de esta diosa. Lo mismo que todos nosotros, olvida que «todo lo que hay aquí pasa y que sólo permanece la Faz del Señor».

Desde un punto de vista simbólico, además, el momento del nacimiento de toda persona es una reconstrucción del caso de Narada. «Pasamos del Más Allá al éter», como lo describe un texto hindú, y después a este duro planeta a través del pórtico del seno de nuestra madre, no sabemos si protestando o voluntariamente. Intoxicados por este mundo reluciente olvidamos rápidamente nuestros orígenes sagrados, lo mismo que Narada olvidó el encargo divino, y nos vemos obligados a comenzar desde el principio, como niños, con el mundo por escuela y dos extraños por instructores. «El hombre nace borracho y muere dormido», afirma un adagio japonés. Pero aun así «nadie puede imaginarse la gran oportunidad que es haber nacido como ser humano», añade un dicho tibetano. Otra historia nos habla de un niño en el seno materno a punto de nacer. Constantemente va repitiéndose a sí mismo: «Recordaré quién soy, quiero recordar quién soy». Pero, ¡ay!, en el momento de nacer, el grito de sus labios repite lo primero que grita un niño en cualquier sitio: «¡Oh, lo he olvidado! ¡Lo he olvidado!».

Este libro, y cualquier otro que hable de cosas tan sublimes como la educación interior, se basa en la premisa de que todos los padres tienen la obligación de ayudar a los niños a entrar en contacto con su propio potencial espiritual. Este potencial está presente en cada uno de nosotros, esperando ser despertado, lo mismo que la princesa del cuento, incluso *llamándonos*. Los padres espirituales creen que los hijos a los que se anima a expresar este impulso interno acabarán preguntándose en algún momento de su vida la cuestión última de: «¿Quién soy yo? ¿De dónde vengo? ¿Adónde voy?». Durante toda una eternidad el género humano ha creído que, una vez reflexionadas con seriedad estas cuestiones, seguirá la búsqueda de las sagradas, como dice el budista *Dharmapada*, «con la misma naturalidad que el carro sigue al caballo».

Para algunas personas educar a un niño es una pequeñez, algo que hay que superar a toda prisa, de modo que los padres puedan «continuar» su vida. Pero no es una pequeñez. Es algo grande, una enorme oportunidad. Tan enorme que deberá comenzar ahora mismo, mientras el hierro está caliente y el niño es voluntarioso. De manera que un triste día del futuro usted no deba decir, constatando con el escritor Christopher Morley e innumerables otros padres que se lamentan nostálgicamente: «Hemos tenido mala suerte con nuestros hijos..., todos han crecido».

Adelante. Ánimo.

Primera parte

La educación interior del niño

1. La educación interior comienza al nacer

Nunca es demasiado temprano para comenzar con la educación espiritual del niño, ni siquiera el momento en que respira por primera vez. En la religión islámica, en cuanto el nuevo ser sale del seno materno y antes de cortar el cordón umbilical y de que se le lave, el padre susurra a su oído: «Dios es el único dios». En algunas sectas cristianas se recitan las oraciones al recién nacido cuando todavía no cuenta ni una hora de vida y entre algunas tribus de los indios pueblo, del suroeste de Norteamérica, se baña al niño en hierbas de yuca mientras se reza en voz alta; después, antes de salir el sol, se le pinta el cuerpo con arcilla blanca y se le espolvorea con cenizas. Esto sirve para recordar a esta nueva alma que algún día volverá a convertirse en polvo. Con ello ha comenzado la educación espiritual del niño.

Oscar Wilde afirmó en cierta ocasión que el papel de las paredes de las casas de su tiempo era tan feo, que una persona expuesta a él durante su infancia podía alegarlo como justificación de una vida criminal. Por supuesto, como siempre Wilde estaba haciendo una caricatura, pero a pesar de la exageración existe algo de verdad en ello. Muchos escritores, pensadores e incluso científicos creen que lo que vemos, oímos, olemos y gustamos de recién nacidos nos marca produciendo unas ondas psíquicas que se extienden en círculos concéntricos a lo largo del tiempo, llegando a influir sobre todas las etapas de nuestra vida.

Este proceso se inicia en la hora cero. Imaginémonos lo extrañas y enormes que deben de parecerle las paredes de una habitación al recién nacido cuando se enfrenta al nuevo mundo y lo monstruosos que deben de ser los miembros de la familia que se inclinan sobre su cuna. Los dibujos del papel de las paredes o los muñecos que hay a su alrededor deben de parecerle gigantes. No tiene establecidos todavía hábitos de percepción ni modos para ver bien o mal las cosas. Todo es nuevo.

Carlos Castaneda, en el quinto libro de su famosa serie *Las enseñanzas de Don Juan*, presenta una apasionante descripción del mundo sensorial del niño, rememorando sus propias experiencias infantiles cuando era entrenado como brujo entre los indios yaqui. Si ese relato es pura imaginación literaria de Castaneda o una experiencia real es algo que probablemente nunca sabremos. Pero este extraño pasaje, casi psicodélico, debe considerarse como una de las descripciones más asombrosas jamás escritas de la percepción del mundo por parte del niño. Merece la pena reseñarlo en su totalidad:

> Miré a mi alrededor. Todavía soñaba o tenía alguna visión... Tardé un buen rato en orientarme. Me encontraba tendido boca abajo y sobre lo que reposaba era un suelo espectacular. Al examinarlo no pude evitar experimentar un sentimiento de temor y admiración. No acertaba a saber de qué estaba hecho. Ladrillos irregulares de alguna sustancia desconocida estaban agrupados en un dibujo intrincado pero simple. Los habían colocado juntos, pero sin pegarlos a la base ni entre ellos. Eran elásticos y cedían cuando los apartaba con mi dedo, pero al desaparecer la tensión recuperaban de nuevo su posición original.
>
> Intenté levantarme, pero quedé prendido por una distorsión sensorial. Carecía de control sobre mi propio cuerpo; en realidad, no parecía el mío. Era inerte; no tenía conexión con ninguna de sus partes y cuando intentaba levantarme no podía mover mis brazos y oscilaba sobre mi vientre, rodando de lado. El impulso de la oscilación casi me hizo dar una vuelta completa y quedar de nuevo sobre el vientre. Mis brazos y piernas estirados me impedían girar y quedé de espaldas. En esa posición vislumbré dos piernas de extraña forma y los pies más distorsionados que jamás había visto. ¡Era mi cuerpo! Intenté doblar la espalda y mirar mis piernas, pero tan sólo pude dar una sacudida. Estaba mirando directamente ha-

cia un cielo amarillo, un cielo amarillo limón intenso y vivo. Estaba recorrido por canales de un tono amarillo más profundo y un número infinito de protuberancias que parecían gotas de agua. El efecto total de ese cielo increíble era asombroso. No pude determinar si las protuberancias eran nubes. Había también zonas de sombras y áreas de diferentes tonos de amarillo, que fui descubriendo al mover la cabeza de un lado a otro.

Entonces, otra cosa atrajo mi atención: un Sol en el cenit del cielo amarillo, justo por encima de mi cabeza, un Sol suave –a juzgar por el hecho de que podía mirarlo– que producía una luz dulce, uniforme y blanquecina.

Antes de que tuviera tiempo de reflexionar sobre todas estas escenas inverosímiles me vi agitado violentamente; mi cabeza se sacudió hacia delante y hacia atrás. Sentí que estaba siendo levantado. Escuché una voz chillona y me hallé ante una visión pasmosa: una gigantesca mujer descalza. Su rostro era redondo y enorme. Sus negros cabellos estaban cortados al estilo de un paje. Sus brazos y piernas eran gigantescos. Me recogió y me elevó hasta sus hombros como si yo fuera una muñeca. Mi cuerpo colgaba lánguido. Miraba por su fuerte espalda. Llevaba un fino pelaje por los hombros, que descendía por la columna vertebral. Mirando por encima de sus hombros pude ver de nuevo el magnífico suelo. Pude oír como cedía con elasticidad ante su enorme peso y pude ver las huellas dejadas en él por sus pies.

Me colocó sobre el vientre frente a una estructura , como una especie de edificio... La chica gigante se sentó junto a mí e hizo que el suelo chirriara. Olía a bombones o fresas. Me habló y entendí todo lo que decía; señalando la estructura me dijo que yo iría a vivir allí.

Mis poderes de observación parecían crecer a medida que superaba el choque inicial de encontrarme allí. Me di cuenta de que el edificio tenía cuatro columnas sin ninguna función. No sujetaban nada; estaban en la parte superior del edificio. Su forma era la simplicidad personificada. Eran largas y con unos salientes que parecían llegar hasta el pasmoso e increíble cielo amarillo. El efecto de esas columnas invertidas era absolutamente hermoso para mí. Tuve un arrebato de éxtasis estético.

La chica gigante me hizo deslizar de espaldas hasta la estructura. El tejado era negro y plano, cubierto de agujeros simétricos que dejaban pasar el brillo amarillento del cielo, creando complicados dibujos... Mi estado de júbilo era tan inmenso en ese instante que deseaba llorar o quedarme allí para siempre. Pero alguna fuerza o tensión, o algo indefinible comenzó a empujarme. De pronto me encontré fuera de la estructura, todavía de espaldas. La chica gigante estaba allí, pero había otro ser a su lado, una mujer tan grande que llegaba al cielo y eclipsaba el Sol. Comparada con ella, la chica gigante era pequeña. La mujer grande estaba enojada; agarró la estructura por una de sus columnas, la levantó, le dio la vuelta y la colocó sobre el suelo. ¡Era una silla!

Comprender ese hecho fue como un catalizador: disparó percepciones contundentes. Pasé por una serie de imágenes inconexas pero que podían ordenarse en una secuencia. En ráfagas sucesivas vi, o me di cuenta, que el magnífico e incomprensible suelo era una estera, que el cielo amarillo era el techo de la habitación; que el Sol era una bombilla; que la estructura que me había provocado el éxtasis era una silla que un niño había puesto boca abajo para que hiciera de casa.[1]

Proteja al recién nacido de las influencias perturbadoras

La filosofía del notable educador, filósofo y místico Rudolf Steiner brinda cierto apoyo a la visión de Castaneda. Nacido y educado en Austria, Steiner pasó su juventud formulando una teoría del conocimiento universal, transformándola en años posteriores en una «ciencia del espíritu» a la que dio el nombre de antroposofía.

Además de contribuir a la metafísica, la danza, la pintura, la medicina, la arquitectura y la agricultura, la antroposofía se convirtió en un método educativo que sigue practicándose en numerosas escuelas por todo el mundo. Una parte esencial de su teoría es que los niños al nacer son, literalmente, vehículos puros de luz y que durante sus primeros años deben ser cuidadosamente protegidos para que sus facultades se mantengan intactas. Hablando del sistema de Steiner, el pediatra Norbert Glas nos advierte que, durante la infancia, el alma del niño sigue inclinándose hacia el interior de su propio cuerpo y que el exceso de estímulos sobre sus órganos sensoriales puede perturbar este precario equilibrio:

> Un niño recién nacido puede describirse de la siguiente manera. El cuerpecito, con una cabeza muy desarrollada... El cuerpecito rodeado de un alma y un espíritu invisibles. Cuando el niño crece, éstos deben buscar, paso a paso, su propio modo de expresión física. El alma debe penetrar de manera gradual en el cuerpo. Por consiguiente, aquellos que rodean al niño deben procurar que nada se acelere, que nada se haga a la fuerza sino con verdadero amor.[2]

El doctor Glas sugiere que debe disponerse de una cama en la que durante los primeros meses el niño duerma con sus padres. Añade que «debería considerarse la posibilidad de construir una especie de cuna en la cama grande, aunque si no es factible ninguna de estas posibilidades, entonces, el moisés deberá colocarse lo más cerca posible de la madre. Ésta deberá poder escuchar siempre la delicada respiración del bebé».

Algunos padres creen que la madre y el padre deben compartir el lecho con los niños durante toda su infancia, o al menos durante los primeros años. Deborah Jackson, una periodista británica que durante mucho tiempo se ha dedicado a estudiar familias y ha entrevistado a los padres acerca de los modos de dormir, muestra pruebas convincentes de que un lecho compartido proporciona al niño una ausencia de miedo y una paz que persistirán durante toda su vida.[3]

Jackson cree que muchas de las dificultades de la infancia son el resultado de haber dormido solos. Aunque los padres se encuentren en la habitación de al lado, el modo inmaduro de pensar del niño hace que se sienta en un terrible y oscuro exilio. Señala que diferentes estudios realizados con niños de países del Tercer Mundo que duermen con sus padres demuestran que, a menudo, no presentan los tipos de inseguridad (pesadillas, sonambulismo, miedo a la oscuridad, insomnio y similares) que se consideran en Occidente como una parte inevitable de la infancia. En cuanto a la cuestión sexual –«¿Cómo podemos hacer el amor si el niño está en nuestra cama?», se preguntan muchos padres–, existen varias posibilidades:

- Dejar que el niño se haya dormido en otra habitación y llevarlo a su cama cuando hayan acabado.
- Dejar que el niño duerma con ustedes todas las noches *excepto* aquellas en que vayan a hacer el amor.
- Si es posible, hacer el amor por la tarde o en cualquier otro momento antes de acostarse.
- Cuando el niño es todavía muy pequeño, simplemente colocarlo en una zona con cortinas de la habitación. Lo peor que puede suceder es que se despierte y llore.

Incluso al nacer

Algunos médicos creen que las impresiones fuertes dejan su marca incluso durante el parto. El doctor Frederick Leboyer, médico francés cuyas obras de obstetricia han abierto los ojos tanto a los padres como a muchos otros médicos, lleva mucho tiempo insistiendo en que los recién nacidos son vivamente conscientes de su entorno y que las primeras horas posteriores al momento de nacer son, quizás, las más importantes en la vida del niño. En su famoso libro *Birth Without Violence*, presenta a los lectores varias técnicas destinadas a recibir al niño en el mundo en lugar de traerlo tirándole de los pies. Entre estas técnicas se incluyen:[4]

- Prepare el escenario en la sala de partos. Todos los observadores extraños (incluyendo los omnipresentes estudiantes de medicina) deben salir del recinto.
- Durante el parto, en el momento en que comienza a aparecer la cabeza del niño hay que eliminar las luces intensas y los ruidos molestos. Debe nacer en un entorno tranquilo y en penumbra. Leboyer afirma que la mayoría de los bebés no lloran bajo estas circunstancias y que algunos sonríen.
- Cuando ha salido se le colocará sobre el vientre de la madre, con el cordón umbilical todavía intacto. Esto se hace para establecer el vínculo postnatal entre la madre y el niño y con objeto de proporcionar oxígeno adicional para su respiración. El cordón sólo se cortará cuando deje de pulsar. Leboyer explica que «el niño no ha sido arrancado de la madre. Simplemente se les ha separado».
- Angustiado por la falta de barreras suaves y carnosas con-

tra las que apretar, a los neonatos hay que darles ahora confianza a través del tacto, por lo que se les colocará en posición segura, con la columna vertebral correctamente apoyada y sin dificultades para respirar. El contacto piel-a-piel es muy importante en este momento y la madre acunará al niño en sus brazos. «La piel del recién nacido tiene una inteligencia y sensibilidad que sólo ahora estamos comenzando a imaginar.» Señala Leboyer que para acostumbrarle al contacto humano, los padres deberán darle masajes en la espalda, comunicándole seguridad a través de la energía afectiva de la punta de los dedos.

- A los cinco o seis minutos se colocará al neonato en un baño de agua caliente –a unos treinta y seis grados–, que Leboyer considera el medio de transición ideal desde el seno materno al mundo. Señala que muchos niños abren entonces sus ojos e incluso comienzan a jugar. A diferencia del niño lloroso de la sala de partos, el sonriente bebé de Leboyer ha recibido señales de amor de su entorno desde el mismo momento de aparecer. Ya no tiene miedo.
- Finalmente, se le envuelve abrigado en pañales calientes y se le deja descansar. Aquí, a diferencia del movimiento constante en el seno materno, «asombrado del silencio, paladea lo desconocido: la tranquilidad».

Estudios con niños de más edad que han nacido por el método de Leboyer indican que son más tranquilos, están más contentos y son socialmente más adaptables que los otros. Tienen menos problemas con la comida y al dormir y tienden a desarrollar excelentes relaciones con sus padres en el curso de los años.[5]

Parte de las ventajas de este método radica en que la madre y el hijo se mantienen unidos después del parto y tienen tiempo de formar una unidad íntima. En el mundo animal, cuando la cría es separada de la madre inmediatamente, ésta no la reconoce después y llega a rechazarla. En los seres humanos, las primeras horas y días tienen una importancia análoga, al tener lugar entonces el proceso crucial de la *impronta*. Joseph Chilton Pearce la define como un suceso de base genética y activado hormonalmente en el que la madre y el niño se funden psíquicamente durante los primeros días de vida para dar una única unidad simbiótica.

Esa unión bien realizada –cuando la madre se preocupa constantemente del hijo, lo cuida y juega con él– puede producir una comunicación casi sobrenatural entre ellos. Pearce señala que los médicos y antropólogos informan que en Uganda los bebés no llevan pañales, pero parece que nunca se ensucian. Al preguntar a las madres, responden que cuando sus hijos sienten la llamada de la naturaleza les llevan de inmediato a un arbusto. Y al preguntarles cómo saben cuándo el recién nacido tiene esa llamada, responden: «¿Cómo sabe usted cuándo tiene que ir al retrete?». Lo sienten. Cuando el nexo es tan estrecho que madre e hijo parecen dos personas en un mismo cuerpo, la madre ugandesa literalmente *siente* la incomodidad del niño y la atiende de inmediato.[6]

Estudios científicos recientes apoyan esa sensibilidad del neonato. William Condon y Louis Sander, de la universidad de Boston, descubrieron que «en los primeros días de vida, el ser humano recién nacido realiza movimientos precisos, sincrónicos con la estructura articulada del habla de los adultos». En términos más poéticos, baila al ritmo de la elevación y el descenso de la voz de sus padres.[7]

A. Meltzoff y M. K. Moore han demostrado que los niños imitan los gestos faciales de sus padres casi desde el nacimiento y que rápidamente copian los movimientos de la boca y de la cabeza realizados por los adultos que se inclinan hacia ellos en la cuna.[8] La educadora Dorothy Corkille Briggs escribe: «Desde los primeros momentos, los niños son sensibles a su entorno. Saben si se les levanta con ternura o con los brazos tensos. Mucho antes de aprender el lenguaje saben si las voces y las miradas son amistosas o amables, bruscas o indiferentes. Las "vibraciones" de su alrededor les afectan y a partir de esos mensajes forman impresiones generalizadas del modo en que su nuevo mundo es seguro y digno de confianza».[9]

A diferencia del maniquí o de la losa en blanco que suponía la psicología moderna, las pruebas más recientes señalan el hecho de que el recién nacido es un ser sensible e inteligente que si es mimado puede relacionarse con sus padres desde el comienzo. Leboyer afirma: «El bebé tiene una milagrosa seguridad para entendernos. Sabe todo. *Siente* todo. Ve en el fondo de nuestros corazones, sabe el color de nuestros pensamientos. Todo sin hablar. Es un reflejo especular de nuestra imagen. Depende de nosotros que entre en un mundo de alegría».

Las primeras semanas después del nacimiento

Así como Leboyer y Pearce previenen contra la exposición de los niños a influencias negativas, el lado positivo es que las impresiones globales pueden tener un efecto igualmente intenso en el aspecto del bien. T. S. Eliot señala que su madre una vez dijo: «El objetivo es sacar el mejor provecho de cualquier cualidad».

En cuanto el recién nacido es llevado al hogar deberá rodeársele de un entorno que proporcione protección, armonía, bienestar y silencio. La cuna habrá de estar alejada de corrientes de aire, luces intensas y ruidos. Una familia neoyorquina me contaba que colocaban al recién nacido en una habitación que daba a la calle y la madre me explicaba: «Así se acostumbrará pronto al tráfico». Pero el doctor Wilhelm zur Linden considera que este tipo de exposiciones es perturbador para muchos neonatos. Seguidor de la filosofía de Rudolf Steiner, Zur Linden cree que, al nacer, el alma del niño penetra en cada órgano y cada miembro de su cuerpo y que toda impresión que recibe afecta a sus células.

Añade: «Es evidente que la calidad de las impresiones que recibe es de la máxima importancia. No sólo el ruido físico, las luces intensas o el frío, sino también las perturbaciones emocionales, el miedo o los altercados tienen un efecto directo sobre el desarrollo del cuerpo del niño». Una desarmonía general puede «conducir a una grave enfermedad o sus efectos pueden pasar desapercibidos durante décadas y aparecer mucho más tarde en forma de trastornos orgánicos». Igualmente, «las impresiones saludables, los sonidos y luces agradables, el calor adecuado, el amor y la armonía le ayudan a construir y transformar su cuerpo del modo correcto».[10]

Daremos ahora algunos métodos para proteger al recién nacido de los peligros potenciales en sus primeros días de vida.

Mantenga protegido el vientre del niño

Durante las primeras semanas de vida hay que mantener al niño caliente y bien resguardado, poniendo especial cuidado en que el estómago y la parte inferior de la espalda estén protegidos. En la medicina oriental tradicional se considera el estómago la sede de la fuerza vital y varios métodos de acupuntura tienen como objetivo dirigir esta energía (llamada *chi* o *qi*) desde la región abdominal a otros órganos. Muchas madres orientales creen que el estómago del niño es donde reside su vida –se le llama *hara* en Japón y *Tan Tien* en China– y ponen mucho cuidado en protegerlo, suponiendo que si se enfría la fuerza vital escapa.

Además, más tarde, cuando el niño crece e intenta sentarse, las madres orientales los calman colocando una mano sobre el abdomen y otra en la base de la espina dorsal. Muchos padres han observado que los niños responden siempre a esta posición tan agradable y parece producirles una sensación de seguridad psicológica y apoyo físico. Las manos calientes sobre el estómago y la espalda son también un método excelente para calmar a un niño que tiene miedo o para ayudar a que se recupere de una llorera.

A una edad algo más avanzada, los padres japoneses recuerdan a sus hijos la importancia del centro del estómago, el *hara*, y los poderes latentes que allí hay. Este concepto entre jóvenes y ancianos fue, y en menor grado sigue siendo, de importancia capital en la cultura japonesa, desempeñando un papel en todo instante de la vida, desde la cocina al budismo zen. Una mala postura puede dañar el *hara*, les dicen las madres a sus hijos. Se les enseña a sentarse rectos, a no dejarse caer sobre el *hara*, y esto lo recuerdan los jóvenes al crecer y adoptar la postura de meditación de los monjes: rodillas juntas, apoyo en los talones, espalda alineada con un eje invisible cuyo centro de gravedad es el ombligo; o la geisha, cuya cuidada postura refleja el equilibrio de «la tranquilidad en movimiento» mientras coloca flores o sirve el té.

El alemán Karlfried Durckheim escribe: «A los japoneses se les enseña desde la infancia el poder del *hara*. El padre le dice al hijo "*Hara, hara*" cuando parece no cumplir con su tarea, cuando el dolor físico socava su moral y amenaza con vencerlo o cuando pierde la cabeza de exaltación... Todo esto es un conocimiento tan natural, básico y general para los japoneses que no les resulta nada fácil, si se les pregunta sobre su tesoro secreto, hacerlo consciente y explicarlo».[11]

Que se haga la luz... poco a poco

Los niños doblan su peso durante los tres primeros meses de vida y lo triplican al cabo del primer año. Desde el nacimiento a los seis meses ganan peso a razón de unos dos gramos cada veinticuatro horas, un ritmo mucho más rápido a como lo harán más tarde.

Dada una aceleración tan considerable es esencial que se les observe con especial cuidado durante esta época, y está demostrado que aquellos que carecen de cuidados apropiados durante el primer año (por ejemplo los que crecen en centros de acogida), están socialmente menos adaptados y son físicamente menos robustos que los que han recibido esos cuidados.[12]

Parte de este cuidado es protegerles de la luz intensa e introducirles a la luz diurna poco a poco. Hay que procurar no abrir súbitamente la ventana un día con sol o que sus rayos le den en el rostro. Una exposición repentina puede dañar sus ojos y el delicado sistema nervioso, muy vulnerable en las primeras semanas. Algunos padres dirigen la luz directamente al bebé cuando le cambian los pañales, pero no es una práctica recomendable. En una familia con un recién nacido, un hijo de seis años tenía la costumbre de levantarse por la noche y estudiar al bebé mientras dormía bajo la luz de una linterna. El bebé casi siempre se despertará, con los consiguientes gritos.

Rudolf Steiner aconseja que la cuna tenga un dosel que filtre y suavice la luz. Para los bebés que lloran a menudo sugiere colocar por encima una tela anaranjada, pues la calidad de la luz que pasa a su través tiene un efecto calmante sobre el niño.

Manténgale caliente

Puesto que el niño ha estado viviendo nueve meses en el vientre de su madre a una confortable temperatura, conviene mantener este efecto termostático durante los primeros días posteriores al nacimiento. Hay que vigilar las corrientes de aire, mantener alta la calefacción en invierno, e incluso en verano arroparle bien. Tiene especial importancia proteger su cabeza. El doctor Norbert Glas advierte que «la cabeza debe estar cubierta siempre y deben resguardarse en especial las fontanelas, de modo que el calor no se pierda a través de estas aberturas de los huesos del cráneo... En contacto con su piel deberá llevar una camiseta de pura lana, y un pequeño bonete también de lana tendría que cubrir su cabeza... Lo mismo que sucede con el resto del cuerpo, que si no se cubre se enfría rápidamente, rige para la cabeza durante los primeros meses».[13]

Evitar ruidos fuertes

Glas y Zur Linden están de acuerdo en que durante los primeros días lo mejor es proteger bien al niño de los ruidos. Al cabo de unas pocas semanas pueden dejarse algunos sonidos habituales en el hogar sin que perjudiquen y, de hecho, el ruido de los hermanos mayores jugando o de los padres charlando es una excelente introducción a la vida social.

Zur Linden advierte también que ruidos mecánicos como el de una aspiradora es mejor retrasarlos lo más posible. «Los sonidos de la radio y de la televisión, incluso la música, son especialmente perjudiciales, mientras que la música en directo, en especial el canto, es de gran utilidad para el niño».[14]

Presentación del mundo exterior

Algunos padres creen que hay que sacar al recién nacido inmediatamente, durante la primera semana, para acostumbrarle al bullicio. Pero imaginemos lo confuso que será para él ser sacado de pronto de la tranquilidad del vientre materno y de la cuna y ser llevado al estrépito de la Calle Mayor. Una regla conveniente es esperar al menos dos semanas y después hacerlo durante poco tiempo cada día.

Si vive en un área residencial o en el campo, dedique algunos minutos a que el niño vea las flores y los árboles cercanos. Muéstrele el cielo y el suelo, las flores y la hierba. Después vuelva a casa. Al día siguiente regrese al mismo lugar y muéstrele lo mismo. Al otro día deje que vea un poco más, y así sucesivamente. Tome sus manitas para que toque una rama o una hoja. Háblele. Los bebés de esta edad son extraordinariamente receptivos a las impresiones.

Si vive en la ciudad, siga la misma rutina pero con moderación, pues los entornos urbanos cansan a los niños pequeños. Un lugar excelente para visitar es un recinto para juegos infantiles.

Prepárese para detectar pronto las diferencias individuales de carácter

Las diferencias de temperamento parecen manifestarse al nacer. Las causas pueden atribuirse a la genética, el entorno, la alimentación o, desde un punto de vista espiritual, al destino, el karma, la voluntad de Dios o como quiera uno llamarlo. Un bebé puede abrazarse a su madre, mientras que otro comienza a llorar en cuanto se le levanta. Los hay capaces de dormir incluso con el ruido de un generador.

¿Cuál es la importancia de estas tempranas diferencias? Un estudio realizado entre 141 niños durante un período de catorce años, indica que tales características son expresión del propio temperamento y que el recién nacido lleva tendencias de comportamiento que continuarán hasta la edad adulta. Un médico que examinaba a una de mis hijas a los pocos días de nacer, observó que se mantenía tranquila incluso si se la empujaba y pellizcaba. «Probablemente seguirá así. ¿Sabe usted? Los bebés tranquilos tienden a seguir siéndolo. Los bulliciosos lo mismo. –Meditó unos instantes y añadió–: Mi hijo comenzó siendo un espanto desde el primer día; hoy tiene treinta y seis y sigue *amargando a todo el mundo.*»

Los psicólogos A. Thomas, S. Chess y H. G. Birth, al observar que ciertas tendencias parecían innatas, formularon la teoría de que los recién nacidos llegan preparados en uno de los tres tipos básicos de comportamiento que ellos denominan fácil, difícil y lento de animar. Por ejemplo:

Los niños *fáciles* están relajados, lloran poco, sonríen con facilidad y se adaptan bien a su entorno. Suelen seguir siendo afables toda su niñez hasta la adolescencia.

Los niños *difíciles* pueden ser irritables. Reaccionan con violencia antes las personas nuevas, a las situaciones inusuales e incluso a las caricias de sus propios padres. Al crecer tienden a ser malhumorados y testarudos, aunque también enérgicos, inteligentes y llenos de curiosidad hacia el mundo que les rodea.

Los niños *lentos de animar* son reservados, cuidadosos, gentiles y precavidos en sus respuestas al mundo. A diferencia de los difíciles, no les gusta expresar sus sentimientos, y por contraste a los fáciles, a menudo son indiferentes. En años posteriores estos niños suelen tener dificultades en las relaciones con los demás y para enfrentarse a las situaciones competitivas.[15]

Resulta interesante el hecho de que estos tres tipos infantiles se corresponden con el antiguo sistema de clasificación de los hindúes para catalogar no sólo los niños sino también los alimentos, el tiempo, las enfermedades y todo lo imaginable. Según la doctrina hindú hay tres fuerzas activas en el universo: *sattva*, *rajas* y *tamas*.

Sattva es la fuerza de la gentileza, el equilibrio y la benevolencia. Debido a ella luce el Sol, se imponen los argumentos y la estructura molecular de la materia mantiene su coherencia. Los niños de este tipo son extrovertidos y felices.

Rajas, la segunda fuerza primaria, es la de la violencia, autonomía, ego, calor, miedo, energía. Causa tormentas y terremotos, inspira grandes ideas y guerras, pone la vida en movimiento. Los niños son fieros, brillantes, difíciles, lloran con frecuencia y a veces tienden a un exceso de actividad.

Tamas es la fuerza de la inercia, del frío, del reposo y de la decadencia. En el plano cósmico produce tranquilidad, oscuridad y entropía. A nivel humano, los niños son amables, tímidos y lentos. Es difícil motivarlos, pero son tenaces una vez asumido un papel.

Cualquiera que sea el paralelismo entre estas nomenclaturas (y podría hablarse de otros sistemas similares tales como el medieval de los «humores», que caracteriza a los individuos como *sanguíneos* [fáciles], *coléricos* [difíciles y activos] y *flemáticos* [de respuesta lenta]), el objetivo es simplemente ayudar a los padres a entender que sus hijos vienen al mundo «preparados» y que esas tendencias se manifestarán ya en la cuna. Es el material que hay que trabajar durante diez o doce años para moldear su carácter.

La importancia de la madre

Durante el primer año, el desarrollo físico y espiritual del niño depende en gran medida de su madre. Un estudio realizado señala entre cinco y veinte puntos de inteligencia adicional en los niños cuidados activamente por sus madres. En otro se demuestra que el comportamiento materno conduce a una sofisticación del juego infantil y a una mayor capacidad de relacionarse con los demás.[16]

Alison Clarke-Stewart escribe: «Un número creciente de artículos indica que, incluso desde las primeras horas de vida, la cantidad y el tipo de interacción entre la madre y el hijo afectan al curso posterior de su relación... El comportamiento de la madre configura de modo significativo el desarrollo cognitivo. Incluso a esta edad (los primeros seis meses) la estimulación materna determina el desarrollo global y el coeficiente intelectual (CI)... En general, el desarrollo cognitivo parece estar relacionado con un comportamiento materno estimulante, en particular con el hecho de mirar, hablar y jugar con el bebé».[17]

En algunas religiones, en especial la hindú y la taoísta, se cree que el cordón umbilical tiene un acompañante invisible de sustancia etérea o «astral». A diferencia del físico, no se corta al nacer y sigue uniendo a la madre y el hijo durante meses, incluso años. Se cree que se mantiene intacto a larga distancia, hasta miles de kilómetros, aunque cuando mejor funciona es cuando madre e hijo están juntos.

Mucha gente ha observado que el recién nacido enferma o se agita si se le separa de su madre o que siente su llegada, animándose de pronto y serenándose aunque no haya entrado todavía en la habitación. A los ocho meses, dejamos a mi hija con una canguro durante cuatro o cinco horas mientras mi mujer y yo íbamos a una boda. Al volver, la canguro nos dijo que la niña había pasado la mayor parte del tiempo mirando una foto de mi mujer que hay cerca de la cama y sonriendo a su camisón. Mucha gente cree que esta fuerza es más que psicológica, que es una energía espiritual invisible que fluye entre ambos y los nutre.

En vista de esta idea (independientemente de que usted la acepte como un hecho real o una metáfora), las madres que dan a luz y regresan a su trabajo habitual a los pocos meses están perdiendo una excelente oportunidad de dar al niño la máxima alimentación espiritual y de aprovechar emocionalmente esa experiencia. Por supuesto, a menudo las presiones económicas no dan otra opción a los padres, pero cuando existe esa posibilidad vale la pena recordar lo importantes que son esos años en la vida del niño, lo corto que es el tiempo laboral comparado con toda una vida y cuánto hay para ganar por ambas partes dedicando ese período exclusivamente al hijo.

Tocar es enseñar

Se trata del contacto cutáneo. A los bebés les encanta la agradable sensación de un masaje con aceite caliente o de ser enjabonados en el baño. Frote suavemente su cuello, dejando deslizar los dedos a lo largo de la espalda y concéntrese en transmitir su energía a los órganos del niño.

Estudios científicos han demostrado que los niños a los que se acaricia con frecuencia y a los que se habla con tonos cariñosos e inteligentes son más sanos y despiertos que aquellos a los que raras veces se toca. La doctora Margaret Ribble cita un estudio sobre recién nacidos que, por enfermedad, tuvieron que pasar las primeras semanas de vida en el hospital y que durante ese tiempo apenas recibieron un trato afectivo. Aunque las enfermeras les cuidaban bien, un número muy elevado sufrió pérdida de peso, agrandamiento de la cabeza y el hígado, apatía y pérdida de energías. Los síntomas casi desaparecieron cuando regresaron a su hogar y recibieron un contacto físico cariñoso.[18]

El antropólogo Ashley Montagu, en su obra sobre la importancia social y psicológica del contacto humano, señala que durante la primera media hora posterior al nacimiento, el contacto con la piel entre la madre y el niño es un requisito previo para que éste se desarrolle después sin problemas:

> Es evidente que después del parto la madre necesita al bebé lo mismo que éste a ella. Cada uno está preparado para desarrollar sus propios potenciales: en un caso el papel materno, en el otro el desarrollo humano. El momento crucial en este período sensible son los primeros treinta minutos después del parto. Cualquier interrupción entre la madre y el niño en esos instantes afecta negativamente a ambos. Fisiológicamente, la interacción física activa y realza cambios hormonales y de otro tipo esenciales en cada uno de ellos, que contribuyen a un óptimo funcionamiento. Psicológicamente, se profundiza el mutuo interés.[19]

Según Montagu, el resultado de ocho estudios realizados revela que los niños acariciados frecuentemente por su madre lloran menos y ríen más que los de grupos de control que recibían una estimulación táctil mínima. Esto concuerda con los trabajos del doctor Myron Hofer, según el cual, el toque de la madre provoca realmente cambios fisiológicos positivos en un niño. Sirve, por ejemplo, para reducir los niveles de excitabilidad y mantener un ritmo correcto de las funciones fisiológicas, los latidos cardiacos y el metabolismo. Cree que el efecto de una separación temprana de la madre, con la consiguiente falta de estímulos táctiles y, lo que es igualmente importante, de la leche materna, equivale a negar al niño una importante información biológica. Sugiere que, en las primeras etapas del desarrollo, el sistema nervioso central del niño podría ser «informado» de la cantidad de nutrientes en su intestino mediante la leche materna y que en consecuencia se regularía el ritmo cardiaco.[20]

Montagu aventura también que la falta de contacto físico entre el niño y los padres podría ser responsable de muchos achaques y comportamientos neuróticos desarrollados en la edad adulta. La falta de contacto podría manifestarse después como un «prurito de ser amado», que se traduce en un eczema. La moda de lechos gemelos entre parejas casadas guarda relación con la costumbre occidental de que los niños duerman solos, sin el cálido contacto con quien les cuida.[21]

Rodear al niño de buenos pensamientos

Aunque no puede medirse la fuerza del pensamiento en una escala de Richter, muchos padres saben instintivamente que la calidad de sus pensamientos y sentimientos afecta la atmósfera del hogar y, a su vez, a los hijos, que pueden volverse alegres, malhumorados o melancólicos.

Una madre que conozco no deja de sentarse todas las mañanas y tardes durante diez minutos al lado de la cuna de su hijo e imaginarse que emite una esfera de luz, calor y amor desde su corazón hasta el del pequeño. Se imagina que la esfera rodea al niño y le engloba. Lo visualiza tomándola, transformándola en energía y determinación. Se imagina al niño jugando con la esfera, atrapando los ángeles; se imagina la esfera por el aire, dejando un trazo plateado que llena toda la habitación; describe al niño bañado en la luz gloriosa, riendo, balanceándose y sonriendo de felicidad.

Éstas son tres sugerencias de otros padres sobre lo mismo:

1. Intente no tener pensamientos airados o indiferentes cuando esté cerca de un niño muy pequeño. (Algunos padres procuran no discutir nunca en su presencia.)
2. Mantenga una imagen mental del niño haciéndose más sano y fuerte, en especial si está enfermo.
3. No deje de hacer plegarias en silencio por la salud del niño. (Algunos padres rezan para que cuando sus hijos crezcan sean reverentes y devotos.)

Polly Berrien Berends escribe: «La mejor contribución que podemos hacer por nuestros hijos es mental. Evocando constantemente su ideal, su perfección esencial, les mantenemos libres para que consigan la verdadera libertad».[22] Norbert Glas añade al respecto: «Es evidente que un niño debe vivir en una atmósfera de pensamientos sanos. Si se dice una mentira a su alrededor absorbe fuerzas perjudiciales a través de su sentido de percepción mental. Pensamientos cariñosos de su madre le harán saltar de alegría. Son alimento para su alma como la leche pura lo es para su cuerpo».[23]

MASAJES AL NIÑO

Si bien dar masajes al niño es un procedimiento relativamente nuevo en Occidente, se ha practicado desde tiempos inmemoriales en la India y en Oriente. Destinado a relajarlo, limpiarlo, proteger su sensible piel y estimular sus órganos –y, sobre todo, enviarle sentimientos cálidos y pulsantes de amor– tanto la madre como el padre pueden participar en este lujoso y satisfactorio acto; no hace falta entrenamiento. Con aceite de oliva o de mostaza caliente se comienza frotando los hombros del niño, la espalda y el pecho. Hay que hacer movimientos circulares lentos con las palmas y los dedos. Cada movimiento se repite tres veces. Amasar la carne de sus brazos y piernas, moviéndose suavemente hacia arriba y hacia abajo por los brazos, desde los dedos a los hombros. En las piernas se amasa desde los muslos hasta los dedos de los pies. Después se frota la región abdominal con firmes y profundos movimientos circulares. Después de un poco de práctica, sus manos encontrarán el mejor modo de hacerlo.

El juego estimulante

El juego es un impulso temprano en la mayoría de los niños, a veces durante las primeras semanas de vida, y parece ser un instinto muy desarrollado lo mismo que el hambre o el deseo de levantarse. Estimúlelo, incluso a esta edad. Después ayudará a que la persona desarrolle el rasgo más excelente del carácter, el sentido lúdico.

Hablando en términos generales, los juguetes que se venden son innecesarios para los niños de menos de un año. A esta edad se entretienen más con la simple interacción con sus padres y hermanos. Para jugar, ahora son mejores objetos no peligrosos de la naturaleza: hojas, flores, esponjas, etc. Son agradables y además le introducen en el mundo natural: agua, fuego, aire y tierra.

Agua

El agua la descubren fácilmente y disfrutan con ella en el baño. Chapotear es un excelente entretenimiento los primeros meses. Cuando pueden ya sentarse, un cuenco lleno de agua en un lugar seguro proporciona largos ratos de diversión. Déle una cuchara de palo y una taza para aumentar el gozo.

Fuego

Aunque no es un juguete para nadie a ninguna edad, los padres se lo pueden presentar durante el invierno dejándole que se siente cerca de la chimenea y sienta en su rostro el calor de las llamas. La primera vez es fascinante para la mayoría de los niños, después relajante y al final narcótico. Inténtelo. No es casualidad que una de las meditaciones básicas del yoga sea mirar una vela, y es una práctica que se ha recomendado durante siglos como medio de calmar los nervios y centrar el espíritu. Algunos padres encienden velas por la noche en la habitación del niño, dejando que éste se duerma con sus danzantes sombras. No es necesario decir que deben tomarse en estos casos las máximas precauciones.

Aire

A muchos niños les gusta que sus padres les soplen en las manos y los pies. La sensación produce un agradable cosquilleo en la piel. Más tarde, juguetes como cometas y abanicos les introducen en los misterios del viento. Un padre puede sacar a su hija a pasear un día de vendabal y preguntarle si puede decirle lo que el viento intentaba contarle.

Tierra

Una familia que conozco mantiene gran parte del tiempo a su hijita fuera, durante los meses de verano, en un gran patio. Ya que no se puede sentar todavía, preparan un lecho sobre el suelo y la dejan tranquilamente mirando el cielo y los árboles mientras la familia trabaja en el huerto a su lado. Al estar en la tierra, bien protegida, las vibraciones penetran en su cuerpo y los olores de la hierba y del suelo comunican sus silenciosos mensajes. Más tarde, cuando la niña pueda sentarse y comenzar a manipular objetos, la arena, trozos de arcilla, etc., le presentarán el elemento tierra.

Presentación del bebé a nuevas personas

Hay que ser restrictivo al dejar que otras personas toquen a sus hijos, en especial extraños o visitantes ocasionales. A esta edad son como placas fotográficas: cualquier impresión que llegue a ellos quedará para siempre. Un maestro espiritual indio y partidario de una forma de sufismo marcada por el hinduismo, con gran influencia en Occidente, es Inayat Khan, cuya obra la continúa su hijo Pir Vilayat Khan.

En el tercer volumen de su *The Sufi Message*, Inayat Khan presenta uno de los escritos clásicos sobre educación interior. Léalo.

Hablando en concreto de la socialización temprana del niño, Khan escribe:

> En Oriente hay una superstición que dice que no debe dejarse a una persona indeseable acercarse a un niño pequeño. Si los padres o los parientes creen que cierta persona no debe estar en presencia del niño, se le evita por la sencilla razón de que el niño es como una placa fotográfica. El alma es el negativo, totalmente sensible y susceptible a las influencias, y la primera impresión que cae en ella, arraiga... De la misma manera que una placa fotográfica es primero negativo; después, tras el revelado, se convierte en positivo. Y éste es el proceso por el que pasa el alma en su infancia. Todo lo que llega de las altas esferas y de la familia se desarrolla, se vuelve positivo o sólido, o dicho con otras palabras, se condensa porque es el momento en que el espíritu se forma y se positiva. Si en ese tiempo ha incidido sobre el niño una impresión indeseable, no importa la educación que se le dé, pues esa primera impresión se concretará más tarde. Nada puede borrarla ya que la infancia es el momento en que el alma se vuelve positivo.[24]

La importancia del ritmo

Según el hinduismo, la existencia es una danza con Dios como coreógrafo, creando y destruyendo mundos en amplios ciclos de tiempo mediante su energía rítmica primaria. Ananda Coomaraswamy afirma: «El cosmos es su teatro. Hay muchos pasos diferentes en su repertorio. Él mismo es autor y audiencia». Los niños son una parte particularmente sensible de este movimiento rítmico y por eso responden con facilidad a las cadencias, a los ritmos y los movimientos, a los traqueteos y a los sonidos medidos.

Si un niño llora de dolor o miedo, un balanceo rítmico calmará su espíritu. Según Wilhelm zur Linden: «Mecer a los bebés es una costumbre en la que la civilización no ha vencido todavía a los instintos naturales. No es acostumbrar mal al niño, pues unos pocos minutos son suficientes para dormirle. La velocidad correcta puede averiguarse con ayuda de una nana». El suave movimiento de un lado a otro recuerda la respiración. La breve sacudida que se repite entre cada oscilación ayuda a desconectar la conciencia del sistema nervioso y duerme al bebé.[25]

Inayat Khan afirma que atraer la atención de un niño que llora agitando un sonajero o dando palmas puede reducir su velocidad interna y sincronizarla con la de los padres. «Se comienza haciendo ruido a su propio ritmo y llevándolo después a un ritmo normal. Por ejemplo, agitando el cascabel al ritmo del niño y haciéndolo después cada vez con mayor lentitud, el niño pasará de modo natural a este último. La excitación desaparecerá y el estado de su mente, la circulación sanguínea, los movimientos, las expresiones, todo cambiará a un ritmo normal.»[26]

Otros sonidos rítmicos a los que los niños responden son:

- Tocar suavemente un tambor.
- Golpear con los pies o los dedos.
- Cantar, repetir melodías.
- Recitar rimas métricas sencillas. Algunos padres leen, aparte de cuentos infantiles, poesía o escrituras sagradas: Confucio, la Biblia, el canon de los budistas, el *Bhagavad Gita*, el Corán.

Y finalmente, recuerde...

Resumiendo, el mensaje espiritual más importante que puede transmitir a los niños durante su primer año de vida es que pueden confiar en las personas de su alrededor; que su entorno es seguro, benevolente; que sus padres, especialmente la madre, están próximos y pendientes; y que se les ama intensamente. Esto, más una advertencia repetida: nunca es demasiado pronto para comenzar con la educación interior de un niño. Khan escribe: «Lo que generalmente sucede es que los padres no piensan en absoluto en la educación en la infancia. Creen que es una edad en la que el niño es un muñeco; que todos pueden manejarle y jugar con él. No piensan que es el momento más importante en la vida del alma, que nunca más tendrá ésta la oportunidad de desarrollarse».[27]

2. Enseñar al niño que da sus primeros pasos

Cuando se acercan a la edad de dar sus primeros pasos, los niños son lo suficientemente maduros como para aprender algunos fundamentos espirituales. El principal es que vivimos en un mundo de constante oposición –caliente y frío, fuerte y débil, sí y no– y que el mejor camino por este laberinto es el intermedio.

Pueden usarse muchos métodos para enseñar esta profunda lección, pero uno de los mejores es el del propio movimiento corporal. ¿Por qué? Porque los lactantes se informan del mundo sobre todo a través de los cinco sentidos. Estudian escrupulosamente su entorno, pero con sus dedos y su lengua, con su piel y sus oídos y con los codos. El psicólogo suizo Jean Piaget llama a esta etapa el período sensomotriz, cuando la educación se recibe a través de impresiones táctiles en lugar del intelecto.

Hace algún tiempo, en Nueva York, estaba con un niño en un patio de recreo cuando vi a una madre y su bebé entretenidos en una esquina con lo que me pareció al principio un juego tonto. La mujer había colocado una tabla de metro y medio frente al niño; en uno de los extremos había dibujados unos pies y en el otro sujeto un tigre de juguete. Ambos estaban unidos por una línea trazada por el centro de la tabla.

La mujer estaba utilizando evidentemente ese ingenio para enseñar al niño a caminar recto. La idea me parecía lograda y cuanto más la observaba más sentido tenía. Pacientemente guiaba al niño hacia su objetivo, mientras éste se bamboleaba cómicamente de un lado a otro, usando la línea como coordenada para el equilibrio. Mientras andaba, la madre le llamaba la atención sobre el tigre que le sonreía y pude observar como el niño caminaba cada vez con mayor confianza.

Hacer del caminar una lección espiritual

Si se estimula al niño para que desarrolle un sentido del equilibrio físico y mental al dar sus primeros pasos, esta experiencia enraizará en su psique lo mismo que en su cuerpo, manifestándose más tarde en características tales como serenidad, elegancia y confianza. ¿Por qué? Porque las experiencias psíquicas en edad muy temprana se asimilan en forma de símbolos y sensaciones, y esos símbolos, a su vez, se transforman en comportamientos psicológicos y hábitos musculares. El doctor Norbert Glas dice: «Mediante la actividad de los órganos sensoriales en la infancia es posible obtener más tarde una tranquilidad espiritual tan grande como uno quiera. Quien de niño desarrolla correctamente el sentido del equilibrio es capaz de alcanzar una calidad humana que puede considerarse un clímax del desarrollo humano: la capacidad de experimentar la paz interna, el trabajo del espíritu».[1]

A su vez, si la primera experiencia al andar fue gozosa, la búsqueda del equilibrio puede usarse más tarde para encontrar el propio *centro espiritual*. A la inversa, si esa experiencia resultó conflictiva, el niño podría volverse difícil y carente de confianza en sí mismo, tanto física como emocionalmente.

¿Se está sugiriendo que muchas de estas metáforas guían en silencio nuestras vidas? Por supuesto que muchas personas espirituales defienden este punto de vista, como Hazrat Inayat Khan: «El momento en el que el niño se levanta y anda es el que debería protegerse con el máximo interés. Es el momento en que se manifiestan los poderes... Ahora existe un simbolismo en las acciones del niño. Si se dirige recto hacia algo, eso indica la rectitud de su naturaleza. Si se tambalea entonces demuestra falta del poder de voluntad... Si corre y llega a determinado lugar, es impulsivo y aventurero; saltará sobre algo al crecer. Pero si en cuanto comienza a andar el niño adopta un ritmo adecuado y alcanza el punto deseado, resulta muy prometedor. Demuestra sencillez de objetivos y equilibrio en el ritmo de sus pasos».[2]

Los padres pueden practicar con su propio equilibrio durante las lecciones de andar del niño, que deben situarse en un plano intermedio entre el despego y el exceso de protección. Estuve observando a Joan, de doce meses, cuando intentaba sostenerse sobre los pies. Sus padres eran miembros de un grupo de meditación al que yo también pertenecía y creían firmemente que la niña realizaría sola su trabajo. Cada vez que sentían la tentación de interferir se abstenían de levantar a su hija o de sostenerla. La madre me dijo: «Si comienza a aprender la ley de que el esfuerzo cuenta, ya seguirá su camino».

Al mismo tiempo, los padres de Joan no dejaban de fomentar los progresos de su hija con palabras de ánimo. Una noche de agosto en su casa, cuando Joan daba sus primeros pasos, escuché por causalidad. «Ahora eres tan recta como un árbol. Te vas levantando hacia lo alto hasta alcanzar el cielo. Arriba, arriba, toca el cielo. ¡Buena chica! ¡Pronto caminarás entre las estrellas! ¡Qué paso de gigante! ¡Qué paso de gigante hacia la luz que tomas!»

Más tarde estuve hablando con ellos acerca de sus métodos de instrucción. Aunque Joan no podía entender todo lo que le decían, ambos estaban de acuerdo en que era capaz de reconocer palabras básicas: *parar, ir, bien.* Y lo más importante, podía traducir intuitivamente los tonos de voz de sus padres y esto ejercía una intensa fuerza directriz que la llevaba al éxito. Otro instrumento didáctico que empleaban era reproducir verbalmente las acciones de Joan en el mismo momento en que tenían lugar. Creían que esto daba a la niña una sensación de simultaneidad, además de la seguridad de que la atención de sus padres estaba constantemente enfocada hacia ella: «¡Te has caído, Joan. Buum! Inténtalo de nuevo. Ahora, otra vez arriba. Ya estás de pie. Perfecto. Joan se levanta. Buena chica».

Cuando su hijo dé los primeros pasos, anímele arrodillándose, abriendo los brazos y exhortándole a que avance. De este modo podrá recogerle al caer o recibirá un abrazo cuando alcance su objetivo. En cualquier caso el resultado es emocionante.

Otra técnica, ésta sugerida por Inayat Khan, es animar al niño a que dé sus primeros pasos hacia algo espiritualmente precioso. Esto pueden ser los propios padres, o un objeto de importancia religiosa. En Tailandia, por ejemplo, se anima a los niños a que se dirijan hacia una estatua de Buda. Si el niño responde con rapidez, la familia lo celebra como auspicio favorable e indicación de que Buda ha favorecido al pequeño. Por supuesto, usted puede utilizar el objeto que quiera: una imagen de su maestro espiritual, un libro sagrado, un diagrama de meditación, etc. De este modo le proporciona al niño un mensaje luminoso así como un incentivo: a donde quiera que vayas en tu vida, estarás caminando hacia la luz.

Como padres se darán cuenta que el niño golpea a menudo el suelo, y a veces con un sonoro *tac*, y este ensayo y error, y las caídas inofensivas son el mejor de los instructores. Resulta maravilloso lo impertérritos que permanecen incluso después de haberse caído cien veces.

Si durante el proceso de aprendizaje el niño queda fuera de su control de un modo peligroso, ofrézcale ayuda con rapidez y sin argumentos. La idea es que la experiencia de andar discurra tan libre de conflictos como sea posible. No haga *nunca* bromas en esos momentos. Conozco a un padre que animaba a su hija a caminar a lo largo de la habitación colocándose a medio camino y, cuando la niña estaba a punto de llegar a sus brazos, retrocedía y continuaba animándola con promesas de afecto. No haga esto nunca con su hijo. Simbólicamente se le dice al niño que no debe creer en el padre o la madre y que la seguridad que ofrecen es condicionada, que no es una verdadera seguridad. Por lo tanto –simbólicamente–, se le dice que tampoco Dios ofrece seguridad. Vivirá con temor y desconfianza.

Aprender juegos para niños pequeños (de 1 a 4 años)

Hay muchas maneras de proporcionar información espiritual a los niños. Una de las mejores es el juego. Los terapeutas infantiles saben que los niños actúan con total seriedad mientras juegan y que, cuando están relajados y se divierten, son especialmente receptivos a las enseñanzas. Si quiere enmarcar ciertos juegos de aprendizaje espiritual en la propia personalidad de su hijo, podrá comenzar con estas sugerencias:

Que los juguetes sean sencillos

Los niños de esta edad son exploradores por excelencia, experimentadores y demoledores. Ponga su casa a prueba de niños, aunque dejando a su alrededor objetos interesantes (pero inofensivos) para que los toquen, los acaricien, los dejen caer y los examinen. Como dijo un psicólogo infantil, los juguetes son «los libros de texto de la infancia». Algunos de los más adecuados son:

- Bloques blandos o huecos.
- Pasteles, lápices de colores, acuarelas, pasta, masilla (pero evite todavía todo lo que lleve adhesivos; es demasiado pronto)
- Trozos de tela.
- Muñecos y animales hechos en casa.
- Aparatos para trepar y balancearse.
- Utensilios de cocina de madera: cucharas, cuencos, tazas.
- Sustancias naturales tales como arena, agua, arcilla.
- Juguetes para arrastrar, de madera y con cantos redondeados.
- Instrumentos musicales sencillos tales como maracas, xilofones, tambores, panderetas, triángulos, flautas o cimbales.

Haga que los juguetes para esta etapa no sean complicados. No es necesario acudir a los que venden en los comercios. A los niños de esta edad prácticamente cualquier cosa los entretiene. De hecho en muchas escuelas les verá jugando con trapos, platos de nueces, tacos de madera y objetos tan cotidianos como batidores de huevos y tazones de café.

Usted mismo puede construir los juguetes y verá que tiene muchas ventajas. En primer lugar, le resultará más económico. Segundo, será divertido y creativo para usted y especialmente para el niño (al cabo de los años muchos de los juguetes comprados se han olvidado, pero pueden guardar todavía una muñeca o un carrito construidos por sus padres). En tercer lugar, puede hacer el juguete a la medida del niño.

Si construye juguetes recuerde que pueden servir de recordatorios espirituales al mismo tiempo que de entretenimiento. Un padre y una madre que conozco, que asisten a un grupo sufí en Nueva York y que intentan educar a sus hijos en los ideales musulmanes, consiguieron una fotografía de un derviche girando. Copiaron su figura con los brazos extendidos, el gorro y los mantos en una tabla de pino y lo recortaron con una sierra. Perforaron un agujero en la base e introdujeron en él una clavija que sobresalía. Después de pintar la figura con colores brillantes y decorarla con dibujos islámicos, la montaron, primero la clavija, sobre una base de madera redonda que llevaba un agujero en su centro. Una vez completo, el derviche podía girar alrededor de su eje imitando a los danzantes turcos. El hijo de mi amigo, de dos años y medio, jugaba horas y horas con el muñeco, al que llamó «girapicos».

En muchos países es frecuente encontrar niños que juegan con objetos de temas religiosos. En la India un juguete corriente tiene la forma de carro con el dios Krishna a las riendas. Los niños filipinos juegan con figuras de la Navidad. En los países budistas de Indochina una pequeña figura de arcilla de Buda es el primer juguete que recibe un niño. Entre los indios pueblo del suroeste de Estados Unidos, al nacer, tanto los niños como las niñas reciben un muñeco que se supone modelado según las deidades y espíritus que viven en los alrededores. Se espera que los niños guarden el juguete toda su vida y establezcan un nexo especial con el espíritu que reside en él.

Para los padres que no pertenecen a ninguna religión en particular pero que desean que sus hijos desarrollen el respeto hacia los objetos sacros, pueden decorarse figuras de madera con símbolos universales: cruces, círculos, ruedas, estrellas de seis puntas, arabescos. Pueden hacerse figuras de madera o papel de dioses y diosas de la mitología. Una familia que seguía las enseñanzas de Gurdjieff dio a su hijo un animal de peluche con el signo sagrado de Gurdjieff, el eneagrama, en el vientre. Otra familia, perteneciente a la escuela Tai Chi, construyó para sus hijos un rompecabezas de madera usando como diseño el símbolo yin-yang.

Introducir los conceptos de sí y no

A la edad de echarse a andar, los niños deben aprender la diferencia que hay entre el sí y el no. Una manera interesante de presentarles esta idea es concretar el concepto en la imaginación infantil con imágenes visuales, utilizando juguetes o similares.

Por ejemplo: si su hijo tiene como favorito un tablón con agujeros busque tacos del tamaño adecuado para cada uno de ellos. Cuando el niño intente introducir en un agujero cuadrado un taco redondo, mueva seriamente la cabeza mientras dice: «Nooooo». Cuando el taco y el agujero sean compatibles y el niño lo introduzca orgulloso, pronuncie un sonoro «Sí» mientras sonríe. Una pista para él puede ser que los noes son serios y que los síes se dicen sonriendo.

El tono de sí o no de la voz puede transferirse de los objetos de juego a situaciones reales, en particular al comportamiento del niño. A partir de ahora, la personita tendrá una imagen visual concreta de lo que significan realmente el sí y el no. *Sí* es adecuado. *No* va mal.

Que las lecciones sean sencillas

No se imagine que un niño de uno o dos años será capaz de comprender complejos principios éticos mientras juega. Si tira de la cola al perro, no es conveniente comenzar con explicaciones filosóficas sobre la crueldad con los animales, cuánto le puede doler al pobre Tom o que siempre hay que intentar ser amable con las criaturas de Dios. Todo eso vendrá en una etapa posterior de su madurez; estos niños son todavía demasiado pequeños para entender el dolor ajeno. En lugar de eso, comuníquele lo que quiere en un tono imperativo como puede ser: «Hijo, eso le hace daño al perro. Por favor, no lo hagas más». Hágale saber en términos directos que la acción causa dolor y que no debe repetirse.

Recalque lo constructivo

Ponga fuerza en el aspecto creativo de los juegos del niño y quítele énfasis al destructivo. No hace mucho estaba yo observando a un grupo de niños que seguían varios juegos en la sala de un jardín de infancia. La profesora era una mujer sensible que me contaba que intentaba transmitir mensajes espirituales positivos a los pequeños, con su presencia y el lenguaje corporal así como con sus palabras.

Resultaba especialmente sorprendente el modo en que la profesora jugaba con las construcciones. Comenzaba animándoles a que montaran lo que quisieran. Cuando lo hacían, aprobaba el modo como habían colocado los tacos, la elección de los colores, el intento de que uno se mantuviera en equilibrio encima de los otros, etc. Cuando se les caía la casa con inevitables muestras de placer, ella simplemente sonreía con frialdad. No participaba del júbilo de los niños. No decía nada, simplemente miraba con tranquilidad al niño, en vivo contraste con su anterior entusiasmo. De este modo enviaba sutilmente un mensaje importante a sus alumnos: construir es más importante que destruir.

Participe en los juegos de sus hijos

Los juegos interactivos sencillos son el primer modo en que los niños aprenden a devolver algo a sus padres y al mundo. Cualquier juego que realce este mensaje es excelente. Coloque varios objetos de colores enfrente de su hijo –conchas, flores o trozos de papel coloreado– y haga que elija uno o dos. Extienda la mano y dígale que coloque el objeto en su palma. Exprese su gratitud con energía. Repítalo otra vez.

Otro juego con potencial didáctico para los niños pequeños es el de los cinco cerditos. El niño tiene cuerpo y desea conocerlo. Haciendo de cada dedo una cualidad, se le puede transmitir al mismo tiempo un mensaje moral. Así, por ejemplo, el pulgar es un cerdito amable con sus amigos, va al mercado y les compra los filetes. El índice comparte en casa su comida. El dedo medio es el cerdito que ama a sus hermanos y comparte los filetes con ellos. El anular es el cerdito que da todo su filete a alguien que lo necesita. Y así sucesivamente.

EL LADO OSCURO

Una lección diferente es la contenida en el juego de aparecer y desaparecer una cara. Ahora el rostro sonriente de los padres está aquí, ahora no. Desaparición: la vida se gana, la vida se pierde. Sin exagerar puede considerarse un ejercicio preliminar en la educación hacia la muerte. Implícita en este pequeño deporte hay una fuerte realidad: todas las cosas pasan. La lección no se dicta ni se explica. El subconsciente del niño la aprende a su manera y a su propio ritmo.

Otros juegos orientados espiritualmente para niños pequeños son:

- Hacer que identifiquen objetos sencillos en una imagen. Éstas pueden elegirse en función de su contenido espiritual o religioso.
- Mostrarles una imagen sencilla e inspiradora, pero tapando una o dos partes esenciales. Dígales que le cuenten qué es lo que falta (el juego es perfecto para cuando tienen entre dos y tres años).
- Cantar juntos una canción, que será sencilla e inspiradora. Mantenga un ritmo del 4/4 mientras cantan, pues al parecer con esta cadencia aprenden mejor la letra.
- Animarles a bailar. Expóngales una amplia gama de músicas étnicas y religiosas: sitar indio, danzas folklóricas del este de Europa, laúd chino, cantos marroquíes, canciones irlandesas, cantos zen, etc.

Juegos Montessori

Son también de un gran interés para los padres con inquietudes espirituales los juegos y actividades para niños pequeños creados por María Montessori. La primera mujer en obtener un título de medicina en Italia y pionera en los trabajos con niños mentalmente retrasados, la orientación de Montessori fue decididamente espiritual como puede verse en sus escritos particulares. Fue también una eminente educadora que desarrolló multitud de técnicas sencillas para el juego, destinadas a despertar el interés espontáneo de los pequeños para aprender.

Varias de las actividades tomadas de los principios de Montessori (adaptados aquí especialmente para el hogar por Elisabeth Hainstock, maestra seguidora de esa línea) demostrarán su utilidad para incrementar las capacidades sensoriales del niño y ampliar su mundo:

Juego para desarrollar el sentido táctil. Coloque una línea de botellas o copas llenas de líquidos calientes, líquidos fríos, líquidos helados, líquidos templados, etc. Que el niño toque cada una de ellas y explique que ésta es caliente, que esta otra fría y así sucesivamente hasta haber identificado por sí mismo las diferentes temperaturas.

Juego para enseñar la percepción del color. Tome un puñado de botones, unos azules, otros verdes, negros, marrones o rojos. Separe los del mismo color en montones diferentes, anunciando el nombre de cada uno de ellos. Haga que el niño lo repita. A medida que vaya aprendiéndolo, aumente el número de botones de color diferentes.

Juego para desarrollar el sentido táctil. Llene un cesto con varios trapos diferentes. Usando el tacto para distinguirlos, haga que el niño saque los que tienen aproximadamente la misma textura. Tápele los ojos y hágale que lo repita.

Juego para desarrollar la coordinación y la percepción visual de las dimensiones. Tome siete u ocho tacos de color de diferentes tamaños. Sobre una mesa o en el suelo, apílelos en forma de torre, los más grandes abajo y los más pequeños arriba, siguiendo una secuencia progresiva. Cuente el número de bloques de la torre e identifique sus colores y haga después que el niño la derribe. Señálele que los bloques más ligeros se caen mientras que los grandes permanecen en su lugar. Dígale entonces que construya él solo la misma torre.

Enseñar la coordinación muscular e introducir al niño en las tareas domésticas. Procúrese algunos utensilios de lavar platos: jabón, paño de cocina, delantal, esponja, escurridor, etc. Póngase el delantal, llene la pila de agua, añada el jabón y lave varios platos con la esponja. Tire después el agua, escurra la esponja y seque los platos. Invite ahora al niño a que haga lo mismo. Después de finalizar la tarea, anímele a que guarde todos los utensilios.

Para desarrollar el control de los dedos. Coloque una servilleta de tela sobre la mesa. Dóblela varias veces con diferentes formas e invite después al niño a que haga lo mismo. Cuando haga usted los dobleces, identifique cada una de las formas: cuadrado, rectángulo, trapezoide, triángulo.[3]

3. Las reglas del juego para niños de más edad

La educación interior de un niño comienza en cuanto ha aprendido a hablar. Las oportunidades para el desarrollo espiritual son ahora enormes y se necesitará una estrategia familiar, una que prescriba una filosofía y un proyecto de acción para inspeccionar las actividades diarias del niño.

Aunque la preparación de un plan de educación interior para niños de más edad (entre cinco y diez años) depende del carácter de éstos y de la visión de los padres, los siguientes axiomas tienen una aplicación más o menos universal y con ciertas adaptaciones pueden usarse como base para prácticamente cualquier programa educativo de este tipo a largo plazo:

1. Los niños aprenden mejor cuando disfrutan con ello

La educación punitiva en cualquier tema (y además para cualquier edad) es una manera extraordinariamente ineficaz de enseñar. Aunque lo señalara hace varias décadas Rudolf Dreikurs, pocos psicólogos discutirían hoy el hecho de que «el temor parece desencadenar dispositivos protectores en el sistema nervioso autónomo, de modo que ni el tubo digestivo, ni la circulación ni los procesos mentales funcionan con eficacia durante un período prolongado. El miedo provoca siempre algún estado interior de tensión o pánico: esto puede producir la obediencia inmediata deseada, pero no aporta un aprendizaje constructivo o un aumento de la madurez. El niño aprende por miedo y se rinde a la fuerza bruta, destruyéndose con cada golpe un poco de su dignidad, coraje y autoconfianza».[1]

En una atmósfera de apoyo, los niños absorben una cantidad increíble de información en períodos extraordinariamente cortos. Pero en el momento en que una reprimenda les hace sentirse estúpidos o incapaces, su sistema psicológico se desconecta y en consecuencia disminuye su receptividad. Así, cuanto más optimista sea el entorno educativo del niño tanto mejor. Téngalo en cuenta y recuerde que:

2. Muchas lecciones básicas de la educación interior pueden transmitirse a los niños en forma de juegos, cuentos, parodias, arte, bromas y diversión

No es necesario –no debería serlo– considerar la educación interior como una cuestión superseria o una clase formal. Juegos, cuentos y entretenimientos hablan al pequeño en el lenguaje universal de la infancia, y ese lenguaje es el *juego*. En otras palabras:

3. La mejor forma de enseñanza se produce cuando los niños no son conscientes de que se les está enseñando

Los jóvenes se resisten a sentarse quietos durante oraciones solemnes o en cuestiones «serias», como muy bien pueden atestiguarlo los padres que han visto la «espantada» de sus hijos en tales instantes. Un truco para vencer la resistencia es evitar el: «Ejem, voy a hablar sobre el siguiente asunto importante», y en lugar de ello introducir las ideas espirituales durante los momentos de interacción relajada, en especial durante los juegos, los cuentos y las relaciones sociales casuales. Las cuatro secciones siguientes explorarán esta técnica desde diversas ópticas.

Un segundo método, relacionado con el anterior y que lo complementa, es integrar estas lecciones en el mundo infantil de un modo cotidiano. Esto significa que usted tiene que:

4. Introducir las lecciones en la conciencia del niño en los momentos apropiados, cuidando que la lección sea la adecuada para la ocasión, el lugar y la situación

Por ejemplo, no comience a hablarles de la misericordia divina cuando están absortos en su programa favorito de televisión o cuando están jugando seriamente con sus amigos. En ese momento no son receptivos y tomarían a mal la intromisión.

Por otro lado, ciertas oportunidades se brindan por sí mismas de manera natural para la conversación espiritual. Cuando Danny de seis años y su abuelo estaban visitando el zoo y vieron a una leona acariciando a su cachorro, el abuelo aprovechó la oportunidad para hablar de la solicitud materna del animal y explicar que Dios nos cuida de forma similar. Otro día, Danny entró en el dormitorio de su abuelo llevando un topo muerto y dispuesto a hacer preguntas difíciles. En lugar de eludir la cuestión con tópicos, el abuelo sacó ventaja de la ocasión para plantear temas de la muerte y la otra vida, conceptos que de otro modo difícilmente habría podido introducir en la conversación con el pequeño, para quien el concepto de la mortalidad personal estaba tan lejano como las estrellas.

Cualquiera que sea la lección o el momento de enseñar, tenga en cuenta que:

5. La repetición incesante es siempre necesaria cuando se está enseñando a niños

Una trampa en la que caen muchos padres es la ilusión de que en una, dos, seis o veinte veces, aprenderán la lección. Por desgracia no siempre es así. No es porque los niños sean duros de entendimiento. Simplemente es que no ven la razón por la que deben ir a la iglesia o al templo cada semana o ser cariñosos con sus hermanos menores, por la que deben dejar de escribir en la pared con los rotuladores o de arrancar las hojas de las revistas que hay sobre la mesita del café. El comportamiento civilizado, amable y reverente debe aprenderse.

La única manera segura de que estas lecciones penetren en el cerebro infantil es ir l-e-n-t-a-m-e-n-t-e. Un día tras otro, otro y otro es el modo. No importa que quisiéramos que no fuera así; la cuestión es que las diferencias entre bien y mal o entre alto y bajo no arraigan en estos pequeños seres del día a la noche. El hecho cierto es que las lecciones repentinas y chocantes no son la vía más rápida al centro de aprendizaje infantil.

Por supuesto que no todo el mundo comparte esta opinión. Quizás tengan amigos (por lo general sin hijos) que crean que su obligación es acabar con esta paciencia sin sentido y darles a sus retoños el tipo de susto que sus padres tienen miedo de administrar. Esos amigos suelen tener buenas intenciones y por lo general les explicarán con toda seriedad cómo no ser intimidados por sus propios hijos. Defienden la anticuada teoría de «aplicar la vara», de que con un par de lecciones físicamente dolorosas a tiempo se puede corregir al niño.

Por ejemplo, una joven impulsiva llamada Delia se dedicaba a cuidar del hijo de su amiga. El niño tenía cuatro años, era revoltoso y listo, con la desagradable costumbre de pegar a los adultos. Un día, el niño comenzó a practicar su técnica con entusiasmo en el brazo de Delia. Tras avisarle varias veces para que dejara de hacerlo, Delia se volvió y le golpeó en el brazo bastante más fuerte de lo que tenía que haber hecho, gritando: «¡Ves, así aprenderás lo que se siente!».

Su intento fue, por supuesto, darle al niño una muestra de su propia medicina y enseñarle que «los demás también sentían». En realidad, el niño, incapaz de comprenderlo por su grado de madurez, simplemente entendió el acto como un ataque injustificado. En consecuencia berreó y la joven no pudo entender por qué desde aquel día el niño la evitaba.

El psicólogo infantil Allan Fromme escribe: «La primera cosa de la que hay que darse cuenta es que los niños están dominados principalmente por sus deseos. Tienen un control escaso o nulo sobre ellos y pasarán muchísimos años antes de que sea posible un control adecuado para autoguiarse. Es un error por nuestra parte creer que podemos cortocircuitar este proceso de desarrollo de los controles. Simplemente no podemos esperar que acepten los valores de posposición, compromiso y negativa en pocos años, por mucho que hagamos. Tampoco podemos esperar que aprendan cualquier lección que les enseñemos como resultado de una simple explicación o de una reprimenda».[2]

En otras palabras, es necesario darse cuenta de que:

6. El buen comportamiento y la conducta espiritual deben convertirse poco a poco en un hábito, antes de ser completamente asimilados

El objetivo de toda educación, ya sea interior o de otro tipo, es fomentar las acciones correctas y disuadir de las malas. La mejor manera de inculcarlo es mediante el desarrollo o la oposición a los hábitos.

Lavarse todos los días los dientes, decir la verdad, dar de comer a los animales domésticos, rezar, dar algunas monedas a la caridad cada semana y ayudar en las tareas domésticas rutinarias. Insistir continuamente en ciertos actos, disuadir con firmeza de otros hasta que estas pautas de conducta sean parte de la propia estructura, hasta que sean tan naturales en la vida del niño como levantarse por la mañana y acostarse por la noche.

Hay que inculcar estos buenos hábitos a edad temprana, comenzando, por ejemplo, a los dos y medio o tres años de edad, mientras que el niño es todavía lo suficientemente flexible como para aceptarlos y adaptarse a ellos. Si no lo hace así, la ley de la costumbre se volverá contra usted más tarde. El doctor Johnson pone de relieve que «las cadenas de los malos hábitos son demasiado débiles como para sentirlas, hasta que son demasiado fuertes para romperlas».

El psicólogo William James creía que el establecimiento del habitual hacer y no hacer durante la infancia es tan importante, que le dedicó un capítulo entero en su obra capital *The Principles of Psychology*. Algunas de su más interesantes frases lo ponen de relieve con toda claridad:

> Lo principal de cualquier educación es *hacer de nuestro sistema nervioso un aliado y no un enemigo. Por ese motivo debemos hacer habituales y automáticas lo antes posible el mayor número de acciones útiles que podamos*, y protegernos de entrar en vías que probablemente nos resultarán desventajosas.
>
> Si los jóvenes se dieran cuenta de lo temprano que se convierten en meros haces andantes de hábitos, prestarían más atención a su conducta mientras se encuentra en la fase plástica. El menor trazo de virtud o de vicio deja su cicatriz eterna.

Descendiendo entre sus células nerviosas y sus fibras, las moléculas lo cuentan, registran y almacenan para utilizarlo contra él cuando llegue la próxima ocasión. Nada de lo que hacemos se borra en el estricto sentido científico.

No hay que dejar que el joven sienta ansiedad sobre el resultado de su educación, cualquiera que sea la línea. Si se mantiene confiadamente ocupado todas las horas del día, puede despreocuparse de los resultados finales. Puede tener la certeza de despertarse una feliz mañana y encontrarse siendo un ser competente.

William James entendía muy bien a la infancia.

7. El proceso de inculcar los conceptos morales y espirituales en un niño es una cuestión a largo plazo

Hágalo sobre una base firme y rítmica, un poco cada día, de modo que al cabo de un tiempo esas ideas le parezcan naturales al niño y se conviertan en parte habitual de su rutina. Por remedar a Shakespeare diríamos: «¡Cómo engendra el uso un hábito en el hombre!». En casa de Robert, su padre y su madre no pierden la ocasión de decir «gracias a Dios» cerca de Robert al menos una vez al día, y lo hacen *todos los días*. Al cabo de un año de repetir la frase, comprobaron que el niño comenzaba a decirla también. Quizás sólo palabras, pero las palabras son ideas y las ideas tienen influencia. Por último:

8. Sea inventivo, sea flexible, sea sincero y no tema equivocarse

La persona que acuñó el dicho de que el camino al infierno está lleno de buenas intenciones probablemente esté ahora quemándose en el infierno. El camino hacia el *cielo* está pavimentado de buenas intenciones, no el del infierno, incluso si esas intenciones no han dado nunca un fruto positivo. De hecho, en muchas doctrinas se cree que Dios no juzga según el éxito o el fracaso de nuestras acciones sino de las intenciones que hay detrás.

En su entusiasmo de dar a su hijo la mejor educación moral y piadosa posible, probablemente cometa equivocaciones, en efecto, y seguramente se sentirá mal y habrá hecho tonterías y pensará que es un imbécil; en efecto, todo es así. Pero trátese con menos rigor. Si falla un enfoque, tómelo como experiencia y siga otro. Simplemente sígalo y sea consecuente. La infancia es un largo proceso, la educación interior es una tarea difícil y probablemente aparecerán muchas oportunidades en el camino para subsanar sus errores. Lo importante es intentar, hacer el esfuerzo, tener la intención. Los musulmanes afirman que Dios dice: «Si das un paso hacia mí, yo daré diez hacia ti».

La principal cuestión es: ¿Cómo pueden los padres transmitir, en silencio y con palabras, los mensajes espirituales que quieren que sus hijos entiendan?

4. La transmisión de lecciones espirituales a través de cuentos

Muchos padres consideran que los tradicionales cuentos infantiles son un mero ejercicio de entretenimiento o un medio de desarrollar la imaginación infantil. Aunque los mitos, los cuentos de hadas y las historias populares consiguen ambos objetivos, el propósito más profundo al que han servido durante siglos ha caído en gran medida en el olvido.

Muchos padres no perciben, por ejemplo, que algunos cuentos no se escribieron inicialmente para enseñar lecciones morales sino como un medio de introducir a los niños en las verdades espirituales y esotéricas. Procedentes del pasado lejano, en una época en que la religión era el centro de interés social, muchos de esos cuentos hablan en un lenguaje quizás indirecto de cosas mágicas y divinas, como se han dado cuenta hoy muchos psicólogos y educadores. Joseph Campbell escribe: «No exagero si afirmo que el mito es la entrada secreta a través de la cual las energías inagotables del cosmos se vierten en la manifestación cultural humana. El milagro es que la característica eficacia para tocar e inspirar los centros creativos internos se encuentra en el más pequeño de los cuentos de hadas, igual que el sabor del océano está en una gota o todo el misterio de la vida en el huevo de una pulga».[1]

Por otro lado, muchos padres pueden entusiasmarse también buscando ocultos significados más altos en viejos relatos infantiles, aunque no todos los cuentos de hadas los tienen. Hace algunos años, mientras enseñaba una lección de literatura a un grupo de preadolescentes, me quedé sorprendido del modo en que cada estudiante trasladaba su propia experiencia al estudio del folklore. Un determinado día del semestre cité uno de mis proverbios favoritos: «Antes de amar, aprende a ir por la nieve sin dejar rastro».

Pregunté a la clase qué creían que este proverbio quería decir realmente. Una chica de la primera fila explicó que para ella significaba que el corazón humano era una cosa delicada y sutil que se estropea fácilmente. Antes de que las personas intenten amar deberían volverse primero sensibles y desinteresadas, de modo que no dejaran «rastros» en el corazón de otras personas.

Esta explicación coincidía con la mía y otros estudiantes estaban de acuerdo. Entonces, desde el fondo del aula un chico levantó su mano. Dijo, con una sonrisa maliciosa, que tenía una lectura distinta. Para él, el proverbio significaba que si vas a tener una novia en invierno, lo mejor es aprender primero a entrar y salir a hurtadillas de su casa con cuidado de no dejar huellas en la nieve para que no las vean sus padres.

He de admitir que esta interpretación era tan válida como la primera. Los mitos, los cuentos, los proverbios y similares trabajan a varios niveles simultáneamente, todos ellos legítimos y que hablan al oyente en su propio modo de entender las cosas. El folklorista Heinrich Zimmer escribe: «Debido a que están vivas, pueden reanimarse a sí mismas y son capaces de una eficacia en constante renovación, impredicible pero autoconsistente en la gama del destino humano, las imágenes del floklore y del mito desafían cualquier intento que hagamos de sistematización. No son como cadáveres sino como diablillos. Con un súbito y rápido cambio de lugar se burlan del especialista que imagina haberlos fijado en un esquema».

Lo más probable es que las imágenes a las que Zimmer se refiere las conozca usted de sus lecturas infantiles de cuentos de hadas y mitos. Algunos de éstos llevan un significado espiritual simbólico destinado a llegar hasta el oído interno del niño. Entre los ejemplos clásicos se incluyen:

- El *héroe o la heroína* que se embarcan en una búsqueda sagrada (representativo del alma humana en su viaje hacia lo Divino, de los intentos del devoto para regresar a su Yo más elevado).

- La *princesa* encerrada en la torre o prisionera de un hechicero (el alma individual prisionera de la materia).
- *Viaje instantáneo a tierras místicas* (estados de conciencia alterados y experiencias místicas).
- *Animales mágicos y seres luminosos* que ayudan al héroe o a la heroíona a conseguir sus fines (espíritus, guardianes del alma y ángeles).
- La figura del *viejo y anciano mentor* (el maestro espiritual, el guru)
- La aparición de *hadas, gigantes, enanos, genios* (habitantes del mundo astral invisible).
- *Palabras mágicas y encantamientos* (oraciones y mantras); *estatuas, libros, espadas, anillos y varitas mágicas* (objetos religiosos ceremoniales, escrituras, apoyos meditativos).
- *Dragones, quimeras, monstruos* (demonios).
- *Diablos, hechiceros de magia negra, brujas, magos malignos* (el diablo).
- *El buen rey, el padre todomisericordioso, el sol, el león conquistador* (Dios).

Por supuesto, no es éste el lugar para hacer un análisis místico de la literatura infantil y los padres interesados pueden acudir a las obras de Heinrich Zimmer, Joseph Campbell, Mircea Eliade, Ananda Coomarswamy, René Guenon y Carl Jung. Lo que aquí interesa es llamar su atención sobre aquellos cuentos que tienen fuerza espiritual y que inciden directamente sobre las partes más elevadas de la imaginación del niño, de tal forma que se le recuerden verdades sagradas.

Busque los cuentos infantiles apropiados

Probablemente ya conocerá la mayoría de los buenos; son las mismas historias que escuchaba cuando era niño. Pero antes de dar nombres, ¿qué pasa con la cuestión de la literatura infantil contemporánea? ¿Contiene el mismo tipo de imaginería mágica de los clásicos y de los cuentos de hadas tradicionales?

En conjunto no, pero afortunadamente hay excepciones, como veremos más adelante. Sin embargo, la mayor parte de lo que se escribe hoy es bastante vacío y en el peor de los casos perjudicial para la comprensión espiritual de la joven persona. Los cuentos de la familia de conejos que participan en concursos, de planetas habitados por pacíficos robots o del ciervo que organiza clubs de seguidores de una estrella de cine, aunque en apariencia inofensivos, sobre todo si están bien ilustrados, son en esencia tan perjudiciales como las diarias películas de dibujos de la televisión, que modelan valores triviales y superficiales y fomentan la afición a la mecanización.

Compárelos con los clásicos que han atraído a los jóvenes durante siglos. Compárelos con los mitos griegos y nórdicos, los cuentos de hadas de los hermanos Grimm y las fábulas de Esopo o de Perrault, las leyendas del rey Arturo, *Las mil y una noches*, la Biblia, los cuentos populares de cientos de países, *Alicia en el país de las maravillas* y *Robinsón Crusoe* o los episodios del *Ramayana* hindú, etc. ¡Qué superficiales resultan muchas obras modernas comparadas con esos clásicos, qué llenas de formulismos y qué fatuas!

Afortunadamente, el apoyo a los clásicos sigue viniendo de multitud de sitios, pero quizás el más inesperado haya sido el de William J. Bennett, que fuera ministro de educación norteamericano con el presidente Ronald Reagan. Bennett afirmó en un discurso, refiriéndose al valor que tienen los mitos, la tradición popular y los clásicos para los niños:

> ¿Queremos que sepan lo que significa valentía? Tenemos que hablarles entonces de Juana de Arco, de Horacio en el puente o de Harriet Tubman y el ferrocarril subterráneo.
>
> ¿Queremos que conozcan lo que es bondad y compasión y también qué significan sus opuestos? Entonces tenemos que hacerles leer *El diario de Ana Frank* y, después, *El rey Lear*.
>
> ¿Queremos que sepan lo que significa honradez? Tenemos que hablarles entonces de Abraham Lincoln caminando tres millas para devolver seis centavos y, a la inversa, del pastorcillo de Esopo que gritaba que venía el lobo.
>
> ¿Queremos que reconozcan dónde está la vanidad? Deberemos hablarles entonces del rey Midas.
>
> ¿Queremos que sepan que el trabajo intenso tiene recompensa? Habrá que hablarles entonces de los hermanos Wright y de Booker T. Washington aprendiendo a leer.

Dedique tiempo a seleccionar entre el montón de material de lectura contemporáneo, separando aquellos libros sanos, instructivos y (lo que es más importante) inspiradores. Dentro de lo posible, todos los libros, imágenes y literatura a los que accedan los niños deberían tener algún tipo de *mensaje moral, social* y/o *espiritual*. Llenar a los jóvenes con historias que no dicen ni significan nada, carentes de sentido, horribles o triviales, sin ampliar la mente o alegrar el corazón, es dejarles privados de ideales y, en consecuencia, abrir el camino al nihilismo en los años adultos.

Cómo evaluar la literatura infantil desde una perspectiva espiritual

Elimine lo siguiente:

Historias sin importancia o que no transmitan mensajes positivos

Hay que ser especialmente precavidos con los libros carentes de sentido o de fines. Aunque puedan gustarles a los niños por sus tonterías, confunden y distraen a las pequeñas mentes.

Historias que transmiten al niño mensajes negativos

Pueden ser libros sobre gente que se aprovecha de otros o que se vengan, de competencia insana, envidia, violencia, valores sociales o morales equivocados. Muchos cómics y libros para «jóvenes adultos» adolecen de esto.

Historias que presentan a las personas como si fueran máquinas, o máquinas como si fueran personas

Evite los libros sobre robots amables que entablan amistad con niños solitarios. La era de las máquinas, con su mecanización de casi todo, tiene sus propias formas de relaciones públicas. La estrategia que hay detrás (si se me permite palabra tan paranoica) es centrar a los niños a través de los medios de comunicación y convencerles de que aunque sus padres les quieran (o no), el ordenador siempre les *entiende*. Y que con su inteligencia cósmica superior les enseñará los secretos mágicos *verdaderos* de la vida. La moraleja que esto lleva implícito es que la máquina es Dios.

Historias que exigen demasiado esfuerzo a la capacidad emocional del niño

Entre éstas se incluyen tanto historias tradicionales como modernas. Si cree que algunos de los cuentos de Grimm son demasiado oscuros o malos para la edad o la sensibilidad de su hijo, siga su instinto. Usted conoce a su hijo mejor que nadie. Mi hija quedó muy impresionada por el cuento de Andersen de «La pequeña cerillera», en el que la niña enciende sus últimas cerillas (y su vida) para conjurar visiones de su querida abuela fallecida. Tras leerlo no pudo contener las lágrimas durante horas. Es evidente que esta historia sobrecargaba sus circuitos emocionales. Es preciso tener cuidado: conviene seleccionar primero.

Historias especialmente aterradoras o macabras

Pueden convertirse en el tema de pesadillas cincuenta años después. Cuando era niño me aterrorizó una historia sobre un chiquillo que «se reía de todos sus parientes» y que una noche, debido a sus travesuras, fue atrapado a través del techo por dos cosas negras.

Historias ilustradas con imágenes demasiado grotescas, terroríficas, sugerentes o de colores y formas excesivamente violentos

El material visual puede contener mensajes antiespirituales tan eficaces como el escrito.

Historias de violencia gratuita o que ensalzan las reacciones coléricas

Hay que tener cuidado con los libros que muestran los comportamientos agresivos pero que no ponen de relieve las consecuencias negativas que se derivan de ellos. No lea nunca a los niños una historia en la que gana el malo.

Seleccione el siguiente tipo de libros

Libros que demuestran los resultados positivos que se obtienen con una conducta virtuosa y los negativos del mal comportamiento

La mayor parte del material adecuado para los pequeños oídos se adapta de algún modo a esta norma y, en realidad, la cuestión de si una historia transmite o no principios moralmente elevados puede utilizarse como listón para tasar la mayoría de la literatura infantil.

Las fábulas de Esopo, llenas de historias de animales tontos y listos, son el prototipo. Los cuentos para niños inspirados en la Biblia son excelentes, lo mismo que los tomados de clásicos de la literatura o los de Kippling.

Libros que cuentan historias ingeniosas, fantásticas o fascinantes

Ayudan a desarrollar los poderes de concentración e imaginación del niño y pueden inspirar la creatividad literaria. Algunos ejemplos son:

Para preescolar:

La historia de Babar (Jean de Brunhoff). Un elefante huérfano que es adoptado por una dama de la ciudad y que más tarde es nombrado rey de los elefantes.

La maravillosa historia de los gnomos (Wil Huygen). Un delicioso libro ilustrado para niños de cualquier edad. Comienza suponiendo que, por supuesto, los gnomos son una especie «biológica» de seres semimágicos que comparten el mundo con el reino animal. Después explica e ilustra, hasta los más mínimos detalles, sus costumbres naturales: las casas, las comidas, cómo se besan y se visten, cómo protegen a los animales y luchan contra los trolls. Las ilustraciones, llenas de fantasía y totalmente creíbles, de Rein Poortvlier se cuentan entre las mejores obras gráficas para niños producidas en nuestra época. Si explica las ilustraciones con cuidado, incluso los niños pequeños se enamorarán de ellas.

Para niños de seis y más años:

Peter Pan.
Las aventuras de Pinocho.
Historias de Rootabaga, de Carl Sandburg.
Los diversos libros de la serie de *Mary Poppins* (P. L. Travers).
El jardín secreto y *El pequeño lord*, de Frances Hodgson Burnett.

Para preadolescentes:

Mujercitas.
El principito (Antoine de Saint-Exupéry). Un moderno clásico de fantasía y sensibilidad.
Alicia en el país de las maravillas y *Alicia a través del espejo.*
Las obras de Julio Verne y R. L. Stevenson.

Estas obras son típicas de la literatura infantil de calidad que debería incluirse en las lecturas de los niños y ser también tema en las escuela. Lo mismo puede decirse de la serie de *Oz*, de Frank L. Baum. Cada uno de los libros transporta al joven lector a un país maravilloso poblado de gentes de fantasía, con infinidad de aventuras místicas implícitas (y explícitas).

Cuentos populares, mitos e historias de hadas

La mayoría siguen destinándose a los preescolares, tales como «Caperucita roja», «El patito feo», «Los tres cerditos», «Cenicienta», «Blancanieves», «Pulgarcito», «El gato con botas» y muchos otros. Hay también series completas de autores, como la de los Grimm, y de fábulas populares.

Existen también excelentes recopilaciones de cuentos populares (chinos, árabes, etc.) así como de las mitologías de los diversos pueblos (griega, nórdica, etc.).

Poemas para niños

Los niños no leen hoy poesía con la misma afición que antaño. Aunque la discusión sobre las razones de este fenómeno se prolongaría sin fin, el hecho es que si se les acostumbra desde pequeños a rimas sencillas, después las pedirán ellos mismos (y a veces las escribirán).

Historias educativas que amplían la comprensión del mundo para el niño

Hay numerosas series educativas aptas para cada edad, que tratan de los más diversos temas: la naturaleza física del planeta, los animales, las plantas, la historia de la humanidad, diferentes inventos, el arte, la música, etc.

Historias que ponen de relieve y fomentan los valores de la familia o que ayudan a los niños a enfrentarse a las cuestiones y los dilemas que se presentan

No crea que estos libros son una panacea para los problemas familiares, pero son útiles como complemento al discutirlos y al tratar otras cuestiones domésticas, como sucede en caso de divorcio, con la muerte de un animal, en la enfermedad, etc.

Historias que llegan al corazón

Los cuentos de Andersen resultan especialmente adecuados a este respecto, aunque algunos, como «La pequeña cerillera» o

«El soldadito de plomo», no deberían leerlos los niños excesivamente sensibles.

Historias de aventuras y descubrimientos que acentúan el sacrificio por una causa elevada

Para niños a partir de los ocho años:

Son especialmente recomendables clásicos como *Robin Hood*, *Los caballeros de la tabla redonda*, *Ivanhoe*, *La isla del tesoro* y en particular los cuentos de *Las mil y una noches* (como pueden ser *Simbad el marino* o *Aladino y la lámpara maravillosa*).

También son recomendables las aventuras de la justamente famosa serie *La casa de la pradera*, de Laura Ingalls Wilder, que obtuvo un enorme éxito en su adaptación televisiva.

Historias que acentúan la valentía y la fortaleza en épocas de adversidad

Para mayores de ocho años:

Robinsón Crusoe es un ejemplo excelente dentro de este género. También la historia de Goliat y David, del Antiguo Testamento, siempre resulta del agrado de los niños, sobre todo porque, lo mismo que David, se sienten indefensos ante el Goliat del mundo de los adultos.

Historias de animales que tienen una sólida moraleja o que introducen a los niños al mundo de la naturaleza

Para niños de seis años y más:

El libro de las tierras vírgenes, de Kipling, es quizás la mejor obra de este género nunca escrita. Es una pena que muchos niños no conozcan todavía a Mowgli, criado por la loba y al que una misteriosa pantera negra y un simpático oso enseñan el lenguaje de la selva.

El pony rojo, de John Steinbeck.

Colmillo blanco y *La llamada de la selva*, de Jack London, proporcionan una ventana ingeniosa y convincente hacia la mente y el corazón de los animales.

Libros que enseñan el modo de comportarse frente a los demás

Para niños a partir de seis años:

El niño gigante, de J. L. García Sánchez, que relata la historia de un niño gigante que busca a sus padres perdidos, es un excelente libro para inculcar la tolerancia y la cooperación entre los seres humanos.

Historias que ponen de relieve temáticas nobles, épicas y espirituales

Uno de los libros más espirituales, y al mismo tiempo más entretenidos, escritos en nuestra época para niños es la serie de siete volúmenes de *Narnia*, de C. S. Lewis. Aunque parece una serie de aventuras que relata la historia de cuatro niños que mediante trajes mágicos llegan al reino de Narnia, tras leer el primer volumen se pone de manifiesto que el verdadero tema es la disputa eterna entre el bien y el mal, el pecado y la redención, Dios y el diablo.

Este hecho se confirma cuando el rey león, Aslan, el símbolo de Cristo para Lewis, aparece al final de la primera historia (y en todas las que siguen) para corregir al mundo espiritualmente. La serie mantiene un notable equilibrio entre historias emocionantes y una comunicación transcendental de alto nivel, produciendo el tipo de narrativa que va directamente a la conciencia interior del joven. Recomendadas para lectores de cualquier religión, las historias de Narna no son piadosas ni de miras estrechas, sino que consiguen transmitir el tipo de mensajes inspiradores que la mayoría de las obras religiosas no consiguen.

Otra obra que lleva un valioso mensaje espiritual es la trilogía de *El Señor de los anillos*, de J. R. R. Tolkein. Lo mismo que con las historias de Narnia de C. S. Lewis, esta famosa trilogía para niños de más edad es un cuento moral referente a la búsqueda de la divinidad por parte del alma humana en sus batallas contra las fuerzas del mal. Con un caprichoso grupo de seguidores, Frodo se pone en camino para devolver un anillo mágico a un país extraño, gobernado por un personaje parecido a Satán. Las numerosas experiencias que él y sus amigos tienen a lo largo del camino pueden leerse como una novela de aventuras. Es una obra muy recomendada para niños de más de 10 años, lo mismo que el volumen *El Hobbit*, de esta misma saga.

Resultan también muy adecuadas las versiones en forma de cuento de muchas de las historias de la Biblia.

El príncipe feliz, de Oscar Wilde, relata la conmovedora historia de una estatua dorada que suplica a una amable golondrina que se quede con ella «sólo una noche más», que la desprenda del oro y las joyas y que los reparta entre los necesitados de la ciudad.

EL LADO OSCURO

La historia, el mito y los cuentos de hadas son las primeras formas en que los niños conocen el lado oscuro de las cosas: la muerte, el diablo, la enfermedad, el crimen y la corrupción que anida en ciertos corazones humanos. Muchos de los libros que hemos citado tratan estos temas de un modo directo o indirecto. Hay algunas otras obras que lo abordan de una manera más frontal.

Cada uno debe elegir con cuidado, con sentido crítico y guiándose por la intuición, aunque si sobre algún libro alberga dudas acerca de su conveniencia es mejor optar por una postura conservadora y dejarlo en las estanterías. Cualquiera que sea la elección que haga, tenga muy en cuenta que va dirigido a mentes infantiles y que aquello que les llega en edad tan receptiva seguramente saldrá más tarde, transformado ahora en acciones, conductas y creencias.

La hora de contar historias: Al irse a la cama

Las sensaciones que los pequeños experimentan antes de irse a la cama establecerán un cierto estado previo al sueño. Estas sensaciones pueden convertirse en el tema de sus fantasías en el juego al día siguiente o en algunos casos pasar a ser sueños nocturnos.

Muchos padres contemporáneos no creen que esta hora sea especial, pero, tradicionalmente, las gentes de todo el mundo la han considerado como un momento especialmente fértil para la enseñanza de ideales espirituales. Los miembros de muchos grupos amerindios que siguen las costumbres tribales están convencidos, lo mismo que sus antecesores, de que, por ejemplo, la información que se proporciona a las mentes infantiles antes de dormir ejerce un fuerte efecto sobre su conciencia espiritual. Henry Coyote Viejo, un indio de la tribu crow relata que «antes de que los niños se vayan a dormir, los abuelos cantan algunas canciones y les explican su significado y su importancia; les relatan asimismo leyendas que tienden a crear su carácter o les cuentan una historia en la que alguien mete la pata. Todas estas cosas actúan sobre el niño cuando está dormido... En efecto, las historias antes de irse a la cama ayudan a dormir y a pensar en algo que le fortalece a uno; al mismo tiempo deseamos que el niño tenga un sueño; uno bueno, no uno malo. Esto es paralelo a la expresión de "dulces sueños" de los europeos».[2]

La atmósfera emocional creada entre los padres y el niño durante los últimos instantes antes de quedarse éste dormido es, por sí misma, tan importante como el contenido de la propia historia. Este momento mágico del día debería prepararse de manera conveniente.

Primero, los padres, los abuelos o algún hermano mayor deberían contar o leer un cuento. Si no es posible, se encargará la tarea a otros miembros de la familia o a un amigo íntimo. Éste es el momento de la serenidad, del retiro y de la reafirmación del amor familiar. Al llegar durante las últimas horas en que el niño permanece despierto, el momento del cuento o la historia constituye la impresión final del día. Lo mejor es que contenga reflexiones, que sea positiva, inspiradora y segura. Daremos ahora algunos consejos que ayudarán a conseguirlo:

Prepare el escenario

Durante la hora del cuento a los niños les gusta que las luces estén apagadas o que se les lea a la luz de una vela. Otros prefieren la seguridad de la chimenea o estar sentados en el comedor o en la mesa de la cocina con otros miembros de la familia escuchando también el cuento. A algunos niños les gusta apretarse contra su madre o su padre mientras discurre la narración y miran cuidadosamente cada una de las ilustraciones.

Relate con sus propias palabras

Es bonito contar historias de un libro, pero es mejor que lo haga con sus propias palabras. ¿Por qué? Porque cuando los padres cuentan una historia de memoria no quedan limitados a las palabras del texto. Se deja espacio a la espontaneidad, a la capacidad de invención y a la sorpresa. Las manos del narrador quedan libres para gesticular. Los rostros pueden sonreír, elevar las cejas y hacer gestos acordes con la historia. Los cuerpos están libres de levantarse, sentarse, caer, tumbarse. Las energías creativas del lector pasan con mayor facilidad al niño.

Relatar espontáneamente un cuento brinda también a los padres la oportunidad de improvisar el curso de la narración de forma especial teniendo en cuenta los requisitos emocionales y disciplinarios del niño, añadiendo o eliminando los pasajes apropiados según haga falta. Si tiene algún problema con otros niños que le tiranizan en el patio de recreo, puede contarle el cuento del Sastrecillo Valiente y poner de relieve que el sastrecillo tuvo la valentía de enfrentarse a los gigantes. Si lo que sucede es que es poco obediente, se le puede relatar la historia de la cabrita que desobedecía a sus padres y lo que le sucedió por no hacer lo que le habían dicho.

Narrar un cuento infantil de memoria puede parecer a primera vista una tarea difícil, pero tenga en cuenta que hay mucho material al que usted puede recurrir. Cuentos tales como «Hansel y Gretel», «Los tres ositos», «Pinocho», «Caperucita Roja» y muchos otros están impresos en nuestras mentes desde siempre y a los niños no les aburre escucharlos miles de veces. Para los padres que no puedan recordar los detalles, un repaso antes de la hora de irse a la cama les devolverá esas imágenes. Cuando se trata de nuevos cuentos, pueden aprenderlos leyéndolos. Una vez retenido el hilo argumental, se les puede contar a los niños utilizando las propias palabras, recalcando aquellas partes que le parezcan a uno espiritualmente más importantes.

Haga un zipi-zape

Haga voces distintas y efectos sonoros para los diferentes caracteres. Haga como si estuviera solo. Cante, baile, grite, entre, salga. Nunca encontrará una mejor audiencia, más deseosa de escucharle y menos crítica, así que disfrute. Represente el papel de la princesa y haga que los oyentes imiten a la rana. O sea Blancanieves y deje que el niño actúe como la bruja mala. Proyéctese a sí mismo. Disfrute.

Hay una madre que al comenzar la semana presenta siempre una nueva historia a su hija. Los dos primeros días la leen de principio a fin. Al tercero y cuarto día se la cuentan cada una de ellas de memoria. Al quinto día representan escenas de la historia y al sexto hacen títeres basándose en los principales caracteres. El último día de la semana, después de una comida festiva de domingo, la madre y la hija representan una función con muñecos para todos los miembros de la familia.

Diviértase. Marie L. Shedlock, autora de un libro sobre el arte de contar cuentos, afirma que el humor debe ayudar a que el niño encuentre su lugar en el universo e impedir que desarrolle una idea exagerada de su propia importancia. «El humor desarrolla las facultades lógicas y evita las conclusiones apresuradas. Proporciona una percepción clara de todas las situaciones, permitiendo al niño acceder al punto de vista de la otra persona. Es la primera forma de inculcar filosofía en la mente de un niño y evita muchos sufrimientos posteriores cuando caiga sobre él todo el peso de la vida; el sentido del humor nos enseña a edad temprana a no esperar demasiado, y esta filosofía puede desarrollarse sin cinismo ni pesimismo, sin destruir la *joie de vivre.*»

Saque el máximo posible de su voz y de sus gestos. Al describir un pasaje dramático utilice expresiones exageradas. Durante las partes emocionantes no tema recargar las tintas. En el Teatro Infantil de Nueva York, para dar una tensión adicional a la escena, en los momentos más emocionantes de una lucha, por ejemplo, se congela la acción durante un par de segundos, reanudándola a continuación con todo vigor. Esta técnica tiene un extraño efecto de realce de la acción.

Haga un descanso en los momentos adecuados, especialmente antes de un desenlace importante. En el instante en que el sapo va a revelar el lugar donde están escondidas las zapatillas mágicas, deténgase y mire intensamente al niño. Revele entonces el secreto. El efecto está garantizado.

Utilice un lenguaje gráfico y específico

Use palabras sencillas y llenas de fuerza: verbos en presente, nombres específicos (en lugar de genéricos) e infinidad de adjetivos de acción. No diga simplemente:

> *Caperucita Roja se dirigió a la puerta y llamó.*

Adórnelo tanto como pueda, al estilo:

> *Caperucita Roja* se dirige lentamente hacia la vieja puerta de madera *de la abuela.* Golpea *con fuerza* tres veces: *toc, toc, toc.*

Los detalles ayudan a que el niño vea la acción con claridad en su propia mente. Le mantienen muy interesado y aumentan la percepción imaginativa. Sin embargo, no explique en exceso la acción y, en especial, evite añadir juicios morales a los caracteres. La inclusión súbita de comentarios tales como «¡Qué manera de envenenar la bruja la manzana de Blancanieves!» o «¡Qué bueno era Sir April con su hermano a pesar de lo malo que era el hermano!», puede satisfacer los deseos de los padres de inculcar lecciones morales, pero para los niños estas intrusiones interrumpen el ritmo de la historia y rompen la valiosa suspensión de la incredulidad.

Trate el tema más tarde, de vez en cuando

Una vez que la historia ha finalizado no es necesario que se acabe la velada. Ahora es el momento de tratar sobre el significado y la moraleja implícita en el cuento. Pregúntele a su hijo cómo le ha hecho sentirse:

¿Triste?
¿Feliz?
¿Emocionado?
¿Tranquilo?
¿Divertido?
¿Con ganas de buscar aventuras?
¿Impaciente de quedarse en casa?

Pregúntele acerca de los personajes:

¿Cuál te gusta y cuál te desagrada?
¿Por qué?
¿Hizo el lobo algo malo?
¿Por qué?
¿Qué habrías hecho tú –o yo– en la misma situación?
¿Era valiente el flautista? ¿Qué le hizo actuar de ese modo?
¿Era cruel el mago? ¿Por qué crees que algunas personas se comportan tan mal?

Haga preguntas importantes pero evite sermonear sobre el significado espiritual del cuento. Cuando haga comentarios, que sean cortos y al grano. Si su hijo pide detalles, como es muy probable que ocurra, en especial sobre aquéllos oscuros o tristes, dé respuestas sencillas y sucintas. Pregúntele después cuáles son sus sentimientos sobre el tema. Por otro lado, si los niños se resisten a discutir después la historia, no insista. Probablemente necesitarán digerirla a su manera y a su propio ritmo.

Ilustre

Algunos padres estimulan a sus hijos a que ilustren esos cuentos con colores, lápices o rotuladores. Cuando los dibujos están acabados, los padres los juntan para formar un cuaderno especial con el nombre del niño en la primera página.

Se les puede pedir que dibujen los personajes de una historia o que describan gráficamente lo que les ha hecho sentir.

Una variación de esta misma idea es mostrarles una imagen interesante y decirles que cuenten un relato sobre ella. Muéstreles, por ejemplo, la reproducción de un autorretrato de Rembrandt y reláteles algo sobre este hombre. ¿Cómo se siente ahora, feliz o triste? ¿Dónde vive? ¿Cómo es su vida? ¿Es un buen hombre? ¿Qué cree?

Haga que el niño le cuente ahora a usted la historia

Otro juego interesante es hacer que los niños repitan lo que han escuchado. Se sorprenderá de los detalles que pueden recordar y de lo rápidamente que captan los aspectos más importantes. Algunos padres animan a sus hijos para que digan los cuentos delante de una grabadora. Guardan después las cintas para la posteridad y años más tarde las escuchan con deleite y nostalgia. Quizás sus nietos disfruten en el futuro escuchando algún día estas cintas. Les ayudará a entender que hasta cuando eran niños, a papa y mama les gustaba contar cuentos.

Otros padres alientan a los hijos a crear sus propios relatos, a que hagan asociaciones con libertad usando su imaginación. La historia de Jason, de nueve años, después de escuchar de principio a fin *Robinsón Crusoe* fue la de un muchacho que naufragó en una motocicleta cuando iba por el espacio exterior y que se las arregló durante siete años para alimentarse de «ratones espaciales» y beber estrellas. El cuento favorito de Lea, de siete años, relatado inmediatamente después de una operación de apendicitis, era sobre la excursión del pato Donald a un mercado, donde comió tanto de todos los tenderetes que le entró un terrible dolor, no pudo controlar sus intestinos y se vio obligado a desahogarse en los pasillos. ¡Interesante!

ALGUNOS CONSEJOS DE UN MAGO

Los magos infantiles profesionales saben cómo contar un buen cuento y presentarlo con el máximo efectismo. Henning Nelms, que ha escrito una obra para uso de otros magos, da algunos consejos:

1. Transmita a los niños la sensación de felicidad, comunicándoles que se encuentran en un momento maravilloso.
2. Use accesorios siempre que pueda: varas, anillos, fórmulas mágicas. Los padres pueden añadirlos al cuento. Por ejemplo, al contar *Juanito y las alubias mágicas* muéstreles algunas judías, pélelas, saque las semillas y enséñeselas en el momento en que Juanito las compra.
3. Cree atmósfera. Apague las luces. O enciéndalas. Ponga una música de fondo apropiada.
4. Recurra a pistas falsas. En magia esto se hace para que la audiencia crea que el truco va a dar algo cuando en realidad la solución es totalmente diferente. Utilice el mismo método para contar un cuento; use sorpresas, regates o pistas falsas.
5. Todos los efectos mágicos los deberá causar algo: una varita, una palabra mágica, un hechizo. Haga lo mismo en los cuentos y brinde oportunidades de participación. Haga que los pequeños digan la palabra encantada con usted. Haga que muevan la varita del hada, que lean las palabras mágicas o que obliguen a huir al troll malo.
6. Utilice bromas conocidas. Siempre son eficaces en un espectáculo de magia y pueden emplearse con igual fuerza al contar un cuento. Por ejemplo, cada vez que aparezca un troll, emita un bufido divertido. Al cabo de un rato, el niño se anticipará para hacerlo y romperá a reír cuando se produzca.[3]

El lado oscuro

Los pequeños tienen que conocer también el lado oscuro de las cosas, y los cuentos de hadas ofrecen una oportunidad excelente de hacerlo tranquilizándoles. Si tiene previsto introducir ideas de este tipo en su narración, lleve cuidado de no hacerlo con excesiva crudeza y evite los detalles horripilantes. La manera más sencilla de conseguirlo es mediante la deducción, el simbolismo y la sugestión.

Por ejemplo, en lugar de aterrorizar a un nene impresionable con imágenes feroces tales como: «El lobo tenía enormes y blancos colmillos cubiertos de sangre, grandes orejas acabadas en punta, una lengua espinosa rojiza y un cuerpo cubierto de malolientes pelos», diga: «Piensa en el ser más feo, hediondo y colérico que puedas imaginarte..., y ése será nuestro lobo».

En lugar de explicar como el gigante corta el tallo de la judía, golpea el suelo y hace un enorme estruendo, finja que está observando como el gigante va cayendo del árbol hasta el suelo, con un enorme ruido, y entonces mueva la cabeza con una expresión burlona: «Muy mal, señor gigante». O mejor todavía, repita la acción usted mismo.

Recuerde que una buena historia no pretende despertar el interés hacia el diablo o enseñar a los jóvenes a tratar con la morbosidad, que es exactamente lo que despiertan las historias de horror o de fantasmas. Justo lo contrario. Lo que pretende es despertar la imaginación interna y enfocarla hacia la intuición del misterio, de lo sagrado y del temor.

5. La comunicación de ideas espirituales en las actividades cotidianas

Lo maravilloso de educar a un niño en una sociedad religiosa tradicional (el tipo de sociedad que existió en el Occidente cristiano durante la Edad Media y que en cierta medida todavía subsiste en los países del Este) es que, desde su nacimiento, el niño está rodeado de una amplia selección de recuerdos espirituales de tipo verbal y visual. Cada uno de ellos, pequeño en sí mismo, se acumula en el subconsciente del niño a lo largo de los días y de los años, introduciendo sutilmente las nociones de un orden divino y formando poco a poco la base sobre la que más tarde enraizarán sus ideas espirituales.

En las sociedades religiosas, los mensajes espirituales aparecen en mil formas y tamaños. Pueden encontrarse ejemplos en los estilos tradicionales de vestir, caracterizados más por la modestia y la facilidad del que reza que por la moda, o en las tapas de los libros escolares, decoradas con símbolos espirituales. En el sonido cotidiano de las campanas de las iglesias o en la llamada a la oración que se escuchan a través de la ventana o en el olor a incienso en la plaza del mercado. También en la celebración de procesiones religiosas por las calles de las ciudades, la música tradicional emitida por la radio, la lectura de las Escrituras por la televisión, un crucifijo sobre la mesa de trabajo, una mezuza en la puerta. Cosas corrientes, pero todas ellas profundamente simbólicas.

En países musulmanes de Oriente Medio, expresiones tales como «bendito sea» o «así lo ha querido Dios» forman parte del lenguaje cotidiano hasta el punto que muchas personas las utilizan de manera casi mecánica. Pero aun así, estos hábitos mecánicos transmiten un mensaje subliminal tanto a quien los escucha como a quien los pronuncia. El hecho es que pocos musulmanes dirán que van a visitar a un amigo la próxima semana o que iniciarán sus vacaciones el jueves sin añadir primero la frase «Inshah Allah» («Si Dios quiere»).

De manera similar, las fachadas de muchas tiendas de la India van pintadas con símbolos espirituales de gran colorido, mientras que las ventanas de las viviendas están cubiertas de intrincados dibujos sacros. Los niños lo ven mientras juegan en la calle o van a la escuela, y con el tiempo esos mensajes simbólicos se fijan y cristalizan, ayudando a moldear un mundo espiritual que durará toda su vida.

Crear los propios símbolos sagrados caseros

En la sociedad moderna, los niños rara vez están expuestos a este tipo de influencias devotas y los padres se ven obligados a compensar por sí mismos ese déficit espiritual. Pero ¿cómo?

Por supuesto que cada uno tiene su respuesta a esta cuestión, aunque por regla general el mejor lugar donde comenzar es en casa y el mejor momento durante las actividades cotidianas normales de la familia. Una lista para empezar incluye:

Establecer la costumbre de dar gracias a Dios por la comida

Medite sobre la gratitud y explique el hecho de que los alimentos dispuestos ante la familia los ha proporcionado la tierra generosa, las plantas generosas, el granjero generoso, el Creador generoso.

Enseñe a los niños rezos para la mañana y para la noche

Haga que estas oraciones y meditaciones se conviertan en una costumbre diaria igual de regular que lavarse las manos o limpiarse los dientes. No se preocupe del viejo dicho de que los niños repiten sus rezos «como un loro». Los dirán de forma maquinal, pero así vale. Si esos rezos son verdaderas oraciones, conservarán su propia fuerza. Llevarán a cabo una tarea de espiritualización, aunque sea automáticamente. Confíe en el proceso. Es muy antiguo.

Inicie el día dándole al niño un pensamiento inspirador o que le haga meditar

Despierte al niño anunciándole: «Las estrellas y la Luna se han ido a dormir, el Sol y las nubes se han levantado y están ya despiertos en el cielo. ¿Por qué no nos reunimos con ellos?»; o bien: «Los pájaros están cantando en los árboles. ¿Sabes que sus cantos son oraciones? ¿Puedes oír lo que están pidiendo?». Henry Coyote Viejo, un indio crow, comenta lo siguiente acerca de los rituales matutinos de su tribu: «Es importante que los niños duerman pues necesitan descansar, pero el momento de despertarse es un instante muy significativo. Al llegar el alba mi abuelo me diría: "Está muy bien dormir, pero ya has descansado. El sueño no es tu aliado; el sueño no es tu amigo. Levántate temprano con el sol y enfréntate al nuevo día. Si te levantas muy temprano, serás feliz. Mira al Hombre Viejo –queriendo decir el Sol–. Te está viendo y va a darte algo. Enfréntate al nuevo día, es como volver a nacer". Son algunos de sus dichos. Es lo que me diría».[1]

Cultive las expresiones verbales devotas y utilícelas en su hogar

Tras un estornudo diga: «¡Jesús!». Al salir de una situación difícil o peligrosa diga: «Dios nos ha ayudado». Cuando todo vaya bien diga: «Dios es bueno» o «Dios es karma». Cuando vaya mal diga: «Dios dispondrá». Etc.

Celebre sus propias vacaciones espirituales

La moderna sociedad secularizada ya no celebra festividades de santos. Tiene ritos y rituales públicos, que se han convertido en la ocasión de pagar tributo a los nuevos dioses de los tiempos modernos. El Día de Todos los Santos se ha transformado en una mera celebración civil. La Semana Santa, que recordaba a Cristo, es hoy sólo ocasión para aprovechar unos largos días de ocio. El día de San Valentín, en que se conmemoraba el sacrificio de este santo, sólo sirve para celebrar el amor sexual y el consumo. Y nuestra celebración más importante, la Navidad, adora hoy al más importante de los dioses –el dinero– en las nuevas catedrales de la fe: las tiendas, los centros comerciales y los grandes almacenes.

Sin embargo, aunque la sociedad apenas ofrece posibilidades de celebraciones sacras, no hay razón para que usted no lo haga. Si sigue una determinada religión, busque en el calendario días de la semana que señalen acontecimientos importantes en su confesión. Márquelos y celébrelos en casa. Haga regalos, prepare una buena comida, decore la casa, haga aquello que le inspire a usted y a sus hijos. Los pequeños recordarán estas ocasiones y tendrán asociaciones espirituales positivas durante toda su vida. Si no pertenece a ninguna religión concreta, simplemente declare un Día de la Bondad o una Noche de la Generosidad. Anime a los niños a que practiquen esta virtud concreta toda la jornada y a la hora de la cena celebre una fiesta familiar, con pastel o cualquier otra cosa. Invente sus propias variaciones.

Convierta sucesos corrientes en objeto de lección que ponga de relieve principios espirituales

Si se rompe un juguete, explique al niño que nada dura eternamente. Si una planta se marchita, riéguela, recupérela de nuevo y cuente al niño que no importa lo mal que parezca la situación porque siempre queda una esperanza. Recite a continuación alguna frase apropiada de las Sagradas Escrituras.

Si encuentra un animal muerto en el bosque o en la carretera, explique que algunas religiones creen que morimos varias veces, que nuestras almas van de un cuerpo a otro, primero a plantas, después a animales y por último a seres humanos. Algunas personas afirman incluso que pueden recordar sus vidas pasadas. ¿Lo cree usted?

Si una mariposa nocturna entra en la habitación, llévela a la ventana en lugar de matarla. Explique al niño que todos los seres tienen derecho a vivir.

Si camina por un lugar oscuro llevando al niño de la mano, explíquele que, cuando crezca, su fe será como llevarle de la mano y que podrá escucharla en los tiempos difíciles, cuando más la necesite.

Si ilumina una habitación con la luz de una vela, explíquele que sus actos son como esa llama; es suficiente un poco de bondad para iluminar toda una estancia.

Si aparecen luciérnagas en una noche de verano, salga al exterior con el niño y camine con él entre ellas. Explíquele que cada ser humano tiene su propia luz, lo mismo que una luciérnaga, que se llama alma.

Si muere un animal doméstico, explique que la muerte les llega a todos los seres vivientes y que ha llegado el momento en que esa criatura abandone este mundo. Algunos padres celebran una pequeña ceremonia en tales ocasiones, que completan con alguna oración o ritual religioso. Si, además, tiene intención de adquirir un nuevo animal, asegúrese de recalcar que el nuevo no sustituye al otro, que es un ser totalmente nuevo, con una personalidad diferente. Ponga de relieve que todos los seres vivos son únicos entre ellos.

Más juegos de aprendizaje espiritual

Peggy Jenkins, autora de diversas obras sobre educación infantil, presenta una serie de juegos inventivos e interactivos que los padres pueden hacer con sus hijos en casa y que para comenzarlos no requieren nada más que algunas de las cosas que se encuentran normalmente.

Sin ser sentimentales, estos juegos enseñan aspectos esenciales de la fe y del sentido común espiritual. Éstos son algunos ejemplos:

- Déles a los niños una anilla de goma. Haga que la estiren y suelten varias veces. Explíqueles que los pensamientos son como gomas. Que si tiene uno bueno, más pensamientos buenos vendrán de otras personas. Que uno malo sólo atraerá otros malos. Demuéstreselo con las gomas y haga que los niños experimenten.

- Eche un poco de sal en un cuenco con agua. Explíqueles que lo mismo que no podemos recuperar del agua los granos de sal, una vez que se han dicho unas palabras no se las puede recuperar. Por consiguiente es necesario pensar con cuidado antes de hablar. (Jenkins añade que estas equivocaciones se pueden corregir y que los errores pasados pueden enderezarse si rogamos a una fuerza superior que nos perdone y dé comprensión.)
- Tome unas tijeras y papel. Haga que los niños recorten figuras. Señale entonces que la imaginación es como unas tijeras, capaz de dar forma prácticamente a cualquier objeto de la sustancia universal pensada. Demuéstrelo sugiriendo cualquier cosa, un casa o un animal, por ejemplo. Recórtelos según se lo imagina y dígales a los niños que hagan lo mismo. Explíqueles que la imaginación infantil es una herramienta muy poderosa, que puede usarse para pensar en cosas constructivas o destructivas y que siempre deberá utilizarse con cuidado. Déles ejemplos de como la imaginación de las personas ha creado grandes cosas en este mundo y también cosas terribles.
- A los niños les resulta difícil imaginar que venimos a este mundo desde un lugar invisible y que volveremos a él después de la muerte. Una manera interesante de demostrar esta creencia en términos concretos es colocar cubitos de hielo en un cuenco con agua. Explíqueles que los cubitos son seres humanos y que el agua es la fuerza creativa invisible del universo. A través de un cierto proceso divino salimos del agua «invisible» transparente, lo mismo que el hielo. Después, en una fecha posterior, volveremos al agua. «Pasamos desde lo invisible a lo visible y, cuando el hielo se funde y se convierte en agua, en el momento de la llamada muerte, simplemente dejamos nuestro cuerpo y nuestros espíritus regresan al Espíritu, o al llamado invisible.»[2]

Es importante no darle excesiva relevancia a estas metáforas, dejar que sean sencillas y no emplear términos ampulosos. Evite también una excesiva planificación. Las mejores lecciones son las espontáneas, que parecen surgir del momento. Como elementos didácticos utilice lo que tenga a su alrededor. Si está en la habitación de guardar la ropa recurra a cualquier pieza de lencería, y si se encuentra cavando en el jardín, tome entonces una azada o un pico.

De manera más concreta: supongamos que está sentado a la mesa y que su pequeño le está hablando de los sentimientos hostiles que tiene contra un amigo. Ponga un poco de sal y pimienta sobre el mantel, mézclelo y dígale que probablemente esto es lo que él siente hacia su amigo. La sal sería como los buenos sentimientos, la pimienta los malos. Eso nos pasa a todos. Sentimos multitud de cosas conflictivas hacia una misma persona en diferentes momentos.

De esta manera gráfica y entretenida habrá plantado en su joven mente un concepto social muy común: el de las emociones mixtas.

Los pequeños son todo oídos: Enseñe al niño mientras habla a los demás

A los padres se les suele advertir que cuando los niños pueden oírles es mejor no criticarles delante de otros como si fueran elementos del mobiliario. Todos hemos escuchado a la madre que proclama que su hijo no come mientras él todavía está allí. O al padre que se queja de lo mal que se comportó la pequeña esa mañana en el supermercado, mientras la niña está sentada no lejos en una mesa pintando, y que está a punto de volverse loco con ella.

¿Qué es lo que impulsa a muchos padres a decir cosas tan potencialmente perturbadoras frente a sus hijos? Hay muchas razones, aunque seguramente las dos principales son que creen: 1) que los niños no tienen la suficiente madurez psicológica para comprender lo que se está diciendo acerca suyo, y 2) que cuando les absorbe el juego no se dan cuenta de lo que sucede en la habitación.

Las apariencias engañan. En cuanto a las cosas que se dicen referentes a ellos, las capacidades de comprensión de los niños son extremadamente altas cuando cuentan cinco o seis años de edad y entienden a la perfección el sentido de las frases hechas.

En realidad, el problema es que los niños lo entienden demasiado bien, al menos a un nivel superficial. Tienden a tomarse las exclamaciones en su sentido literal tal como las escuchan. Muchos niños que oyen a menudo decir lo mal que se están comportando, entienden el mensaje y comienzan a actuar como se les pide.

Aunque no siempre lo parece y aunque no suelen comentar o reaccionar a lo que han oído, los pequeños escuchan las conversaciones de sus padres, por lo general con una gran atención.

Los mensajes que llegan durante estas sesiones de escuchar de pasada, tanto las positivas como las negativas, son sometidos después al proceso intelectual del niño todavía inmaduro, a menudo con interpretaciones erróneas muy sorprendentes.

El lado positivo

La tendencia infantil a escuchar a escondidas, lo mismo que muchos elementos de la infancia, es una espada de doble filo y en el momento apropiado puede utilizarse para fines didácticos positivos. El aspecto crítico que debe observarse aquí es que ese fenómeno se produce de una manera pasiva. Es decir, ya que no se dirige uno directamente a ellos, sus sistemas de defensa se mantienen a un nivel bajo, lo mismo que sucede con los nuestros cuando escuchamos la radio o las conversaciones de otros. En esos momentos, una buena parte del material que no se les puede suministrar de una forma directa se les hace pasar por la puerta de atras, por así decirlo.

El místico greco-armenio George Gurdjieff propone un método que llama *kastousilia*. Funciona de la siguiente manera. En presencia de un niño, una persona pregunta a otra acerca de una cuestión espiritualmente simbólica, en apariencia de modo espontáneo. La otra persona, sin prisa, va contestando con seriedad y de manera lógica, casi como si estuviera discutiendo acerca del precio de las patatas.

Gurdjieff cuenta que cuando todavía era un niño, en Armenia, solía sentarse en la carpintería de su padre, observándole mientras trabajaba. Un día, un sacerdote que tenía un especial interés por la educación religiosa del joven Gurdjieff y que era su tutor en estas cuestiones, entró en el taller a grandes zancadas y preguntó de manera abrupta al padre: «¿Dónde está Dios en este momento?».

Sin inmutarse, su padre respondió: «Precisamente en este instante se encuentra en la región de Sari Kamish».

«Y ¿qué hace allí?», preguntó el sacerdote.

El padre le contestó que estaba haciendo escaleras con la madera de los altos pinos que crecían en aquella zona. En la parte superior de estas escaleras colocaba felicidad, de modo que cada individuo e incluso naciones enteras podían subir y bajar de allí.

Conversaciones simbólicas durante la cena

Esas conversaciones tan extrañas que en aquella época le parecían a Gurdjieff carentes de sentido, se le revelaron más tarde plenas de significado espiritual y descubrió que habían ejercido sobre él una profunda influencia a nivel del subconsciente. Los padres pueden emplear hoy un método parecido con sus propios hijos, desarrollando entre ellos diálogos simbólicos al alcance de los oídos de los pequeños y, de este modo, inculcándoles conceptos cosmológicos y metafísicos que de otra forma los niños se habrían negado a escuchar. Dependiendo de la confesión religiosa o de las creencias espirituales, los padres pueden tocar ideas tales como las de la reencarnación, el justo castigo, la ilusión, la gracia y muchos otros términos metafóricos, igual que hacía el padre de Gurdjieff. Por ejemplo:

> Una madre dice al padre, con el niño cerca de allí: «He oído hoy a un cuervo que estaba hablando en el manzano. ¿Qué crees que me contaba?».
>
> El padre responde: «Me parece que lo que estaba diciendo es que acababa de llegar de un lejano país donde había visto tres grandes ciudades en llamas. Había un niño en el centro de cada una de las ciudades, pero el fuego no les hacía ningún daño porque todos ellos eran puros y buenos».

Usted mismo puede crear sus propios diálogos basándose en sus conceptos espirituales y en el temperamento del niño. No es necesario que sean conversaciones muy elaboradas, aunque los padres pueden ponerse primero de acuerdo acerca de los temas quc van a tratar.

Pero ¿por qué utilizar términos misteriosos para expresar ideas que pueden decirse fácilmente en un lenguaje llano? Pues porque el lenguaje parabólico del símbolo y de la metáfora parece superar las defensas del ego infantil y dirigirse directamente al inconsciente del joven. Por otro lado, no hay nada que impida a los padres mantener una conversación espiritual directa y carente de símbolos cuando tienen a sus hijos en las proximidades. Puede hacerse a la hora de cenar, en la habitación de estar, en el coche o en cualquier otro lugar.

Puede parecer que los niños no muestren demasiado interés en lo que se está diciendo en esos instantes, especialmente cuando el tema lleva aires intelectuales. De todas las maneras, algo de lo tratado penetrará en él, en especial si existe una cálida y sincera atmósfera emocional. Y en el caso de los mensajes espirituales, un poco es mucho. Hay una historia zen que habla de un chico que vivía en un monasterio, donde era sirviente de cierto abad. Un día el chico se le acercó con un montón de pedazos de lo que había sido una valiosa taza de té.

«¿Cómo se ha roto?», preguntó el monje con voz irritada.

«La dejé caer», respondió el muchado.

El abad estaba a punto de sermonearle y castigarle, cuando el niño añadió: «Le oí decir el otro día por casualidad que todo en la creación tiene su momento para nacer, su momento para vivir y su momento para morir. Se lo escuché decir y entonces supe después de dejarla caer que hoy era el día en que esta taza debía morir. Simplemente fui uno que le ayudó a salir de este mundo».

El monje sonrió y dio por finalizado el incidente.

Mantenga conversaciones religiosas directas con sus hijos

Los niños en seguida sienten que se les está dando una clase. En el momento en que sus padres se lanzan a polemizar sobre los poderes divinos, se ven en un aprieto. Si les habla usted sobre «cosas importantes», opondrán resistencia. Si no lo hace, nunca aprenderán. ¿Qué es lo que hay que hacer entonces?

Básicamente, el grado de éxito de las conversaciones espirituales depende más de cómo y cuándo se dice que de lo que realmente se dice. Ésta es la verdadera cuestión. Daremos en las líneas siguientes unos pocos consejos de utilidad que conviene recordar a la hora de un intento para comunicar de modo directo hechos espirituales:

Evite el tono doctoral

Diga lo que tenga que decir sin que suene a pedantería; exprésese como si el oyente fuera un amigo. Los niños se dan perfecta cuenta si se les está metiendo ideas a la fuerza o se les proporciona un material ya elaborado. Responderán en consonancia. Esto es importante. Los comentarios de Thomas Merton acerca de los métodos que utilizaba su padre para impartirles una educación espiritual son muy reveladores al respecto: «La única enseñanza religiosa y moral realmente valiosa que recibí cuando era niño fue la de mi padre, que no era sistemática sino esporádica, de un modo modo más o menos espontáneo, en el curso de una conversación corriente. Mi padre nunca se dedicó ex profeso a enseñarme religión, pero si algo espiritual rondaba en su mente, acababa saliendo de una forma natural. Y éste es el tipo de enseñanza de la religión, o de cualquier otro tema, que tiene mayor eficacia».[3]

Una descripción similar de educación interior eficaz gracias a su sencillez es la de Peggy Scherer, editora de una revista católica. Al preguntarle acerca de lo que recordaba cuando la educaron, respondió que una de las cosas de las que mejor se acordaba era de la fe tranquila de su padre y del modo en que influyó sobre sus creencias. «La presencia de la religión en mi casa era sutil, pero muy intensa. Supe desde una edad muy temprana que mi padre iba a misa todos los días. Apenas se comentaba ese hecho, pero me di cuenta de que era muy importante para él. Al mismo tiempo veía que era una persona muy buena y generosa... Siempre estaba ayudando a los vecinos, colaborando en las excursiones del colegio y llevando personas de un lado a otro. Sin que se dijera casi nada de ello, sabía que existía alguna relación entre todo eso y la fe de mi padre.»[4]

George Gurdjieff tiene también algo que decir acerca del estilo franco y lleno de sentido en que su padre presentaba estos temas:

> Mi padre tenía una idea muy simple, clara y definida del objetivo de la vida humana. Me contó infinidad de veces en mi juventud que el esfuerzo fundamental de cualquier hombre debería ser crear para sí mismo una libertad interior hacia la vida y prepararse para una vejez feliz... Pero un hombre sólo puede conseguir esto si desde la infancia, y hasta los ochenta años,

demuestra haber cumplido de manera inquebrantable los cuatro mandamientos siguientes:

Primero: amar a sus padres.

Segundo: ser casto.

Tercero: ser externamente cortés con todos sin distinción, ya sean ricos o pobres, amigos o enemigos, poderosos o esclavos y cualquiera que sea la religión a la que pertenezcan, pero mantenerse interiormente libre y no confiar nunca demasiado en nada ni nadie.

Cuarto: amar el trabajo por sí mismo y no por las ganancias que reportará.[5]

Sea breve

Esto es difícil, en especial si la idea que quiere expresar es inherentemente compleja. A pesar de ello, la brevedad es hermosa en lo concerniente a los niños. Por ese motivo deje que las frases sean breves. Comprima y funda todo lo que pueda. No se exceda demasiado en los temas espirituales: los niños no suelen seguir esas disquisiciones. En el Corán hay un pasaje referente a la creación en el que se dice simplemente: «Dios dice: "Sé", y es». En seis palabras se tiene la respuesta perfecta a cualquier pregunta infantil sobre cómo se hizo el mundo. Dios simplemente dijo «Sé», y fue.

Vea las cosas desde el punto de vista de su hijo

El profeta Mahoma señaló en cierta ocasión que deberíamos «hablar a cada persona según su propio entendimiento». Esto no significa que haya que hablar a los más pequeños sin dejarles meter baza, sino que entenderán mejor las ideas si se les sirven a su propio nivel.

¿Recuerda cómo reaccionaba antaño usted mismo a las lecciones de los adultos? Aquellos que exponían sin parar temas didácticos acababan haciéndose unos pesados. Los que eran capaces de envolver una idea en una o dos frases geniales y de hablar de un modo comprensible para un niño de seis u ocho años, eran escuchados con la máxima atención.

Estuve observando una vez a una maestra de escuela contestando a las preguntas de tema religioso de un grupo de pequeños curiosos de siete y ocho años de edad. Sus respuestas eran tan concisas y acertadas y despertaban al mismo tiempo tanto interés, que no pude por menos de anotarlas. Más o menos eran del siguiente tenor:

PREGUNTA: ¿Qué nos pasa cuando nos morimos?

RESPUESTA DE LA MAESTRA: Después de morirnos, que yo sepa –y no es mucho, tendría que deciros que la muerte es realmente un misterio–, nuestro cuerpo se queda aquí en la tierra y vuelve a ella. Y la otra parte de nosotros, la que se llama el alma, va a un buen lugar donde está Dios. No se sabe nada más que eso.

PREGUNTA: ¿Cómo es el cielo?

RESPUESTA DE LA MAESTRA: Piensa en el momento más feliz que puedas recordar. El cielo es cien veces más feliz que eso..., y además todo el tiempo es mucho más feliz.

PREGUNTA: ¿Por qué decía Jesús que teníamos que amar a nuestro prójimo?

RESPUESTA DE LA MAESTRA: Si alguien es bueno contigo, ¿no te gusta? ¿No sienta bien? Y ¿no te gusta que esa persona se comporte tan amablemente contigo? A todos nos gusta. Porque esa persona te está tratando del modo en que quieres que te traten. Piénsalo. Si tratáramos a los demás del mismo modo en que nos gusta ser tratados, todos seríamos buenos unos con otros. Todo el mundo estaría feliz. Suena bien, ¿no? Podríamos intentarlo la semana próxima con nuestros amigos o cuando estemos en el colegio.

PREGUNTA: ¿Cómo es que se pone mala mi hermana? Supongo que Dios no la querrá.

RESPUESTA DE LA MAESTRA: Dios nos ama a todos nosotros, especialmente a los niños. A veces deja que sucedan ahora cosas malas que nos ayudarán después. Puede que si tu hermana no hubiera estado enferma en casa, ese día la habría atropellado un coche y la habría herido, incluso de mayor gravedad. O quizás al estar enferma haya aprendido a saber lo que es sentirse enfermo y cuando sea mayor se haga médico para ayudar a los demás. O puede que cuando estuvo enferma dispuso de más tiempo para permanecer en casa, de modo que los dos os pudisteis hacer mejores amigos. Como ves, las cosas no son siempre como parecen cuando hablas de un plan de Dios. Incluso algo que ahora te haga daño puede resultar beneficioso más tarde. Dios siempre sabe lo que es mejor.

Recurra a cuentos, metáforas, mitos, humor e imágenes pintorescas para concretar los conceptos abstractos

No tema utilizar comparaciones, analogías, imágenes gráficas e incluso ejemplos históricos cuando brinde ideas espirituales a un niño. Por lo general, estas formas del lenguaje están relacionadas con cosas que el niño entiende y que tienen importancia en su vida cotidiana. Pero no siempre. Un padre, por ejemplo, echó mano de sus conocimientos arqueológicos. La historia, aunque distinta a todo lo que el niño había oído en su vida, estaba llena de vida y conducía con gran facilidad hacia la visualización. El padre contó que hacía mucho, mucho tiempo, en un país llamado Egipto se educaba a niños en templos para que se convirtieran en hombres santos. Si durante la educación uno de los niños decía una mentira, se le aplicaba un castigo especial: se le sentaba en una gran silla de madera cubierta de pinturas de leones y se le hacía estar allí durante varias horas, repitiendo las palabras de la mentira. Más tarde, ese mismo día, sus maestros volvían, borraban las imágenes de los leones y volvían a pintarlas. Cuando preguntaba por qué se habían borrado los leones, los maestros explicaban que se habían comido todas las mentiras del chico, por lo que estaba perdonado. Pero en el curso del proceso han quedado debilitados por todas las faltas de veracidad y ahora se necesitan nuevos leones que los sustituyan.

La historia es eficaz por varias razones. Inculca en la mente infantil una imagen vívida de los resultados de mentir. Implica que existen modos de castigar distintos a la violencia. Ayuda a desarrollar la joven imaginación. Y también enseña al niño que hay muchas cosas extrañas y maravillosas en este mundo de las que no se tiene idea.

Otro ejemplo: si explica al niño la idea bastante sofisticada de que distintas personas viven el mismo suceso de modos diferentes –y que por lo tanto tendríamos que evitar emitir juicios hasta que existan pruebas–, puede hacer que aquellos a los que se les ocurrió algo (un argumento, por ejemplo, o un accidente) relaten por separado el suceso mientras que los restantes niños anotan las diferencias. Ésta será un excelente oportunidad para mostrar que cada persona ve las cosas de acuerdo con su temperamento individual, los prejuicios y el estado de ánimo del momento. Moraleja: antes dc juzgar a un animal o cualquier objeto, debemos preguntar a nuestro propio corazón.

Las parábolas llevan asimismo ocultos mensajes espirituales, incluso las más conocidas, como es el caso, por ejemplo, de «La tortuga y la liebre». Una primera lectura hace que la historia parezca un simple cuento aleccionador. Pero por debajo de la superficie hay un significado mucho mas oscuro y profundo. La tortuga, con su perseverancia, es un símbolo tradicional de ancianidad y muerte, y la liebre, con su inocencia, con su energía parecida a la de Roger Rabbit y con su incapacidad de comprender la tenaz fuerza de su adversario, es la juventud.

Desde el comienzo de la carrera la tortuga avanza sin parar, no dejándose perturbar por el hecho de que la liebre lleve ya mucha delantera. Confía en su experiencia e inevitabilidad. Sabe que la tonta liebre, tras gastar sus fuerzas iniciales, se distraerá y acabará siendo superada. De este modo se advierte subliminalmente al niño que en algún momento de su vida será superado por el tiempo, pero que la edad tiene sus propias compensaciones, que ofrece sabiduría y experiencia y que llega a comprenderse realmente cómo es de verdad la carrera humana.

Otra manera de expresar verdades y de resumir situaciones de un modo lógico, especialmente para niños de más edad, es mediante el empleo de aforismos y proverbios. Algunos dichos populares bien seleccionados pueden resumir en una sola frase cómo se siente el niño. No es necesario decir más. Por ejemplo:

Un niño de nueve años regresa de la casa de un amigo y se queja de que éste le ha tiranizado y ha estado fanfarroneando todo el tiempo que estuvieron juntos. El padre simplemente contesta: «Bueno, ya sabes que cada perro ladra en su propio patio».

Un niño de diez años arma un gran escándalo sin motivo. Alguien que hay cerca señala: «Mucho ruido y pocas nueces».

Se produce un súbito cambio en la vida de Chip. Su madre le

advierte que «la rueda de la vida sigue girando y nosotros con ella».

William ha asistido por primera vez a un funeral. Al regresar a casa, el padre o la madre señalan con tranquilidad: «Al nacer venimos, al morir nos vamos, nada perdura».

Y finalmente, lo más importante de todo...

Imitación. Durante los seis o siete primeros años de vida y en menor grado hasta la pubertad, usted es un dios para su hijo. Repetirá cualquier cosa que diga. Todo lo que haga tendrá impacto sobre la personalidad del niño, para bien o para mal.

Esto significa que si usted muestra una actitud reverente hacia la vida, su hijo hará lo mismo. Si cree honradamente en un bien superior, en una conducta recta, en la justicia final y en la recompensa –y si sigue sus propios principios en estas cuestiones– su fe contribuirá a que su hijo sea también creyente.

Cuando se ha dicho y hecho todo, después de haber relatado todas las historias sacras y tras narrar cuentos de un significado profundo, su principal fuerza para inculcar una actitud devota en sus hijos es su propio nivel humano. Igual que la carreta sigue al caballo, los niños verán lo que hace y querrán hacer lo mismo.

Segunda parte

La disciplina con una trampa espiritual

6. Autoritarismo frente a autoridad

Disciplina

El término disciplina nos trae imágenes de zurras y lágrimas, de masas intimidantes y sargentos de prácticas vociferando órdenes. Incluso asociada a los niños, la palabra lleva las vestiduras del dolor; así, los padres llegan a pensar que la disciplina y el castigo van unidos como uña y carne. Muy mal, porque poner límites y matar a disgustos no son –no deberían ser– sinónimos. José María Rivorola escribe: «En lugar de corregir y curar, los hombres prefieren juzgar y castigar. Es mucho más fácil».

Para los padres con orientación espiritual, la idea de la disciplina debe seguir siendo positiva y constructiva. Vista bajo una luz adecuada implica entrenamiento, conocimiento, aprendizaje, guía para separar al niño de lo que le perjudica y para conducirle hasta lo que le beneficia. La raíz de la palabra procede del verbo latino *discere*, aprender, indicando que los hijos son literalmente los *disciplines* de sus padres. En otras palabras, la disciplina no lleva la connotación de castigo sino más bien la de *construir el carácter*. En resumidas cuentas, lo que quiere decir es:

- Ayudar al niño a que aprenda las reglas de una interacción social aceptable.
- Inculcar el instinto hacia la bondad y la consideración, imponiendo límites y autocontrol y separando lo bueno de lo malo.
- Preparar al niño para una edad adulta sana y sensible.

Al mismo tiempo, aunque los objetivos de la construcción del carácter suelen estar claros en la mente de los padres, no siempre resultan tan evidentes los métodos más idóneos para llevarlos a cabo. En realidad, pocas cosas son más difíciles que intentar saber qué debe hacerse para corregir una conducta desobediente, de una manera que sea al mismo tiempo eficaz y piadosa. Me decía la madre de un niño de nueve años: «Parece que si eres demasiado indulgente es como darles coba. Si eres demasiado rígido, rompes su buena voluntad. Si eres demasiado cariñoso, el niño se convierte en un chico excesivamente dependiente de mamá. Si le dejas a su propio aire sin controlarle, se vuelve alienado. ¡Tendrías que ser Buda para saber hacerlo bien!».

No exactamente. No es necesario ser Buda para educar de manera adecuada a un niño, aunque siguiendo uno de sus preceptos se puede adelantar mucho: «Busca siempre el camino intermedio», aconsejaba a menudo el Iluminado. En cuestiones de supervisión paterna esta regla tiene aplicaciones de oro.

¿Cuál es el camino intermedio? Resumiendo, es mantener el equilibrio entre una actitud tolerante, de apoyo, generosa y liberadora en una mano, y en la otra un control vigilante, riguroso, estricto y conservador. Al romper este equilibrio muchos padres han descubierto que si se deja que la indulgencia y la permisividad dominen sobre la disciplina y la estructura (o viceversa), surgen infinidad de problemas en la conducta de sus hijos.

Este equilibrio entre la vía dura y la vía blanda lo han reconocido los teólogos durante muchos años. Reinhold Niebuhr, por ejemplo, afirma: «Hay una terrible y dura faceta de la justicia que está en contradicción con el amor. Por ese motivo no es perniciosa. La justicia es buena y el castigo es necesario. Pero la justicia por sí sola no mueve al hombre al arrepentimiento».

Entre los psicólogos infantiles esta idea también prevalece, aunque con unos énfasis ligeramente diferentes. Diana Baumrind, educadora de la Universidad de California, en Berkeley, pertenece a ese grupo de profesionales sorprendentemente reducido que han estudiado las relaciones entre la disciplina paterna y las pautas de conducta infantil. En sus escritos acerca de esta materia distingue entre padres que son *autoritarios* y padres que son *permisivos*. Después contrapone estos dos caracteres a lo que ella denomina el padre *con autoridad*. Éste es su análisis:

1. *El padre autoritario.* Intenta controlar e incluso dominar la conducta de su hijo usando una serie estricta, preconcebida e inflexible de reglas y normas.
2. *El padre permisivo.* Responde al mal comportamiento de su hijo de una manera afirmativa, aceptándolo y sin imponer ningún castigo.
3. *El padre con autoridad.* Intenta equilibrar la permisividad con la autoridad según cada situación concreta.

Comentando las observaciones de Baumrind, la doctora Stella Chess escribe lo siguiente: «Los padres con autoridad respondían más a las demandas de atención de sus hijos, pero no cedían ante aquellas que eran irrazonables. Esperaban también un comportamiento maduro e independiente de los niños, apropiado a su nivel de desarrollo. Esos padres solían tener los hijos mejor adaptados socialmente... Los padres autoritarios tenían por lo general hijos menos felices, malhumorados, aprensivos, con hostilidad pasiva y vulnerables al estrés; los padres permisivos tendían a tener hijos impulsivos y agresivos».[1]

Muchos creen que el equilibrio entre los modos disciplinarios es, por consiguiente, un precepto espiritual fundamental en la educación de un niño, y en este sentido tenemos un modelo último en el que basar nuestra creencia. El propio Dios, según se nos enseña en muchas religiones, realiza sus acciones siguiendo dos principios universales y en apariencia opuestos: misericordia y justicia. La misericordia es su bondad, la justicia su insistencia en que obedezcamos sus justas leyes o sufriremos las inevitables consecuencias.

El cabalismo, por ejemplo, habla de «los tres pilares de Sefirot». El central representa el material humano existente. Está rodeado por el pilar de la misericordia a un lado y el del juicio al otro. Los cabalistas creen que toda la conducta humana depende de la tensión y de la interacción entre estos tres pilares.

En el cristianismo esa misma idea se expresa a un nivel distinto mediante el concepto del Padre, del hijo y del Espíritu Santo. En el hinduismo es similar la existencia de Siva, el dios destructor, y Visnu, el conservador. Otro tanto sucede con los conceptos del yin y del yang en el taoísmo. El sufista Sahl Al-Tustari afirma que «Dios es sólo conocido por la unión de elementos contrarios».

Puesto que la humanidad debería intentar ser reflejo de la divinidad, tal como se nos enseña en muchas disciplinas espirituales, el padre y la madre tienen la responsabilidad de educar a sus hijos en un hogar en que la misericordia y la justicia se encuentren en un equilibrio apropiado. Si se mantiene esa simetría, el resultado es un ser humano equilibrado. Como escribía Confucio: «El Hombre Perfecto es aquel que encarna la compasión del yin y la fuerza del yang, el conocimiento del yin y la energía del yang, la profundidad del yin y la altura del yang, la facilidad del yin y la dureza del yang».

Pero ¿qué significa todo esto en términos de la educación práctica? ¿Cómo traducimos esa noble teología en la formación del niño? Comencemos con la misericordia. La misericordia divina puede llegar a la tierra en forma de:

- Apoyo con amor.
- Razonable permisividad.
- Paciencia y dominio sobre uno mismo frente a una conducta desobediente.
- Actitud afable y sentido del humor.
- Perdón, además de cariño cálido y recogido.
- Tolerancia y el beneficio de la duda.

La justicia divina, por otro lado, se traduce en justicia paterna en forma de:

- Estructura y reglas.
- Prevención y control de los impulsos egoístas, malignos y autodestructivos del niño.
- Castigos justos administrados para comportamientos traviesos.
- Lecciones relativas a la naturaleza moral del mundo.
- Ayuda para enseñar a los niños a que reconozcan y eviten las influencias perjudiciales.
- Lecciones en la asignatura de respeto, honor, humildad, moderación y autocontrol.

Este paradigma de la misericordia y la cólera de Dios como fuerzas alternativas de una única totalidad divina puede ampliarse todavía más. Obsérvese lo siguiente:

YANG JUICIO CÓLERA Cualidades de la justicia paterna	YIN COMPASIÓN PERDÓN Cualidades de la misericordia paterna
Rigor Castigo Reglas Templanza Aprendizaje Escuela Lecciones No El lado serio de la vida	Benevolencia Recompensa Laxitud Indulgencia Juego Hogar Juegos Sí El lado divertido de la vida

La disciplina, por tanto, es una especie de malabarismo en el que tanto el padre como la madre desempeñan papeles iguales pero diferentes. Los objetivos son cultivar los rasgos benevolentes y evitar los malévolos. Bajo esta luz, hay muchas acciones que pueden realizar los padres para reprimir de manera positiva los impulsos negativos del niño.

7. El Tao de la disciplina

La primera línea de defensa disciplinaria es *mantener a los niños tan sanos que la enfermedad no pueda echar raíces.* Si logra dominar este juego de manos, si puede descubrir los problemas de comportamiento mientras están todavía en el embrión y corregirlos antes de que crezcan hasta convertirse en un árbol, el castigo no constituirá ningún problema debido a que no habrá un mal comportamiento. En este caso, cuanto más profundo sea tanto mejor funcionará.

Los principios de la disciplina taoísta

Entre las numerosas nociones que constituyen la anciana religión del taoísmo y que son aplicables a la educación infantil están:

> El mundo existe como un juego entre dos fuerzas fundamentales: lo positivo y lo negativo, la fuerza y la debilidad, lo masculino y lo femenino. Los taoístas lo llaman yin y yang. El equilibrio entre estas dos fuerzas iguales y complementarias es lo que se conoce como Tao.
>
> El Tao es tanto un camino como una ley natural. Sus principios se expresan a todos los niveles de la existencia. Aunque el Tao no puede describirse con palabras, todo el mundo sabe

que está profundamente en nuestro interior; todo el mundo lo siente, lo comprende. Pero no todos lo siguen

Practicando la virtud se coopera con el Tao: la armonía se convertirá en un resultado natural e inevitable. Con la práctica del vicio surgirán la infelicidad y el caos. El objetivo de la vida es, pues, seguir el camino de la virtud.

Para los taoístas, un poco de energía aplicada en el lugar adecuado y en el momento preciso es más eficaz que mucha energía desperdiciada y en instantes inoportunos.

Para los taoístas, todas las cosas del universo tienen sus propios ritmos y ciclos. Nuestra tarea como seres humanos es observar estos ciclos y cooperar con ellos.

Para los taoístas existe un momento apropiado para emprender cualquier actividad. Forzar o acelerar las cosas cuando no es todavía su momento, es buscar el fracaso. (Un proverbio dice: «No puedes hacer crecer la hierba tirando de ella».) Por otro lado, dejar que el mal continúe sin evitarlo es invitar a la desarmonía cósmica. Lao Tse decía: «La medida del tiempo lo es todo».

Todas las cosas del universo tienden de modo natural a la unión y la armonía. La dulzura acaba prevaleciendo sobre la fuerza. La bondad acaba venciendo a la maldad.

Tomando estas ideas ¿cómo puede aplicarlas usted al proceso de educar a un niño?

1. Aborde siempre la cuestión de la disciplina paterna desde un punto de vista positivo. Admita que su hijo es bueno y que su papel como padre es enseñarle a expresar esa cualidad innata.
2. Prevea y remedie los problemas potenciales del comportamiento del niño antes de que hayan tenido tiempo de ir a mayores.
3. Manipule las condiciones de modo que se eliminen las influencias perniciosas del entorno del niño. Evite los aspectos problemáticos manteniéndole alejado de ellos.

4. Si un poco de corrección da buenos resultados, no aplique más. Si unas pocas palabras de censura son suficientes, evite seguir riñiéndole. Si es bastante con levantar las cejas o una mirada de desaprobación, olvide la vara. Con poco se avanza mucho. En el taoísmo esto se llama *wu wei*, el esfuerzo sin esfuerzo.
5. Deje que la propia energía y perspicacia del niño le guíen. Limite su función a indicarle la dirección correcta. El mejor padre es como el mejor emperador: «No profiere fácilmente palabras, pero cuando ha hecho su tarea todo el mundo se pregunta por qué ha transcurrido todo de manera tan natural».
6. Evite provocar temor si es posible. Las expresiones de emociones negativas rara vez curan algo. Por otro lado, sea firme y disciplinario cuando haga falta, pero hágalo con cuidado, sin rencor.
7. Deje que el sentido innato de justicia de los niños de más edad les guíe hasta entender correctamente lo que está bien y lo que está mal. Usted, como padre, sólo tiene que poner el escenario y aportar las materias primas.

Basándose en estos siete principios, se dan a continuación algunas directrices que pueden servir de ayuda.

Mantenga ocupado al niño

Aleje al niño del mal camino manteniéndole ocupado. Dice un proverbio chino: «Lo que el ojo no ve, no lo anhela el corazón». De una manera más específica:

- Inspeccione la habitación del niño y el cuarto trastero. ¿Hay suficientes juguetes y equipo de juego como para mantener en movimiento las jóvenes manos y ocupado su cerebro juvenil?
- ¿Dispone de suficiente arcilla, lápices, papel y tijeras, construcciones, muñecas y casas de muñecas, figuras, equipos de juego para el aire libre, etc.? La cantidad *y* la calidad de los juguetes son importantes para mantener bien entretenido al niño.

- ¿Está dispuesta la casa teniendo en cuenta las necesidades del niño y las suyas propias? El psicólogo infantil Haim Ginnot afirma: «Es comprensible preocuparse por el estado de los muebles, pero no debe pasarse por alto el estado del niño».
- Prepare un programa anticipado de sus actividades de modo que el niño aproveche bien su tiempo. Al ir a comer a un restaurante lleve una bolsa con lápices de colores, libretas, tijeras, papel y figuritas, cualquier cosa que resulte entretenida y pueda transportarse.
- En un viaje en coche de larga duración, lleve gran cantidad de diversiones junto con los bocadillos. Esto resulta especialmente aconsejable si en el asiento de atrás va más de un niño. Deje que saquen por las ventanillas molinetes de papel, eso les entretendrá durante horas. O ayúdeles a colocar trozos de celofán de colores en las ventanillas, con lo que podrán ver un mundo polícromo durante el viaje. Contar placas de matrícula, cantar, calcular distancias, narrar cuentos, escuchar cintas, etc. Todo esto les mantendrá ocupados.
- Ya sea en casa o en el coche, planifique los juegos con antelación y téngalos preparados. El factor «antelación» es crucial. En el momento en que el niño se aburre y comienza a buscar algo, puede ser ya demasiado tarde. El Tao nos enseña que hay que anticiparse al problema antes de que aparezca.

No deje nunca que el niño quede extenuado

El tío de un niño recién nacido señaló que, aunque no era dado a los consejos, no podía dejar de pronunciar unas palabras sabias. «No dejad nunca, *nunca*, NUNCA que se canse», dijo sonriendo. Diez años después confesaba el padre que éste había sido el consejo más juicioso que jamás había recibido.

El alma de los niños crece en su niñez junto con el cuerpo y cualquier perturbación en el sueño interferirá en su desarrollo psíquico lo mismo que en su salud física. Hay que establecer la hora de irse a la cama y cumplirla aunque el niño pida más tiempo. Puede ponerse especialmente cariñoso mientras ruega: «Sólo cinco minutos más»; pero hay que vigilar los menores síntomas de cansancio.

Recuerde que la privación del sueño es una técnica del lavado de cerebro. Los torturadores lo utilizan para volver locos a sus víctimas. Por lo tanto, cuando el niño se ponga travieso pregúntese si la hora de acostarse no será demasiado tarde. Adelántela media hora y vea qué pasa. No lo subestime.

Lo que el ojo no ve, no lo anhela el corazón

Si quiere evitar que el niño esté pidiendo caramelos, no tenga caramelos en casa. Si las peleas son un problema entre los hermanos, sepárelos durante las horas más difíciles del día. Si quiere curar a sus hijos de la enfermedad del necesito-un-juguete-cada-semana, aléjelos de los anuncios de televisión y de los catálogos. Si se utilizan malas palabras en su hogar, compruebe su propio lenguaje; si el problema no reside en esto, busque cuál de los amigos de su hijo está dando el mal ejemplo. Si quiere mantener a sus hijos alejados del credo de las pistolas y los asesinos, alejeles de los juguetes bélicos, de los cómics violentos y de las películas de guerra.

Resumiendo, la manera más fácil de alejar a un niño de una tentación es no dejar que la conozca. La ignorancia es una felicidad siempre que la pueda mantener, tanto la de él como la suya propia.

Use tácticas de desviación

Más del Tao: en lugar de atacar al niño para que deje de hacer algo, distraiga su atención. Introduzca algo nuevo en su conciencia. Esto resulta especialmente eficaz con los niños más pequeños, como quizás ya sepa. Si un pequeño de esta edad comienza a llorar, mover la cuna o cambiarle de postura suele calmar en seguida las lágrimas.

Cuando va haciéndose mayor es aplicable el mismo principio, aunque a un nivel más sofisticado. En la primera infancia desviaba su atención con los sentidos. Ahora tiene que trabajar a través de su mente y de sus sensaciones.

Por ejemplo, cada vez que la madre de Jamie veía que su pequeño de cuatro años rompía a llorar, introducía una imagen de distracción en su subconsciente. Cuando Jamie quería tocar el papel nuevo de las paredes su madre le decía: «¿Te acuerdas del libro de recortes que te dio la abuelita? Búscalo; coge las tijeras de plástico de la cocina y haz algo divertido». Usando un lenguaje descriptivo, se desviaba la mente de Jamie desde un problema potencial sin ninguna confrontación. Este método funciona durante un número sorprendentemente alto de años si se utiliza con astucia. A veces incluso da buenos resultados con adolescentes.

Aplaque las rabietas en sus inicios

Estas tácticas funcionan mejor cuando la emoción negativa está en su fase inicial. No espere interrumpir una rabieta en su momento culminante poniendo una cara divertida o sugiriendo que alguien salga a por una pizza. La energía colérica se ha salido de la botella como el genio y con facilidad se torna en contra del propio niño o de usted. Los monjes cristianos hablan de la cólera como «el esclavo que devora a su dueño».

El truco está en impedir que se desarrolle la energía colérica *al principio, cuando la negatividad es todavía lo suficientemente pequeña como para poder controlarla.* Aborde las dificultades cuando todavía sea capaz de dominarlas. Es un principio universal, aplicable en una infinidad de variedades.

Para cada edad hay una táctica diferente. Algunas de las apropiadas para interrumpir rabietas en niños de tres a seis años son:

Al comenzar la rabieta, pregunte algo al niño y siga después haciendo más preguntas

Continúe con este interrogatorio. Puede ser necesario cambiar de tema varias veces, pero al forzar al niño a un diálogo se le puede alejar de sus sentimientos y llevarle hasta su mente. El instante de cólera se ha roto de modo natural. Muchas veces el niño no se da cuenta de lo que está pasando. Una converación típica en la que se aplica esta técnica es la siguiente:

PADRE [Cuando su hijo de cinco años está a punto de explotar.]: Espera un momento, ¿hay un pájaro cantando ahí fuera?

NIÑO: No lo sé.

PADRE: No, no, ven. ¡Escucha! ¿Lo oyes? Esto significa algo importante. ¿Sabes lo que es?

NIÑO [Escuchando.]: ¿Qué?

PADRE: Eso, ese sonido fuerte que hay en la ventana. ¿Lo oyes? Significa que ha llegado la primavera. Hay que celebrarlo.

NIÑO [Se encoge de hombros.]

PADRE: Vamos, dame alguna idea. ¿Qué crees...?

Haga una pregunta y utilice después la respuesta del niño como guía para actuar

Pregunte algo para que el niño se dé cuenta de su mala conducta

El doctor Thomas Lickona aconseja no discutir con un niño rebelde, sino obligarle a que responda a preguntas referentes a su mal comportamiento y que de este modo identifique con sus propias palabras el problema.

En lugar de reprenderle es mejor preguntarle lo que sucedería si siguiese actuando como lo está haciendo e insinuarle que en su respuesta esté la solución al problema.

Lickona sugiere también que los padres hagan preguntas destinadas a refrescar la memoria del niño en lo referente a las reglas establecidas dentro de la familia.

De este modo, el diálogo de pregunta-respuesta suele ser suficiente y no hay que recurrir a las amenazas.

Pero ¿qué hacer si el método no da un resultado inmediato? Lickona aconseja repetirlo hasta obtener una respuesta correcta.

Cambie abruptamente de tema

Entre los niños de tres, cuatro e incluso cinco años, un cambio abrupto de tema puede resultar sorprendentemente eficaz. Ejemplo:

NIÑO: ¡No, no quiero!

PADRE: ¡Oh, oh! La barriga del león vuelve a ser verde. Mira.

NIÑO [Mira malhumorado y no contesta.]

PADRE: ¿A que no puedes parecerte a un león con la barriga verde?

NIÑO [No responde pero se distrae.]

PADRE: Barriga verde, barriga amarilla, barriga que huele mal.

NIÑO [Sonríe un poco.]

PADRE: Inténtalo. ¿Ves como tengo la barriga verde?

NIÑO [Riendo.]: Tu barriga no es verde.

Con los niños de seis a nueve años la distracción puede ser más directa. Se les envía a otra habitación. A veces un cambio de escenario surte efecto. Tírele una pelota cuando está en medio de una rabieta. Ofrézcale contarle un cuento o salir a jugar. Cante algo divertido. Haga que participe en una conversación proponiendo algo que sea de su interés. Otras veces un abrazo y una caricia son suficientes.

Mantenga intacto el equilibrio entre misericordia y justicia, ofreciendo alternativas al niño

Diversas leyendas de Oriente Medio hablan de un tonto cuya lógica y cuya conducta imprevisible parecían exponer la verdad interior de cualquier situación. Una de ellas dice que, ocupando el puesto de juez de paz, acudió un día un hombre quejándose de que su vecino había entrado en su casa y le había robado. Pedía que le castigaran.

«Tienes toda la razón», respondió el tonto.

Llevaron al acusado a su presencia. «No fui yo. Fue él quien entró en mi casa. A él es a quien hay que juzgar.»

«Tienes toda la razón», respondió de nuevo.

Un ayudante le comenta: «Excelencia. Escuchaste al primer hombre y le diste la razón. Luego viene el vecino y también le das la razón. Pero los dos no pueden tenerla».

«Tienes toda la razón», respondió el tonto.

Pocas cosas en la vida son de un solo color. Muchas negaciones sin ninguna opción son igual de perturbadoras que todos los síes. En lugar de dejar a su hijo sin recursos, déle una salida. Esto contribuirá a mantener el equilibrio entre permisividad y rigidez.

Así por ejemplo, Sandra recibe de una amiga una entrada para un concierto de rock en el que se sabe que el cantante realiza al final una falsa crucifixión. Sandra no consultó a sus padres para asistir al concierto, pero es consciente en su interior de que es demasiado joven para asistir a él. Al llegar el momento de acudir lo da por hecho y simplemente pide a sus padres que la lleven hasta el local donde se celebrará el concierto.

Disgustados porque Sandra ha aceptado la invitación sin preguntarles y perturbados por la idea de que su hija acuda a un espectáculo que consideran sacrílego, su primer impulso es enfadarse.

Sin embargo, tras consultarse mutuamente y tranquilizarse, sientan a Sandra y explican con cuidado sus razones para la negativa. Ponen bien claro que sus principios religiosos están en total contradicción con el comportamiento del cantante y que sería perjudicial para su felicidad espiritual estar expuesta a esa experiencia.

Le ofrecen una alternativa: ir al circo con la amiga que quiera o una salida en el velero de su padrino.

Sandra quedó desilusionada, pero no abatida. Había perdido algo importante, pero en su lugar se le ofrecía algo de igual valor. Sus padres aprovecharon más tarde este suceso como excusa para iniciar conversaciones sobre el tema de las creencias religiosas.

No diga un no simplemente por decirlo

El doctor Jack Canfield informa que en un estudio realizado sobre las respuestas dadas por los padres a sus hijos de tres años en un día, se obtuvieron 432 negativas frente a 32 positivas.[1] La estadística muestra lo fácilmente que el decir no se convierte en costumbre. Es como la madre que dice a uno de sus hijos: «Ve a mirar qué hace tu hermano y dile que pare».

Los padres caen en esa trampa porque creen que es más fácil. Diciendo no, el niño saldrá del problema. Diré no y no tendré que levantarme cien veces. Y así sucesivamente. Pero tantas respuestas negativas acaban por convencer al niño de que el mundo es una enorme negación. Al final, los propios hijos acabarán diciendo no a sus padres. De este modo se frustran los impulsos positivos y de exploración espiritual.

Por supuesto, hay multitud de ocasiones en que los padres *deben* decir no. Pero hay que tener cuidado: puede convertirse en un reflejo. Con tantas respuestas negativas se apaga el deseo de penetrar en la naturaleza de las cosas. Cuando no exista ningún riesgo es mejor dejar la vía afirmativa. Diga sí.

Acentúe siempre lo positivo

El psicólogo Fitzhugh Dodson afirma que el principio para enseñar a los niños una conducta deseable es muy sencillo. Que cada vez que se les vea comportándose bien hay que premiarles. Se les sonríe, se les da un abrazo o una palmada amistosa en el hombro, haciendo algo que indique que usted le considera una espléndida personita.[2]

Es un principio muy simple, pero que a menudo se olvida. Alabe todo lo que hagan bien y ellos querrán seguir haciéndolo.

Ayude a los niños a volver a centrarse espiritualmente después de un contratiempo

Uno de los principios básicos del arte marcial aikido es: si una persona se vuelve hostil y le ataca, se está descentrando espiritualmente y al hacerlo perturba la armonía universal. Usted, como practicante del aikido, tiene la obligación de volver a centrar a esa persona y volver así el mundo a su estado natural de equilibrio. Se hace permitiendo que el movimiento agresivo de avance de la persona acabe en su propio estado de reposo, en este caso plano y de espaldas.

Aunque en el aikido el regreso al centro armónico se toma literalmente, en los niños se consigue mediante emociones y el tacto. La próxima vez que sea desobediente, en lugar de explotar respire hondo, retenga el aliento y póngalo en contacto con su centro espiritual. Puede ser el corazón o el pecho. Algunas personas creen que es el plexo solar y otras el abdomen. Busque cuál es el suyo. Lo averiguará por cierta sensación de equilibrio, calor y seguridad.

Una vez centrado haga lo mismo con el niño, intentando alguna de las siguientes técnicas:

- No le diga nada. Acaricie o frote su cabeza, los brazos y las piernas. El contacto físico es muy importante. Puede transmitirle su propia tranquilidad interior. Al niño a punto de tener una rabieta le puede resultar muy satisfactorio que le acaricien. Pocos olvidan el placer: lo preferirán en lugar de un ataque de ira.
- Con los niños de dos a cuatro años es posible armonizarles literalmente, poniendo su respiración al unísono con la de usted. Lo mismo sucede con golpecitos que van haciéndose cada vez más lentos hasta que se calma. Después se le acariciará con cariño.
- A los niños de más de cinco años hay que hablarles con tranquilidad cuando estén irritados, en voz baja y de manera relajada. Admita que están alterados y hábleles de la paz y la felicidad que esperan en su interior. Usted mismo sabrá el material que conviene elegir, en función del temperamento de su hijo. Lo importante es hablar de forma cariñosa y sincera, explicando que hay opciones placenteras en ese mismo momento. El niño sólo tiene que decir sí.
- Intente tranquilizarle cantando. Resulta muy eficaz, incluso con niños de más edad. Con los más pequeños, una canción popular atrae pronto su atención. El éxito crea un sentimiento maravilloso de armonía entre los padres y los hijos.
- Con los niños de seis a diez años, acérquese a ellos y permanezca en silencio. Piense en la paz, en el centro de tranquilidad del niño o en su buena naturaleza innata. Imagíneselo como quiera, lo importante es la calidad de la emoción que se aporta. Los niños son extremadamente sensibles a los sentimientos y responderán siempre que el disgusto no sea excesivo. La paz que usted disfruta se les transmitirá a ellos.

No cree las condiciones que favorezcan el mal comportamiento

Aquí es donde se cosechan las aspiraciones espirituales de los padres, pues el mal comportamiento es más un defecto suyo que de su hijo.

El mejor antídoto es el *autoconocimiento*. Los padres pueden intentar verse y escucharse a sí mismos. Por ejemplo:

Escuchar el posible doble mensaje de sus reprimendas.

Comprobar si sus propias exigencias carecen de consistencia.

Escuchar el sonido de su voz al criticar.

Ser conscientes de la frecuencia con la que uno deja de cumplir lo prometido.

Mirar los gestos y expresiones intimidatorias tal como los ve el niño.

Darse cuenta de la frecuencia con la que se responde automáticamente al comportamiento del niño con una negación.

Buscar las propias motivaciones en las reglas y órdenes.

Cada padre puede encontrar más de una docena de defectos en su propia conducta cada día. Su obligación como vigilante espiritual es ser consciente de sus fallos y vencerlos.

Veremos algunos ejemplos de pautas de conducta que un padre alertado puede captar y corregir:

- Regañar continuamente.
- Ser demasiado crítico.
- Estar psicológicamente ausente.
- Imponer excesivo número de reglas.
- Ser demasiado severo.
- No dejar de gritar.

Aleje al niño de la causa perturbadora

El doctor Charles Schaefer lleva muchos años dedicándose a los niños y ponderando un método de disciplina en el que apenas se recurre a las amenazas.[3] Algunos de sus consejos son los siguientes:

- Cuando tenga problemas para que el niño haga algo, utilice una imagen en lugar de palabras. Por ejemplo, en lugar de decirle que dé de comer al perro, muéstrele diez mil veces una foto de un perro famélico.
- Si no puede captar su atención haga sonar una campana o un timbre cada vez que quiere que se estén quietos. Nunca podrán decir que no se han enterado.
- En la tormenta haga justamente lo contrario de lo que esperan. Si tienen una rabieta, diga: «Vaya, si que es divertido» y enfurrúñese usted también. El humor puede salvar ese día.
- Cuando los niños sean reacios a hacer aquello que se espera de ellos, rételes a que lo hagan en lugar de reñirles.
- Reserve las peticiones más importantes para la mesa. Los hechos prueban que la mayoría de las personas se muestran más abiertas a los llamamientos mientras comen.
- Utilice la técnica del «poco a poco». Consiga que el niño esté de acuerdo con una petición pequeña y después incremente de modo paulatino lo que se le pide, para que así no se sienta presionado.

Establezca algunos modelos de comportamiento mediante cuentos

Muchas tribus indias recurren a narradores especiales, dotados de gran memoria e imaginación, para que enseñen a los niños las costumbres y la historia de su pueblo. Se les relatan en forma de cuento modelos de comportamiento heroico y se les envían mensajes morales.

Existen entre nosotros asimismo cuentos que en el momento adecuado pueden usarse como guía disciplinaria. Por ejemplo:

- Si los niños tienden a mentir, se les puede leer «Pedro y el lobo».
- «Cenicienta» muestra el aspecto de las cosas desde el lado de la víctima y que quien abusa acaba mal.
- Para los niños poco afables con sus hermanos «Hansel y Gretel» les puede enseñar que la devoción entre los hermanos puede salvarles un día del mal.

- Para aquellos que se ríen de los disminuidos, «La bella y la bestia» puede mostrarles que la belleza radica en el corazón y no en las apariencias.

Ignore el mal comportamiento siempre que sea posible

Hay que ser selecivo a este respecto y, por supuesto, existen ciertos límites, pero en muchos casos la mejor manera para que dejen de portarse mal es no hacerles caso. Es suficiente con imaginarse que no pasa nada. Manténgase en silencio y contemple el lado bueno.

Si un día le viene el niño de la escuela repitiendo una frase ofensiva sin saber lo que quiere decir, haga que todos en casa la digan para que se dé cuenta en los demás de sus propios actos y explíquele lo que significa. Verá como él mismo dejará de utilizarla.

Con este tipo de tratamiento es posible hacer desaparecer malos comportamientos, en especial los que aprenden en la escuela.

Use incentivos en lugar de castigos

Los niños aprenden muy bien si se les motiva en lugar de castigarles. Ésta es otra de las técnicas orientales que amagan los males antes de que aparezcan. El deseo del niño de recibir el premio le estimula a cumplir las normas paternas y, si se porta mal, recordar la recompensa (y no, como alguos creen, el temor a perderla) es un excelente correctivo.

Repita, no reprenda

La reprimenda y el castigo tienen su puesto en la educación infantil y pronto pasaremos a tratar de ello, pero estos métodos siempre deben aplicarse después de haber intentado otras alternativas, tales como la repetición. Algunas variaciones sobre el tema son:

Deje notas

La nota refuerza el mensaje y cala en el niño. Además impide que recurra a la disculpa universal del «¡Pero no me lo habías dicho!».

Utilice colores brillantes y escriba con letras de imprenta grandes. Un dibujo o una pegatina las hacen más visibles. Todas las notas deberán ser breves e ir directamente al grano. Se colocan en el cuarto de baño, en el dormitorio, en el lugar donde deba ejecutarse la acción solicitada.

No importa dónde se coloquen, pues llegarán a encontrarlas y pararse... es inevitable. Cámbielas de vez en cuando y escríbalas de nuevo cuando las viejas se hayan vuelto rutinarias.

Haga que los niños le repitan las instrucciones

Cada vez que les diga algo de este tipo, haga que se lo repitan, pues de este modo el mensaje se refuerza con la voz y las palabras del propio niño.

Repita las instrucciones inmediatamente si el niño no las cumple

Es una variación de lo anterior. No deje que discurra mucho tiempo entre la falta y la repetición, pues, especialmente si es muy pequeño, podría perder de vista la relación entre ambas cosas. Debe corregirse de inmediato. Después es demasiado tarde.

Haga que el niño escuche las instrucciones de labios de más de una persona

El padre, la madre y los hermanos mayores pueden participar. Cada uno refuerza lo dicho por el anterior. Si el mensaje es lo suficientemente importante, puede reforzarse con la participación de una persona externa.

El refuerzo continuo por parte de varias personas hace que el niño lo recuerde mejor que si lo recibe de una única fuente.

Utilice trucos orales para resaltar las órdenes

Una regla en rima se recuerda mejor que una orden en prosa. Los niños lo memorizan con una rapidez extraordinaria. No importa la calidad de la poesía, cuanto más tonta sea más eficaz será.

Otro truco es hacer que el niño complete la frase en lugar de usted. Esto refuerza el mensaje al implicarle con su participación mental.

Cuelgue tarjetas y listas en la pared como recordatorios

Hágalas de colores brillantes y colóquelas en sitios altos y bien visibles. Deje que el niño le ayude a elaborarlas. Atraerán su atención, actuarán de recordatorios sobre sus tareas domésticas o la hora de irse a la cama, o servirán para anotar los puntos que obtiene para una recompensa.

Evite los mensajes que parecen benevolentes, pero que en realidad reflejan la neurótica orden del día de los padres

Cuando se les dan a los niños mensajes con este doble sentido, se sienten tratados injustamente. Pero, ya que carecen de la sofisticación psicológica suficiente para mirar debajo de las palabras y gestos de los adultos, no saben expresarlo. Las clásicas frases manipuladoras del tipo de «Si realmente me quieres...», o «Lo estoy diciendo por tu propio bien», pueden provocar que el niño deje de confiar en sus padres.

Expresiones de esta clase son por ejemplo: «Pregunta a tu madre», «Pregunta a tu padre», «Compórtate como un adulto», «Haz lo que quieras» o «Ya veremos», y todas ellas tienen muchos otros significados, distintos a lo que aparentemente quieren decir.

Todos sabemos verlas en los demás, pero por desgracia rara vez las encontramos en nuestro propio lenguaje. Sin embargo, puede conseguirse. Hay que ser honrado al hablar.

Lea entre líneas

La última técnica, y quizás la más importante, que debe aprenderse al practicar la disciplina taoísta es la de averiguar qué se oculta realmente tras el mal humor del niño y después tratarlo de forma correcta: en lugar de una conducta reprensible puede ser el síntoma de una perturbación más profunda.

Pregúntese qué es lo que el niño quiere expresar en realidad, qué cosas importantes no ha sabido leer, cómo puede satisfacer sus demandas de modo natural sin que se vea obligado a portarse mal para conseguirlas.

Por ejemplo, Jep, de nueve años, no dejaba de golpear con una pelota de goma dura contra una puerta. Por mucho que se le ordenara dejar de hacerlo, volvía a repetirlo poco más tarde, dejando la puerta en un pésimo estado.

Los padres llegaron a la conclusión de que tenía que suceder algo especial para que Jep, un chico normalmente de buena conducta, se comportara de ese modo.

Al final lo averiguaron. Esa puerta era algo más que una superficie de rebote, era la puerta de la habitación de su hermano menor, por lo que probablemente representaba un sustituto de ese mismo hermano. ¿Habían atendido lo suficiente a Jep en los últimos tiempos? ¿Se prestaba demasiada atención al más pequeño? Es probable. Los padres comprendieron así la situación y pusieron remedio.

Los golpes con la pelota eran el síntoma, no la enfermedad, y muchos problemas de disciplina con los niños son de este tipo. No se deben a una mala naturaleza, sino que son un grito de su corazón, diciendo que no se les responde o no se les atiende.

Por consiguiente, antes de castigar conviene buscar las razones últimas del mal comportamiento.

1. ¿Presenta alguna pauta particular el mal comportamiento del niño?
2. Recuerde dos aspectos esenciales de la psicología infantil:
   - La necesidad de amor.
   - El temor al abandono.
3. ¿Es simbólico el mal comportamiento?
4. No dé por supuesto que los niños van a verbalizar sus temores y necesidades.

5. No cuente con los niños para obtener una información psicológica o emocional explícita.
6. ¿Está probando el niño hasta qué límites puede llegar? Puede que así sea.

¿Por qué se portan mal los niños?

El doctor Rudolf Driekurs, conocido psicólogo, ha identificado cuatro variedades fundamentales de mal comportamiento que él cree basadas en la necesidad del niño de ser reconocido, respetado y cuidado.

1. *Atención.* Si no consigue que le presten atención, o sólo a medias, lo logra interponiéndose al paso de sus padres, azuzando al perro, pegando a la hermana, dejando escapar el agua de la bañera o poniéndose delante del televisor cuando están viendo un programa.
2. *Fuerza.* Si los niños están sometidos a un excesivo control o simplemente pasan por una fase de rebeldía, continuamente retarán la autoridad paterna: «No, no quiero», «No lo haré» o «Después, mamá, ahora no» son expresiones típicas de niños que se sienten indefensos o que están tentando los límites de su poder.
3. *Venganza.* Ya que algunos niños están convencidos de que no se les quiere, encuentran su nicho en la familia convirtiéndose en el «malo». En este papel suspenden a propósito los exámenes, se mojan los pantalones cuando están sentados en el sofá preferido de su madre, etc. Los niños a los que se regaña con frecuencia por faltas leves suelen adoptar esta postura. Es una de las pocas maneras en que ellos creen poder mantener el control.
4. *Quejas de insuficiencia.* El niño dice: «Soy demasiado tonto para hacer esta tarea» o «Soy demasiado estúpido para gustar a alguien», y después comienza a enemistarse con todos los de la clase. Con estas quejas busca reconocimiento, halagos y guía por parte de sus padres. Hay que prestarles atención.

Casi todos los expertos están de acuerdo en que la mala conducta se debe sobre todo a negligencia o errores de juicio de los padres.

Pero no todo es culpa de los padres. Toda historia tiene dos caras y algunos comportamientos de este tipo parecen estar determinados genéticamente. De todas las maneras, enfrentarse a la mala conducta con un contraataque violento puede resultar inútil y destructivo. Es mejor averiguar las necesidades ocultas del pequeño y buscar nuestras propias acciones y motivaciones en ese proceso.

Los padres con experiencia en la plegaria y en la meditación saben aprovechar la idea de vaciar su mente para educar a sus hijos mediante los métodos siguientes:

- Durante el día pueden intentar varias veces interrumpir lo que están haciendo y concentrarse por completo en sus hijos. Deben interrumpir las preocupaciones, los planes o las previsiones. Han de concentrarse totalmente en la existencia del niño, lo mismo que harían con una plegaria. Nada existe entonces salvo ellos dos. Nada. El padre o la madre y el hijo están a solas con el Creador.
- La propia naturaleza del intento proporciona paz. El niño lo percibirá y actuará en consecuencia.
- Dé a sus hijos períodos de *tiempo de calidad*. Durante varios minutos al día su hijo se convierte en centro total de su atención. Póngase emocionalmente disponible a todas y cada una de sus necesidades. Una hora de tiempo de calidad es mejor que toda una semana sin prestar demasiada atención.
- Los padres deben intentar *escuchar* lo que dicen sus hijos al hablar, no confundir sus palabras con un mero parloteo. Son más que eso, es su modo de expresarse. Intentan comunicar algo y la obligación del padre es escucharles. Entonces se sentirán atendidos, apreciados y reconocidos, y ello modificará su conducta.

Es muy importante prestar atención a sus palabras. El doctor Don Dinkmeyer recomienda «concentrarse en sus sensaciones y sus mensajes». Hay que mantener con ellos un contacto visual, seguirles sin interrupciones, escuchar todo lo que dicen y estar atentos a los sentimientos que expresan. Comuníqueles de modo verbal y de otras maneras que está escuchando los sentimientos que hay detrás de sus palabras..., la confianza llega cuando los adultos son personas reales, no meros actores de un papel.[4] Es casi igual a la meditación. Hay que ponerse en estado de alerta positiva y permitir que las manifestaciones del niño caigan en su receptividad.

Tómese tiempo para ver debajo de la superficie de las cosas. Aproveche todas las pistas: pueden revelarse al jugar, en las expresiones faciales y en el lenguaje corporal, en las observaciones, en los cambios de humor. Ayude a que los niños sean conscientes de su mal comportamiento y después tome las medidas necesarias para que lo puedan resolver.

8. El Tao del castigo

En el curso de la educación de un niño muchas veces se pone de manifiesto que la persuasión no es suficiente y que hace falta castigar para invertir la tendencia a la desobediencia. No dude al respecto: cuando los métodos tolerantes fallen, hay que utilizar la artillería pesada. En el último capítulo se trató fundamentalmente de la misericordia. Ahora viene la justicia.

Pero antes de dejar que los métodos punitivos se conviertan en la base única de la disciplina, tenga en cuenta que hay un Tao del castigo lo mismo que lo hay de la prevención. Este sutil y eficaz método preconiza un tratamiento moderado del niño y correcciones más tendentes a enseñar que a lastimar. Si se sigue con cuidado, puede reducir la energía negativa de los padres y producir un niño más feliz y menos traumatizado. Todo el mundo sale beneficiado. Ésta es la esencia de la educación interior.

Los métodos que vienen a continuación, por consiguiente, se basan en la idea de que los castigos han de ser lecciones, no azotes, y en lo que respecta a las penas disciplinarias, un poco de castigo en el momento oportuno y en el lugar apropiado es más que suficiente. (Un proverbio taoísta dice: «Si con una mano puedes mover un bloque, ¿por qué utilizar las dos?».)

Por encima de todo, la disciplina debe ennoblecer, no degradar. Deberá generar buenas cualidades personales, no destruir las que comienzan a emerger. Deberá sembrar confianza y vigor, no inculcar inquietud y consternación. Habrá de animar la fe en el espíritu, no el temor a los demás. La disciplina formará el carácter y fomentará el desarrollo espiritual. Esto es para lo que sirve.

Comience con unas expectativas razonables y acordes a la edad

Para adecuar la estrategia disciplinaria, la principal preocupación de los padres tiene que ser hacerla apropiada a la edad. Se da a continuación una breve guía sobre lo que puede esperarse en cada una de las edades:

Edad	Técnicas disciplinarias apropiadas para las diferentes edades
15-20 meses	Dé los primeros pasos para establecer el significado del sí y del no. No espere que el niño obedezca órdenes sofisticadas. No utilice la privación como castigo ni aplique ningún tipo de castigo físico a esta edad.
2 años	La diversión y la distracción son a esta edad quizás los mejores métodos para evitar que el niño cometa travesuras. Manténgale siempre muy ocupado. El sí y el no vigorosos y las órdenes de hacer y de no hacer deben ser cumplidas, aunque a esta edad funcionan mejor los métodos indirectos, tales como la distracción. Conceda más independencia, especialmente en actividades tales como el comer y el vestirse. No fuerce las cosas.
3 años	A los niños les gusta complacer a sus padres a esta edad y cumplir las reglas. Su aplauso, signos de aprecio, ánimo y conducción serán de utilidad. Haga las órdenes muy detalladas y específicas. Pueden introducirse ahora pequeñas tareas. Sea amable.
4 años	Es de nuevo una etapa rebelde. Las alabanzas y las censuras son menos eficaces que a los tres años. Son necesarias órdenes directas. Comience a introducir ideas sobre lo que está bien y lo que está mal. Pueden usarse pequeños castigos, tales como permanecer de cara a la

Edad	Técnicas disciplinarias apropiadas para las diferentes edades
	pared o quedarse sin postre. Asegúrese de que el niño sabe por qué se le castiga. A esta edad les resulta difícil relacionar la causa y el efecto del castigo y a menudo se sienten tratados injustamente. Ahora comienzan a gritar el «¡No es justo!». Puede parecer que son desobedientes, cuando a veces es que simplemente se han olvidado de las instrucciones.
5 años	Necesita y desea mucha supervisión y que se le dirija con el sí y el no. En ocasiones es posible apelar en esta edad a los rudimentos de su conciencia, aunque no siempre. Responderán a la alabanza y el aplauso mucho mejor que a la censura. Repita varias veces las órdenes. La repetición es ahora muy importante. No le ponga en ridículo delante de otros niños. Esto rige a partir de ahora y durante toda la adolescencia.
6 años	A menudo responden con un «No» inmediato y después lo hacen. Explíquele por qué se le castiga o se le premia. El niño entenderá y responderá. Puede apelar algunas órdenes a su razón si son bastante sencillas. Déle tiempo para responder a las órdenes y evite pedir un cumplimiento inmediato. Los métodos indirectos dan mejores resultados. Al niño le gusta sentirse en cierto sentido dueño de su propio rumbo.
7 años	La razón del niño comienza a emerger y puede recurrir usted a ella al pedirle algo. «Limpia tu habitación porque está hecha un revoltijo» no tiene ningún sentido para un niño de cuatro años, pero sí para uno de siete. Sin embargo hay que decirles varias veces lo que tienen que hacer; a veces sufren de amnesia instantánea y necesitan constantes recordatorios. Explíquele lo que hay que hacer, recuérdeselo depués, luego otra vez y así sucesivamente, castigando sólo el incumplimiento repetido. La falta de resolución es propia de esta edad.
8 años	El niño ya razona bastante. Explique su caso con claridad y no se meta en largos e innecesarios argumentos. Fije reglas, espere que el niño las siga y haga que el castigo sea una consecuencia automática de la mala

Edad	Técnicas disciplinarias apropiadas para las diferentes edades
	conducta. Ofrezca muchos incentivos, tienen un enorme significado a esta edad. No le hable con aires de superioridad pues ya no le gusta sentirse un bebé. Haga mínimas las instrucciones y deje que el niño sienta que puede resolverlo él mismo; por ejemplo, no le diga lo que tiene que ponerse, sino simplemente: «¡Vístete!».
9 años	El niño aprende a aplazar sus responsabilidades. Comienza la edad de la inteligencia. Tenga cuidado. Vigile las mentiras y castíguelas. Quítele hoy esta costumbre o se convertirá en un grave problema durante la adolescencia. Ahora se necesitan intercambios psicológicos más sútiles; el niño responderá también más a su lenguaje corporal, a sus gestos y sus sonrisas.
10 años	Los niños tienden a comportarse mejor cuando tienen diez y once años. Pero no se meta en largos y pesados argumentos. Deberán tener claras cuáles son sus responsabilidades y asumir las consecuencias por no cumplirlas. Todavía necesitan muchos recordatorios. Les gustará agradar a sus padres y ser considerados buenos. Ahora comienza el deseo de servicio a la comunidad y deberá fomentársele.

Reprenda, pero no turbe

Mientras cuentan cuatro o cinco años de edad, los niños desarrollan una vergüenza social que se centra en la necesidad de salvar la cara. Lo mismo que a los adultos, les gusta quedar bien.

Los adultos pasan por alto muchas veces esta necesidad infantil y sin querer pueden hacer que los pequeños se sientan avergonzados ante sus amigos. Los niños ridiculizados en público no dirán nada en ese momento, pero la mentalidad de quien-ve-lo-hace funciona, y puede estar seguro de que pronto también ellos comenzarán a ridiculizar a sus amigos: los principios de justicia y compasión que usted predica se pierden. En su interior, el niño avergonzado es lava latente que más tarde se derramará en forma de un comportamiento malicioso, o incluso de violencia. La cólera que se crea en tales ocasiones puede envenenar el alma infantil y actuar en contra de las lecciones de espiritualidad que se le impartan. Si tiene que reprimir a un niño frente a otros, considere primero las siguientes alternativas:

- Regañar al niño en privado, lejos de la vista de los demás. Esto le asegura que, aunque se ha portado mal, usted le respeta lo suficiente como para no hacerle sentir en ridículo delante de la familia y de los amigos.
- Absolutamente *nunca* azote o pegue a un niño a la vista de sus compañeros. Si tiene que aplicar este castigo físico, haga la ingrata tarea en privado.
- Después de finalizar una acción disciplinaria, no hable o se ría de ella frente a otros.
- Si un hermano o una hermana del niño castigado le toma el pelo, corte las bromas de inmediato y si continúa castíguele.
- Cuando haya pasado el castigo ponga fin al asunto. No se explaye. La cuestión está resuelta y cada cosa tiene su momento.
- No aplique un castigo que cause vergüenza física, como golpear las nalgas desnudas. Hay unas formas para el castigo, como para todo, y deberán cumplirse.

Nota: Al seguir estas normas para evitar el turbamiento en público, recuerde que existe alguna excepción. En ciertos momentos y bajo ciertas circunstancias el ridículo público puede ser lo que el médico prescriba para que un niño se avergüence de determinado comportamiento y lo abandone. Ya veremos esta cuestión al final del capítulo. Como muchos otros aspectos, las reglas son cosas relativas.

Asegúrese de que los niños entienden por qué se les castiga

La frase «Se te castiga porque lo digo yo», corriente hace algunas décadas, ya no resulta aceptable para nadie. Lo mejor para la disciplina es que entiendan el motivo del castigo y que a pesar de ello puede existir cierta misericordia. Ésta adquiere la forma de:

1. Explicar por qué se está aplicando la pena y qué se pretende conseguir con ello.
2. Permitirle (a veces) que elija el castigo; por ejemplo: «¿Qué crees que es lo más apropiado para esa mentira, no ver esta semana la televisión o no asistir a la fiesta? Puedes elegir».
3. Dar una segunda oportunidad cuando sea apropiado.
4. Dejar establecido el hecho de que el castigo es un correctivo temporal y de que, una vez conseguido el objetivo pretendido, ya no será necesario.

Use unas pocas órdenes sencillas

La tentación de convertir una orden en un discurso es irresistible para muchos de nosotros, pero puede constituir un error.

¿Por qué? Porque cuando se les reprende, los niños se sienten puestos en la picota. En ese momento todas las fuerzas malignas del universo están sobre ellos y lo único que desean en ese instante es alejarse de allí lo más rápidamente posible.

En otras palabras, los niños no son psicológicamente receptivos a las lecciones cuando se les está regañando y gran parte de lo que se dice se pierde en el aire. Ya podrá usted tratar ampliamente el tema más tarde, pero ahora, lo que debe hacer es decir lo que desea con el mínimo posible de palabras. Éstas deben ser sencillas, directas, explícitas e inequívocas.

Que la justicia sea inmediata

Los niños son hijos del momento. Viven en un mundo intemporal donde el mañana y el ayer tienen poca importancia y el presente parece eterno. Lo que esto quiere decir es que si se deja que transcurra demasiado tiempo entre la falta y su expiación, los pequeños pueden olvidar la razón del castigo; lo considerarán como una agresión injustificada y una arbitrariedad. A diferencia de los adultos, no pueden establecer la conexión entre la causa y el efecto cuando los sucesos están demasiado alejados en el tiempo.

Hay que tener esto en cuenta al planificar la estrategia disciplinaria. En cuanto se produzca la mala acción hay que castigarla; incluso diez minutos es demasiado tiempo.

A veces una palabra es castigo suficiente si se dice a tiempo.

Escuche la versión del niño

Hay que dejar que los niños participen en la acción disciplinaria, al menos para que no se sientan víctimas indefensas. Deben darse cuenta de que el castigo es un intento por su parte de enmendar una situación.

Una manera de aplicar el método es dejar que los niños den su versión del incidente antes de aplicar el castigo. Lo interesante de esto es que a veces esas explicaciones arrojan una nueva luz inesperada a lo que parece un caso bien claro.

Antes de aplicar la disciplina asegúrese de conocer bien los hechos y de que no hay aspectos desconocidos. El diálogo y la versión del niño son dos elementos importantes a favor de la justicia.

Haga que el castigo sea apropiado a la falta

Para que los castigos sean eficaces deben mantener una relación evidente con el hecho penalizado. Por ejemplo:

- Si el niño pisa decenas de veces la alfombra de la sala con los zapatos sucios haga que el castigo sea proporcional a la falta: oblíguele a limpiar él mismo las manchas.
- Si se niega a cenar, no pasa nada: envíele a la cama con hambre esa noche.
- Si dibuja con lápices en las paredes, hágale borrar todas las marcas.

Intente hacer los castigos creativos, interesantes y significativos

Puede sonar raro, pero si medita acerca de ello, de la dinámica del castigo, y lo prepara con imaginación, puede convertirse en una especie de segunda lección espiritual. ¿Por qué no? No quiero decir que las acciones disciplinarias deban transformarse en un juego o reducirse a unos ejercicios sin sentido, sino que debe sacarse de ellas el máximo provecho que sea posible.

Veremos algunos casos de este tipo:

Castigo

Al niño que responde mal a sus padres se le coloca delante de un espejo y se le obliga a repetir cien o doscientas veces la mala contestación. Sirve también como ejercicio de autoconciencia.

Castigo

Un método alternativo para niños que hablan de malos modos es hacerles permanecer sentados durante una hora sin decir ni una sola palabra. Cada vez que digan algo se prolonga cinco minutos el castigo. Les puede ayudar a comprender que también el silencio tiene sus compensaciones.

Castigo

Si un niño rompe algún juguete de sus hermanos se le obligará a realizar determinadas tareas, por las que recibirá un «salario». Cuando tenga el dinero suficiente, irá a una juguetería a comprar el juguete que rompió y se lo entregará a su hermano.

Castigo

Al niño que golpea a un hermano se le puede obligar a realizar todos los días determinados ejercicios físicos. Recibe así el castigo en su propia moneda, el dolor, pero en este caso uno que le fortalece, con lo que podrá sacar de ello una lección moral.

Sea severo, pero también perdone

Los niños no suelen portarse mal intencionadamente. Las travesuras son por lo general el resultado de falta de atención o de curiosidad, de exceso de energía, de querer divertirse en ese instante, etc. Creen sinceramente poder hacer lo que quieren sin pagar ningún precio.

A fin de cambiar esta idea los padres tienen que esforzarse para recrear en réplicas pedagógicas el principio cósmico de que si obramos mal seremos castigados.

Si no reciben nunca estas lecciones, si se les educa haciéndoles creer que pueden hacer lo que les plazca o si llegan a pensar que el mundo es una prisión de reglas inflexibles y gente intratable que sólo permite la libertad a los suficientemente rebeldes como para romperlas a la fuerza, el resultado será sufrimientos y odio a sí mismos.

La tarea de los padres es, pues, ayudar a sus hijos a que recuerden que aunque se les quiere también son dependientes, que son individuos, pero parte de la familia y de una unidad social más amplia, y que aunque la Divinidad les ama deben hacer algo bueno para conseguirlo. Ésta es la manera de controlar el ego infantil, de prepararles para el largo camino que les espera.

Para mantener en ellos la disciplina hay que dejar también un amplio margen de error. En otras palabras, igualmente hay que perdonar. El niño cometerá errores, en efecto, pero también los cometía usted a su edad y recuerde las veces que se los pasaban por alto. Si cree que el mal comportamiento no ha sido intencionado ni malicioso, opte por la vía del perdón y suspenda el castigo.

Una buena manera de nadar y guardar la ropa en estas circunstancias es decirle que está «a prueba» y que la disciplina futura dependerá de su comportamiento. Los niños suelen responder con entusiasmo a esta idea. Tiene algo de teatral que les encanta y el suficiente peligro como para conformarse. Por lo general querrán ser buenos y agradarle a usted.

LA REPRIMENDA DE UN MINUTO

Se trata de un método muy eficaz para regañar a un niño, ideado por Gerald Nelson y Richard Lewark con el propósito de equilibrar la necesaria correspondencia entre el perdón y la justicia.

1. Tocándole o sujetándole, los padres le regañan por su mal comportamiento. Le explican las razones hasta que el pequeño muestra signos de comprenderlo: lágrimas o tristeza. Esto no suele durar más de treinta segundos.

2. Los padres cambian de tema y le explican lo mucho que le quieren y que le ayudarán a portarse bien en el futuro.

3. Tras la reprimenda y los animos, los padres comprueban si ha aprendido la lección, preguntándole algo al respecto.

4. La reprimenda finaliza en un abrazo que simboliza el perdón. Todo el proceso no debe durar más de un minuto.[1]

Si ha de castigar, castigue

Cuando está claro que hay que castigar y que el perdón no es el modo adecuado, aplique el castigo. No es momento de titubeos. Es algo muy serio. Les enseña a los niños el principio de la realidad de que su conducta cuenta y que tendrán sus consecuencias. Cualquiera que sea la forma de transmitir el mensaje, hay que enviarlo.

A menos que las circunstancias lo aconsejen, no reduzca el castigo una vez iniciado. Cualquier cambio confunde al niño, que creerá que sus padres no actúan con seriedad al castigarle y que, haga lo que haga, todo acabará bien. Su condescendencia la interpretará como debilidad.

No guarde rencor

Una vez finalizado el castigo, deje que impere la amnistía. Una vez pagado el error, borrón y cuenta nueva. Así se evita que el niño tenga sentimientos de culpabilidad por faltas del pasado, que los padres deban desaprobar constantemente y que se guarden rencores.

A este respecto los padres pueden aprender de sus hijos. Observe a dos niños peleándose. Se intercambian los más terribles insultos, que entre adultos les convertirían en enemigos de por vida, pero tres minutos después todo está olvidado y juegan como de costumbre. Se debe a que el ego infantil y el sentimiento de autoimportancia no están tan desarrollados como en los adultos. No han aprendido todavía a mantener un registro de agravios en su mente y su corazón.

Después del castigo, discuta con el niño qué pueden hacer juntos para que las cosas vayan mejor

Este método consiste en retirarse a un lugar tranquilo después de la acción disciplinaria y hablar con el niño para ver qué se puede hacer para evitar que el problema se produzca de nuevo.[2]

Durante la discusión hay que dejar claro por qué está usted enfadado, qué es lo que quiere y cuáles son las razones por las que considera inaceptable ese comportamiento. Evite sobre todo los mensajes hostiles dirigidos directamente contra el niño.

Enfoque la cuestión con un espíritu científico: se enfrenta a un problema de investigación y usted y su hijo intentan resolverlo juntos. Pregúntele qué sugerencias tiene para remediar el conflicto. Traten juntos esas ideas y procure escuchar con gran atención y leer entre líneas. Si las sugerencias del niño son absurdas, como sucede a veces (sobre todo con los más pequeños), no las critique. En realidad lo mejor es no decir nada, sino escuchar. Si son ideas valiosas (como también lo son a veces), dígaselo. Incluso puede anotarlas en un cuaderno especial para esos fines. Esto le inspirará a seguir sus propias resoluciones.

Una vez que todas las propuestas están sobre la mesa, evalúen cada una de ellas y lleguen a un acuerdo. Pregunte al niño cuestiones tan directas como: «¿Crees que esta solución dará resultado?», «¿Qué tal si lo probamos durante una semana para ver cómo va?», «¿Tienes algo que añadir a estas ideas?».

Si la solución elegida es complicada e implica muchos mandamientos, lo mejor es escribirlo en un papel que se colocará en lugar visible. Antes de finalizar la conferencia, repase los puntos del acuerdo y asegúrese de que los ha entendido. Cuando haya pasado algún tiempo, reúnanse de nuevo y evalúen los resultados.

En lugar de constantes trifulcas y recriminaciones, este método aborda la crisis desde un punto de vista administrativo. Define desapasionada y objetivamente los problemas, identifica los puntos débiles, esboza soluciones y satisface las necesidades de todo el mundo de sentir que cuenta y que se escucha su voz. Ahí radica precisamente el valor espiritual de este método: que los niños sepan que un enfoque amistoso del conflicto acaba venciendo sobre el temor y el odio. La bondad prevalece, tal como debe ser.

El lado oscuro: Ayudar a los niños cuando hacen cosas realmente malas

Un amigo mío, psicólogo en Cleveland, ha trabajado mucho con veteranos de Vietnam que cometieron atrocidades durante la guerra. Al principio este hombre, profundamente católico, intentaba convencerles de que sus sentimientos de culpabilidad no eran productivos. Les explicaba que mientras cometían en la guerra aquellos actos, estaban sometidos a presiones irracionales y no debían sentirse responsables de la conducta llevada en el fragor de la batalla.

Sin embargo, pronto se hizo patente que el método no daba muy buenos resultados: dos de sus pacientes se suicidaron en el plazo de un año. Hacía falta enfocarlo de otro modo.

Recordando que al cumplir penitencia después de la confesión se sentía liberado, decidió adoptar un método terapéutico poco ortodoxo, sugiriendo a sus clientes un enfoque similar. Comenzó a centrar el tratamiento sobre el hecho de que, efectivamente, habían hecho algo terrible. Negarlo sería burlarse de sus propios sentimientos. Éstos, explicaba, eran en realidad buenos. Son su conciencia, que pide resolver heridas psicológicas. Pero aunque no pueden cambiarse las cosas para las víctimas, las puede hacer diferentes para usted mismo, expiando.

El médico y el paciente elaboraban entonces juntos un programa en el que durante un cierto período, éste realizaba determinados actos de penitencia. Uno trabajaba en una agencia que ayudaba a emigrantes procedentes de Indochina, otro colaboraba con un centro de adopción de huérfanos de Oriente, otro más pasaba varias tardes a la semana con niños marginados. Todos ellos relataban que les seguía obsesionando su pasado, pero sentían que la calidad del dolor era distinta, que de una presión psíquica sin esperanza se había convertido en un extraño sentimiento, profundamente triste y casi místico, de comunicación con sus víctimas.

Por supuesto, esto no quiere decir que los niños necesiten esta medicina tan drástica, sino que recalca la idea de la penitencia tan olvidada hoy en nuestra sociedad, donde el sentimiento de culpabilidad ha quedado desfasado e innumerables tipos de tratamiento pretenden convencer al paciente de su inocencia psicológica, sin recordarle al mismo tiempo su responsabilidad moral.

De manera similar, en las últimas décadas se ha hablado mucho sobre lo de no hacer *nunca* que los niños se sientan mal por sus acciones. Por supuesto que en muchas circunstancias ha de ser así, pero estas ideas se han llevado demasiado lejos. Hablando en términos religiosos, en la vida del niño, al pan pan y al vino vino. A veces, por ejemplo, los niños hacen cosas genuinamente incorrectas, incluso malas: robando de manera consciente algo valioso o siendo crueles con los animales, golpeando a sus padres, destruyendo una propiedad ajena o dañando físicamente a otro niño.

Estos actos no deben dejarse inpunes. Son cualitativamente diferentes de los pecadillos infantiles. Requieren una medicina más fuerte y a veces la mejor alternativa es la anticuada penitencia.

Si alguna vez se ve enfrentado a un grave problema de comportamiento, piense que serán necesarios esfuerzos especiales para enderezarlo. La penitencia puede consistir en algo que ayude a otras personas, como por ejemplo:

- Hacer un trabajo casero necesario: retirar una pila de ladrillos, pintar una habitación, etc.
- Participar en actividades caritativas o ir a la iglesia.
- Realizar cierto número de oraciones en la iglesia o la sinagoga.
- Dar juguetes valiosos u otras posesiones a un centro de caridad o a niños pobres.

- Prescindir voluntariamente de algo que le guste: chocolate, ciertos juguetes, la televisión, llamadas a los amigos.
- Trabajar voluntariamente una vez a la semana con personas deficientes.

Asegúrese de que el niño entiende las razones que hay detrás de ese acto de penitencia –contrición y expiación– y que sólo durará cierto tiempo, hasta que todos estén satisfechos. Debe darse asimismo cuenta de que una penitencia supone algún sacrificio y cierta incomodidad por su parte. Y finalmente, debe entender que el objetivo es aliviar su mala conciencia y conseguir el perdón. Póngale en especial de relieve que una vez cumplida la penitencia, su hoja queda limpia.

Practique lo que predica

Un último consejo: conviene que los padres sepan que si castigan a sus hijos por hablar mal ellos mismos no deben hacerlo. Predicar con el ejemplo es en sí mismo una poderosa herramienta didáctica.

Como padre me pregunto a menudo si el problema es totalmente del niño o si no tendré yo también algo que ver con él. ¿Hay algo de mí mismo que habla cuando el niño repite, tiene una rabieta, descuida sus estudios, miente u odia a sus hermanos? ¿Hay algo que yo pueda hacer para cambiar este problema en mí mismo y en mi hijo?

Cada vez que llevo a cabo este desagradable autointerrogatorio recurro a dos axiomas básicos de la educación interior: que para que los hijos sean virtuosos también han de serlo sus padres, y que si los niños han de crecer, los padres han de hacerlo con ellos.

A la larga, el niño aprenderá más de *quién es usted* que de lo que usted diga. Por mucho que haga, la realidad es que usted es el modelo para bien y para mal. Los niños hacen a veces lo que usted dice, pero mucho más a menudo son lo que usted es y actúan como usted mismo. Ése es a largo plazo el verdadero secreto de todos los secretos: el niño es espejo de sus padres.

Tercera parte

El templo del alma: Enseñar a los niños cómo usar y conocer su cuerpo

9. El cuerpo invisible: Conocerse a uno mismo a partir del interior

Cuando Timmy tenía siete años se hizo un profundo corte en la mano con el borde de una lata. Era tan profundo que pudo levantar el trozo de piel y ver el músculo. Se necesitaron nueve puntos para cerrar la herida. Varios días después de este traumático suceso, cuando ya todo se había calmado, planteó a su padre una seria pregunta: «Papá, ¿cómo es que tenemos cuerpo?».

¿Qué puede contestarse? El primer impulso del padre de Timmy fue decirle que lo tenemos porque la naturaleza nos lo ha dado. Así nos ha hecho. Viniendo de una familia religiosa, ésta fue la respuesta que le dieron a él de pequeño ante preguntas similares. Desde su mentalidad de adulto ahora le parecía una explicación adecuada y correcta.

Pero volvió a pensar en ello. Recordó lo vacías que le parecían entonces estas frases y lo insatisfactorias que resultaban. Eran en realidad evasivas semánticas, no mucho más edificantes que decirle a un niño que vivimos porque estamos vivos. Contestó entonces a su hijo que ésta era una cuestión muy importante y que requería una respuesta importante. Al ser la edad entre los cinco y los doce años el período de su vida en que los niños se muestran más abiertos y curiosos –y por lo tanto receptivos a las ideas espirituales– decidió que era el momento adecuado de abordar el tema. Ese mismo día padre e hijo iniciaron una serie de charlas que duraron más de un año.

Afortuadamente, el padre de Tim iba bien equipado para ese viaje. Además de poseer sólidos conocimientos de ciencia y psicología, era un serio estudioso de las tradiciones religiosas orientales y occidentales, tenía su propio maestro espiritual y practicaba la meditación.

Las discusiones fueron madurando en el curso de los meses. Poco a poco Tim fue satisfaciendo sus necesidades de saber y se sintió poseedor de una información «especial» de la que nada sabían ninguno de sus compañeros de clase. Mejor aún, muchas de esas ideas perduraron en su memoria durante años y acabaron animándole a plantearse él mismo sus cuestiones espirituales.

Se describen más adelante algunos ejercicios adecuados para padres de orientación espiritual. Los que quieran que sus hijos comprendan mejor su organismo físico pueden emplearlos como modelo para desarrollar sus propios métodos. Se basan en las técnicas de meditación y de oración cristianas y orientales, y servirán de excelente introducción a la práctica de la autoconciencia psíquica. Los padres deberán trabajar unidos a sus hijos en estos ejercicios, guiándoles a través de ellos, y deberían implicar a toda la familia. A muchos niños les encanta participar en estas aventuras mágicas, especialmente si les acompañan su papá y su mamá. Acérqueles con un sentido de lo maravilloso, con la mente abierta y con sentido de la alegría. El objetivo no es dominar estas técnicas con una determinación férrea, sino que los niños se hagan conscientes de la dimensión psíquica invisible de su propio organismo y que desarrollen una inclinación hacia las técnicas orientadas a la meditación, en las que se basa gran parte de la educación religiosa. Más tarde, cuando ya sean adultos, estas ideas permanecerán enraizadas en la memoria física hasta llegado el momento en que maduren.

Presentar el cuerpo

Aunque notablemente despiertos en unos aspectos, los niños también son absolutamente inconscientes en otros. Pueden ser conscientes de su cuerpo a esta edad con mayor agudeza que los adultos, pero, curiosamente, *no saben lo que saben*. Hay que decírselo.

Una buena manera de comenzar es enseñando el abecedario básico de la anatomía, pero haciéndolo a un nivel infantil, no como en un libro de texto.

Se le dice al niño que dibuje un autorretrato. Una vez acabado se elogia lo bien que lo ha hecho, con la cabeza y las piernas, pero se le preguunta si falta algo. Quizás. Puede verlo mirándose a un espejo. Descubrirá que ha olvidado pintar los dedos. Se continúa el proceso haciendo que el pequeño vaya completando las partes omitidas y aprovechando al mismo tiempo la oportunidad para explicarle la función de esos elementos anatómicos. Se le puede decir que el cerebro lee los mensajes enviados por los nervios procedentes de los ojos y los oídos y los transforma en vista y sonido, o qué es lo que sucede con los alimentos cuando llegan al estómago, el modo como late el corazón, el motivo de que la sangre circule por las venas o como nos ponemos en contacto con la atmósfera que nos rodea cada vez que respiramos.

Se le puede señalar entonces que también el mundo tiene sangre: son los océanos, con los ríos como venas y los continentes como huesos. La espina dorsal es una cadena montañosa que rodea el globo y la carne es el suelo. Se le puede explicar la teoría de que nuestro planeta es como un gigantesco organismo vivo, con las diversas partes de este colosal ecosistema interrelacionadas entre sí.

Usando un lenguaje poético, referencias científicas y metáforas en el momento preciso, el padre de Tim brindó a su hijo un completo recorrido por el organismo humano.

10. Excursión mágica hacia el interior

Pero toda esta anatomía fue simplemente un punto de partida para Tim y su padre. Una vez conocidos los datos era el momento de hacerlos reales, de que Tim aprendiera cómo funciona su cuerpo.

Para ello, su padre creó una serie de ejercicios destinados a enseñar «fisiología psíquica» mediante el proceso de la experiencia sensorial directa. La mayoría vivimos sin saber qué están haciendo en un momento determinado nuestros órganos internos. Nos parece evidente que los cambios de humor son resultado de lo que pensamos y sentimos, pero olvidamos que nuestros pensamientos y nuestras sensaciones están unidos a su vez a las secreciones, la digestión, los latidos cardiacos y los impulsos nerviosos, en suma, a nuestros órganos.

Si estos órganos funcionan de modo inadecuado, nuestros estados psicologicos se adaptarán a ello. Si funcionan bien, nos sentiremos bien, felices, optimistas y listos para vivir y amar. Por eso es importante entrar en contacto con estas zonas internas del cuerpo, hablarles con un cierto tipo de lenguaje y escuchar lo que cuentan al regreso. Funciona de la siguiente manera:

Las manos

Tim se sienta en una silla y cierra los ojos. Levanta los brazos por delante de él mientras su padre le dice: «Visualiza los dedos en tu mente. Míralos en tu imaginación como una película. Muévelos en círculo, hacia delante y hacia atrás, ahora más lentamente. Siéntelos desde tu interior».

Los brazos

Con los ojos cerrados estira los brazos y los visualiza, percibiendo lo que pesan. El padre le dice que realice una visita a su interior, explicándole entonces cómo es el sistema nervioso, los huesos, etc., haciéndole participar en una especie de viaje.

Las piernas y el ojo mágico

Sentado en una silla y descalzo, levanta primero una pierna, la mantiene en alto durante un minuto y vuelve a bajarla. El padre le dice que tiene una especie de ojo mágico que puede penetrar por doquier. Con él (y con los ojos reales cerrados) recorre las piernas visitándolas por dentro y por fuera.

Los dedos de los pies

El padre le dice que el ojo mágico contempla sus pies desde todos los ángulos, que mire con él como mueve los pies al andar. Le pide que describa las sensaciones y lo que ve.

La cabeza

Sentado todavía y con los ojos cerrados, mueve la cabeza de un lado a otro. Intenta sentir su peso y examinar distintas áreas con su ojo mágico. Mira en las orejas, en los ojos, en la nariz. Examina la nuca y observa también los gestos y expresiones.

Lo que puede esperarse a cada edad

Estos ejercicios no deberán durar más de tres o cuatro minutos o un poco más si el niño se mantiene muy atento. La capacidad de concentración depende de la edad. Entre los de cuatro y cinco años dura alrededor de uno o dos minutos y no más, en los de seis años de uno a tres. Los niños de más de siete años suelen continuar con el ejercicio y disfrutan con las nuevas sensaciones que les produce.

Aunque al principio pueden parecerles extraños a los pequeños, su sentido de lo mágico pronto les empuja a intentarlo ellos mismos. Algunos afirman que son capaces realmente de percibir partes de su cuerpo desde el interior. Estas técnicas son excelentes para desarrollar sus capacidades psíquicas latentes, o al menos para reforzar su imaginación. El objetivo principal es dar a los niños una percepción directa del organismo que les alberga y plantar las semillas que más tarde darán lugar a una verdadera autoconciencia.

Más hacia dentro: Un viaje por los órganos

Preparado con las charlas sobre fisiología y anatomía, Tim está ahora listo para aprender más acerca de las partes más profundas de él mismo. Su educación incluirá viajes al interior de sus órganos. Cuando acabe, tendrá una idea bastante buena de cómo está hecho por dentro y, lo que es más importante desde un punto de vista espiritual, comenzará a pensar en sus órganos como centros de energía además de impulsores de sangre y filtros para los alimentos.

El cerebro

El padre le dice a Tim que tenga un pensamiento y que perciba de dónde procede. ¿Del estómago? ¿Del pecho? ¿De la cabeza?

De mi cabeza, le replica el niño. «Aquí», dice señalando.

Su padre le explica que un científico diría que es así porque ahí está el cerebro. Es una cosa rara. Algunos pueblos creen que proceden de otras partes del cuerpo. Para los tibetanos se originan en el corazón. Los antiguos sumerios insistían en que el centro del pensamiento y de las sensaciones estaba en el hígado. El padre le hace «pensar» a Tim desde su pecho, a continuación desde el estómago y después desde la espalda.

Haciéndole preguntas intenta que le diga de dónde vienen las respuestas, hasta que Tim acaba por darse cuenta de que muchos pensamientos procedían realmente de su cerebro, lo mismo que las respuestas.

A continuación, el padre le señala como transformamos las palabras que escuchamos en imágenes mentales e inicia un nuevo juego. Dice una frase que incluye varias imágenes muy vivas y Tim ha de intentar ser consciente de las imágenes mentales.

Le explica después que durante muchos siglos se ha discutido si el cerebro crea los pensamientos o sólo los recibe de un lugar superior y le pregunta: «¿Qué crees tu?». Le enseña un dibujo anatómico del cerebro y le va enseñando las diversas partes, pidiéndole que cierre los ojos y se las imagine. «Hay partes especialmente sensibles –añade–. Intenta ver si percibes la vida moviéndose ahí.» Todo en el mundo es energía y si nos concentramos en un objeto a veces podemos tomarla y emplearla para la meditación.

El corazón

Cuando se disponía a describir el corazón, el primer impulso del padre de Tim fue soltar un discurso de por qué este órgano es el centro espiritual real de la persona y que tiene un compañero etéreo conteniendo las semillas de la transformación espiritual. Pero todas estas explicaciones le parecieron algo fuera de lugar y prematuras para un niño de siete años, así que prescindiría de aspectos teóricos e iría directamente a plantar las semillas de la comprensión.

Se pusieron ambos a correr. Al cabo de algunos minutos se detuvieron e intentaron sentir las palpitaciones cardiacas, sintiéndolas por todo el cuerpo. Al regresar a casa, cada uno escuchó los latidos del otro.

No importa la localización exacta del corazón. Lo que realmente importa es que es una especie de luz enorme, poderosa y cariñosa que brilla en el centro de nosotros mismos. De ahí surgen todos los sentimientos buenos y la paz. Es tan importante, que las personas religiosas siempre emplean determinadas oraciones para él.

Los pulmones

El padre de Tim le explica que el ojo mágico puede ver como los pulmones aumentan de tamaño y disminuyen al ir respirando, como trabajan los músculos que lo impulsan y como pueden escucharse los sonidos que produce.

Tras algunos minutos de visualización, Tim retiene el aliento. «¿Qué sientes cuando no respiras?», le pregunta su padre. El niño responde: «Necesito aire, aire, aire».

Después el padre le explica que existen cosas especiales en el aire que Dios ha puesto para los seres vivos y que resultan difíciles de describir. Son una especie de energía que ayuda a mantenerse fuerte y feliz. Después, ambos practican técnicas de respiración con objeto de que el niño comprenda que el aire contiene sustancias sutiles que pueden sentirse en el interior y verse con el ojo interno de la mente.

1. Siéntate y cierra los ojos. Es muy importante mantener recta la espalda.
2. Respira profundamente dos o tres veces. Relájate. Intenta no pensar en nada concreto.
3. Inhala fuerte. Imagina que estas inhalando en tus pulmones un hilo de luz plateada pura. Imagina que este hilo es brillante y hermoso, como un adorno del árbol de Navidad, y que está entrando en tus pulmones. Estás tirando de él al respirar y cuando está dentro desprende una brillante luz blanca.
4. Al final de la inhalación conserva el aire durante unos segundos e imagina que todo tu cuerpo está lleno de luz plateada.
5. Exhala. Imagina esta vez que estas expulsando un aire oscuro y sucio que ha estado mucho tiempo en tus pulmones. Vacíalos por completo. Límpialos. Hay gente que imagina serpientes y lagartos al exhalar. Otros ven humo o aire contaminado.
6. Después del primer ciclo de inhalación y exhalación, repítelo, tomando una corriente de aire plateado y expulsando un chorro de aire sucio. Hazlo cinco veces. Después siéntate tranquilo y disfruta de las sensaciones agradables que puedas tener.

El estómago

Mientras cenan, Tim y su padre se divierten sintiendo como la comida se mueve por su boca mientras mastican. Al tragar lo imaginan descendiendo hasta el estómago. Tim usa el ojo mágico para seguir el desplazamiento de la masa por el abdomen y los intestinos.

Su padre le explica que el estómago es el punto central de equilibrio de la persona. Enfocando la atención sobre un punto situado por debajo del ombligo, se puede mantener uno recto al caminar por un borde o sujetarse sobre una pierna. Concentrándose en él se puede sentir calor al hacer frío o calmarse cuando uno está nervioso.

El padre le empuja ligeramente por el hombro y Tim cae hacia atrás. Le dice entonces que se concentre sobre el estómago y repite la operación. El niño mantiene ahora el equilibrio. Repiten varias veces el experimento.

Después miran ilustraciones de cómo representaban el estómago en la Edad Media (muy grande y redondo) o en las estatuas chinas. Ven templos budistas con dioses que tiene un abdomen redondeado.

Aunque mucha gente no lo sabe, continúa el padre, en Oriente se cree que este órgano es el centro donde se almacena la energía vital. Le explica como los soldados japoneses se fortalecían concentrándose en él durante la meditación o como en algunas artes marciales, tal como el aikido, concentrando la mente en la zona del estómago un luchador resiste el empuje de muchos hombres.

Los órganos sexuales

Al llegar el momento de discutir sobre los órganos sexuales, el padre aprovecha la oportunidad para introducir los pájaros y las abejas. Durante muchos años ha estado meditando en cómo explicarle a Tim su funcionamiento, de una forma clara y que al mismo tiempo sea espiritual. Ahora es la ocasión.

Eligiendo cuidadosamente las palabras le explica que los órganos sexuales del hombre y de la mujer son donde reside en nosotros el poder de la vida. Allí lo puso Dios cuando nacimos y lo llevamos con nosotros durante toda nuestra existencia. En el hombre se encuentra en los millones de semillas que viven en sus testículos. En la mujer son los pequeños huevos producidos en el interior de sus órganos sexuales.

Cuando un hombre y una mujer se aman y se casan, pasan esta fuerza vital a través de sus órganos sexuales, a través del pene y de la vagina. Esta actividad es uno de los grandes deberes y placeres del matrimonio. Se le llama hacer el amor o tener relaciones sexuales y cuando tiene lugar pueden hacerse bebés. La manera de funcionar es así: el hombre utiliza el pene para plantar su energía vital –su semilla– en el interior de la mujer. (No difiere mucho del modo en que el jardinero planta las semillas en el jardín.) Cuando la semilla está dentro de la mujer, busca un huevo, que es donde se encuentra guardada la fuerza vital de ella. Cuando lo encuentra, el huevo y la semilla se unen y sucede una cosa milagrosa y mágica: ¡se ha creado la vida! Juntos, el huevo y la semilla hacen un nuevo ser humano.

Este nuevo y pequeño ser humano comienza a crecer en el vientre de la madre y cada día se hace más grande. Si todo va bien, en nueve meses sale y nace. ¡Bienvenido al mundo! Así es como sucede. Así es como hemos venido todos aquí.

El padre de Tim le explica que los genitales no son nada de lo que avergonzarse, aunque haya niños en el colegio que se rían y hagan chistes sucios. Al mismo tiempo, los órganos sexuales son una posesión privada, recalca, casi podría decirse que un «secreto» personal. Cuando seas mayor y te cases con una mujer, compartirás este secreto con ella y ella el suyo contigo. Cada uno os veréis desnudos y eso os producirá gran placer. La figura humana es muy hermosa. Disfrutaréis con la relación sexual y quizás hagáis un niño. Pero hasta entonces, nuestros cuerpos y nuestros órganos sexuales son algo personal y muy valioso. Debemos procurar guardarlos para nosotros.

Una cosa más sobre los órganos sexuales: la energía sexual es una fuerza potente, mucho más de lo que nos podemos imaginar. Las personas religiosas que se dedican a la iluminación espiritual a menudo practican lo que se llama celibato. Esto signfica que no se casan ni tienen relaciones sexuales. No es porque el sexo sea malo o sucio. Es porque desean conservar su semilla o su huevo dentro de ellos. Creen que tiene ciertas propiedades y poderes que les ayudará a avanzar espiritualmente.

Muchas religiones creen que durante la juventud, continúa el padre, esta energía la necesitan los jóvenes para crecer. Por ejemplo, según los seguidores de una religión llamada taoísmo, practicada en China, el elemento vital de la energía sexual fortalece la mente de los jóvenes, regula sus emociones y ayuda a que sus órganos internos crezcan hasta el tamaño apropiado. Ésta es una de las razones por las que tradicionalmente se ha evitado por métodos religiosos que los niños mantengan relaciones sexuales. No es sólo que el acto sexual sea algo que no puede entenderse emocionalmente hasta que la persona ha crecido del todo, sino que la energía sexual almacenada en los jóvenes órganos sexuales masculinos y femeninos se necesita en esta fase del ciclo vital para que contribuya al desarrollo armónico del cuerpo y la mente de los niños. Durante esta época no deberá usarse de otro modo.

Aprender a controlar los sentidos

Durante una de sus charlas, el padre de Tim le dijo que si hay algo atroz, es desperdiciar. Hay gente que desperdicia comida. Otros tiempo o dinero. Pero lo peor que podemos desperdiciar es nuestra energía. Dios nos dio cierta cantidad de ella y tenemos la obligación de usarla de manera correcta. Una de las formas de guardarla dentro de nosotros mismos es aprendiendo a controlar nuestros sentidos.

En ese momento, Tim afirmó que realmente no sabía lo que eran los sentidos.

El padre le explicó que tenemos cinco de los llamados órganos de los sentidos: los ojos con los que vemos, los oídos con los que escuchamos, la nariz con la que olemos, la lengua con la que recogemos sabores y un cuerpo que siente cuando se toca su piel. Los sentidos son cosas extrañas. Los usamos tanto, que al cabo de cierto tiempo los consideramos como algo evidente. El tic-tac de un reloj, nuestra respiración, el roce de la camisa o la temperatura del aire son cosas que después de un rato olvidamos que están ahí. Pero al mismo tiempo, algo en el interior de nuestro cuerpo los percibe con total claridad. Eso significa que algo de nosotros está siempre alerta sobre las visiones, los sonidos, los olores y las sensaciones táctiles que nos rodean, aunque nuestra mente lo haya olvidado.

Debido a que nos desconectamos de nuestros sentidos la mayor parte del tiempo es por lo que las impresiones evidentes son a veces las más difíciles de percibir. Por ejemplo, tus ojos no se dan cuenta de que está oscureciendo en el exterior hasta que alguien enciende la luz. Piensas que tu habitación es tranquila y cuando pasas una noche en el campo quedas asombrado por el contraste. Desconectar nuestros sentidos es sano en muchas ocasiones. Puede protegernos de un exceso de datos que llegan todos al mismo tiempo. Pero, por otro lado, también podemos aprender a estar más atentos a esas visiones o esos sonidos, e incluso a utilizarlos en nuestras meditaciones.

Los ojos

Tenemos ojos exteriores y ojos internos; estos últimos son nuestra imaginación. Con los primeros vemos el mundo, la cubierta de las cosas. Ésta es a veces muy hermosa, pero nos puede confudir. Cuando vemos algo atractivo, una sutil energía sale de nuestros ojos y fluye hacia el objeto. Una vez que se ha ido no se la puede recuperar. Simplemente tenemos que producir más y eso lleva tiempo y esfuerzo para el mecanismo corporal.

Por consiguiente, decía el padre de Tim, conviene intentar no mirar ciertos objetos en ciertos momentos. Una cosa muy simple, muy difícil y muy buena. Un viejo refrán dice que «ojos que no ven, corazón que no siente».

Propuso entonces a su hijo un ejercicio: cuando vayas por la calle y veas un juguete precioso en un escaparate, *intenta no mirarlo*. No es que esa cosa tan bonita sea mala. Al contrario, puede ser muy buena. Pero no importa. De lo que se trata es de ir contra lo que tus ojos quieren hacer en ese momento y hacer lo que desea tu voluntad. Inténtalo varias veces al día, eso te fortalecerá, te volverá mucho más fuerte de lo que puedes imaginarte y te hará evitar las tentaciones que tanto dolor causan a otras personas.

Por lo general los sentidos quieren decirnos lo que tenemos que hacer. Si se les deja se convierten en nuestros dueños y nos poseen.

En la vida, continuó el padre de Tim, oirás a mucha gente hablar de algo que llaman «libertad». Muchos creen que es el derecho de hacer lo que quieren cuando quieren. En realidad eso no es verdad, sino contrario. Hacer al instante lo que deseas es una forma de esclavitud. La verdadera libertad actúa de un modo diferente. Es la capacidad de no hacer lo que piden los sentidos, de no ser el sirviente de cualquier deseo o impulso pasajeros. Con este tipo de libertad tienes la opción de decir sí o no a tus deseos, según sean las consecuencias que te dicte tu mente y conforme a lo que tu conciencia te diga que está bien o mal. Este tipo de libertad no es fácil de conseguir, a pesar de lo que te digan algunos. Debe trabajarse muy duro, pero es libertad real.

Los oídos

Lo mismo sucede con los oídos. Si un amigo intenta convencerte de hacer algo que sabes que está mal, hay una solución sencilla: no escuchar. Aléjate y vete a un sitio donde no le escuches. Lo que los oídos no oyen, tampoco lo desea el corazón.

Otro aspecto interesante sobre los sentidos es que, si practicas algo, puedes enseñar a uno de ellos a hacer el trabajo de otro.

Por ejemplo, ¿crees que es posible ver con los oídos? Inténtalo.

Tras escuchar varias sinfonías de Beethoven, el padre pregunta a Tim qué imágenes aparecen en su mente con cada una de ellas. Hay gente que afirma haber visto salir notas de los instrumentos y otros que creen que cada sentimiento tiene una forma particular en el mundo invisible. Aunque él nunca lo ha visto, la idea resulta interesante y anima a su hijo a que dibuje formas correspondientes a cada pensamiento o sensación.

Por último, hacen otro experimento consistente en sentarse en el jardín de la parte trasera de la casa, cerrar los ojos y concentrarse en los sonidos. Se sorprenden de la enorme cantidad de ruidos que hay en el ambiente y que por lo general nos pasan desapercibidos.

Olfato

La mayoría de la gente no presta atención a su olfato. Es una pena, pues nos puede informar de muchas cosas que ni el oído ni la vista captan. Algo especialmente favorable sobre este sentido es que mejora con la práctica. ¿Por qué no intentarlo?

Durante varias semanas, Tim y su padre estuvieron ejercitándose en oler cosas. En un seto, en el supermercado, en casa con libros, juguetes, té, etc. Cerraban los ojos e intentaba adivinar que había en una habitación por el olor. Muchos animales son capaces de «ver» con su olfato.

Gusto

Hicieron un juego similar con el gusto. Uno de ellos cerraba los ojos, probaba un alimento e intentaba decir lo que era. El padre le explicó durante la cena que por lo general prestamos muy poca atención a lo que tenemos en la boca. En realidad puede mejorarse mucho el sabor de la comida si se concentra uno en ella al masticarla y se la observa con el ojo mágico.

Tim hizo la prueba de comer todo el rato con los ojos cerrados, saboreando bien los alimentos. Más tarde explicó a su padre que nunca había sabido la cantidad de sabores que guarda una simple cucharada.

Tacto

Cierra los ojos. Desliza tus manos sobre un objeto liso, como puede ser un trozo de tela. Utiliza los dedos como si fueran tus ojos. Intenta «ver» la tela al tocarla.

Tim experimentó con diferentes superficies y después su padre invirtió los papeles, haciéndole cerrar los ojos y pidiéndole que adivinara lo que estaba tocando.

Por último, el padre inició un ejercicio que según sus explicaciones parecería bastante extraño. Hizo que Tim, con los ojos abiertos, tratara de alcanzar una silla situada al otro lado de la habitación. Mientras lo hacía, le explicó que se imaginara una especie de brazo fantasma proyectándose de su brazo y moviéndose hacia la silla. Imagínate que ese brazo tiene una mano igual que tú la tienes y que está tocando la silla, acariciándola, sintiendo su textura y su peso. Es como si una parte de ti mismo se prolongara, algo sutil y elástico que puede desplazarse a largas distancias a través del espacio.

Tim y su padre estuvieron practicando esto durante algún tiempo, alcanzando diversos objetos de la habitación e intentando tocarlos con sus órganos de los sentidos invisibles. Creando imágenes mentales de ciertos lugares, llegaron incluso hasta objetos situados al otro lado de la calle o en otra ciudad. Tim se concentró en tocar la pizarra de su habitación.

El padre de Tim empleó este experimento para presentar la idea de que además de nuestras formas físicas, la mayoría de las disciplinas espirituales creen que tenemos otro tipo de cuerpo, varios tipos en realidad. Uno de los más interesantes es lo que los cristianos llaman «alma» o a veces «el cuerpo de la resurección». Los hindúes se refieren a ello como *Sukshmasharira*. Otros los conocen por el cuerpo etéreo.

Todos experimentamos un mundo, continuó el padre de Tim, el mundo físico. La ciencia nos dice que hay partes más pequeñas que nuestros sentidos no pueden percibir, cosas tales como gases, moléculas y microbios. Pero además de las cosas materiales, hay otras esferas invisibles incluso a los instrumentos de la ciencia. Es a estos sitios a donde la gente va durante un cierto período cuando mueren, según afirma la religión. Lo que sucede en estas partes de la otra vida depende en gran medida de cómo hemos desarrollado el alma durante nuestra estancia en la Tierra. Si es un alma fuerte y buena, prosperará. En caso contrario la experiencia puede ser turbadora y dolorosa. Para eso están las oraciones, la meditación, los ejercicios espirituales y el buen comportamiento: para ayudar a nuestras almas a desarrollarse.

Muchos de los ejercicios vistos hasta ahora están destinados a que se muevan un poco los músculos del cuerpo invisible, a dar a conocer el hecho de que tu cuerpo consiste en algo más que sangre y huesos, y que junto a tus órganos físicos cada uno de tus sentidos tiene una especie de doble en el mundo invisible, al que tienes que alimentar y criar. Eres un ser de luz y energía. Ésta es la auténtica identidad de los seres humanos.

Bueno, continuó diciendo, no es necesario que te preocupes demasiado de todo esto. Lo importante es que seas consciente de que tienes partes más finas dentro de ti, que estas partes pueden ser muy interesantes y que algún día pueden ayudarte a ver los esplendores invisibles que nos rodean todo el tiempo.

Consciencia: Sentir el propio ego completo

Hemos recorrido el cuerpo por todos los caminos posibles, anunció el padre de Tim. Hemos examinado diferentes partes del exterior y del interior. Cada órgano y cada sentido desempeñan un papel distinto, lo mismo que en la orquesta los tambores producen un sonido, la cuerda otro y las trompas otro más. Pero el sonido completo no se consigue hasta que toda la orquesta toca al mismo tiempo. A esto es a lo que se parece nuestro cuerpo, a varios músicos tocando a la vez. Ahora es el momento de escuchar a nuestra orquesta completa tocando una sinfonía física.

Habló después a su hijo sobre la idea de la consciencia, de que durante el día los niños pueden detener el tiempo y recordar que ahora están aquí, en este lugar, que existen y que están haciendo esto o aquello en este preciso momento. Explica que gran parte del tiempo la gente, en especial los adultos, están ocupados con pensamientos relativos al pasado o al futuro; son tantos los pensamientos, que realmente no queda espacio para las experiencias que se están produciendo. Olvidan dónde están y después quiénes son.

Si una joven persona aprende lo importante que es detener el tiempo varias veces al día y pensar sobre esto –aquí estoy, un hijo de Dios, en este lugar y en este instante– y si lo practica con regularidad, la experiencia perdurará y le inspirará para buscar durante toda su vida estas sensaciones.

Para dar consistencia al concepto de consciencia, el padre de Tim le sugirió un ejercicio final, destinado a ayudarle para que desarrollara un sentido de todo el cuerpo que existe en el presente. Es el siguiente:

1. Siéntate en un lugar cómodo, lejos de cualquier distracción. Respira hondo y relájate.
2. Cierra los ojos y siente tu brazo derecho. Siéntelo unido a tu hombro. Siéntelo desde dentro y desde fuera. Pon toda tu atención en él.
3. Desplaza tu atención hacia la pierna derecha. Siente su tamaño, su volumen, su presencia. ¿Qué tamaño tiene? ¿Cuánto pesa?
4. Pasa a la pierna izquierda. Siéntela durante unos instantes. Concéntrate en el brazo izquierdo y acaba en la cabeza.

5. Siente todo el cuerpo a la vez. Siéntelo en su totalidad. Siéntelo como una unidad de sangre y huesos, energía y pensamiento.

Para los niños es suficiente con tres o cuatro repeticiones de este ejercicio (actúa como una rueda alrededor del cuerpo, desde una extremidad a otra). Al ser fuerte, los niños pequeños no deberían hacerlo con excesiva frecuencia. Una o dos veces a la semana está bien.

Tim y su padre practicaron juntos el ejercicio y después lo comentaron. El padre le pidió que describiera las sensaciones que había experimentado; a veces se tiene la impresión de ligereza y claridad. Si sientes eso, continúa. Ésa es la dirección en la que queremos ir dentro de nuestros corazones. Es como si abandonáramos la tierra, flotando, ascendiendo. Si tus oraciones y meditaciones continúan a lo largo de los años, sentirás esa sensación de paz y tranquilidad durante mucho tiempo. Comenzarás a vislumbrar grandes cosas.

Más tarde, cada vez que su padre le decía la palabra *consciencia*, se acordaba de sentir su cuerpo, de detener el flujo de sus pensamientos, de sentirse centrado en el presente. Más tarde comenzó a hacer lo mismo que su padre. Juntos se fueron ayudando. Ambos salieron beneficiados.

11. Entrenar el cuerpo para la vida en el mundo

Trabajo

No hay nada mejor para que un niño conozca el mundo físico que el trabajo físico. Al cuerpo se le moldea cuando todavía está flexible. El trabajo crea dominio y autoestima, dos ingredientes esenciales para el adecuado desarrollo emocional del niño. La agilidad, la coordinación, la paz, la fuerza y el equilibrio se desarrollan con rapidez y facilidad en la psique juvenil. Los niños que dominan estas capacidades se mantienen cómodos en el cuerpo durante toda su vida. Los que no reciben ese entrenamiento presentan una especie de desventurada incomodidad, por mucho que más tarde intenten compensarlo en la pista de tenis o en el campo de golf.

Quizás lo más importante que enseña el trabajo es a servir a los demás: los niños ayudan en casa y en la comunidad mientras construyen su propio carácter y su fortaleza física. Los padres harían bien en inculcarles a sus hijos el lema de la orden benedictina: *Labore est orare*. Trabajar es rezar. «Pon tu corazón, tu mente, tu intelecto y tu alma hasta en el menor de tus actos –afirma el maestro hindú Swami Sivananda–. Éste es el secreto del éxito.»

Y éste es el mensaje que enseña el trabajo a los niños: Pon tus mejores esfuerzos en todo lo que hagas. Haz que el trabajo se convierta en una forma de verter todo tu ser en las cosas, de modo que al final se transforme en una especie de meditación, en una forma de plegaria. Se cuenta la historia de un viejo maestro zen que insistía en salir a trabajar al campo con sus discípulos. Preocupados éstos por su salud, le escondieron un día las herramientas de modo que ya no pudo participar en las faenas. Después de eso, el maestro dejó de asistir a las comidas. Al cabo de varios días los discípulos acudieron a su vivienda y le preguntaron por su ausencia. El maestro dijo simplemente: «No trabajo, no como». Antes de una hora le habían devuelto sus herramientas.

El taoísta Chuang-tse cuenta otra historia, en la que se pone de relieve la idea de que el trabajo y la meditación son potencialmente una misma cosa:

> Ch'ing, el carpintero jefe, estaba tallando una madera para convertirla en un soporte del que colgar instrumentos musicales. Al acabar, el trabajo les pareció a los que lo vieron algo sobrenatural y el príncipe de Lu le preguntó: «¿Cuál es el secreto de tu arte?».
>
> «No hay misterio, majestad –respondió Ch'ing–, pero hay algo.
>
> »Cuando voy a iniciar un trabajo de este tipo me protejo contra cualquier disminución de mi fuerza vital. Primero reduzco mi mente a la quietud absoluta. Tres días en este estado y me vuelvo totalmente inconsciente de la recompensa que pueda ganarse. Cinco días y pierdo la noción de la fama. Siete días y olvido la existencia de mis cuatro miembros y de mi marco físico. Entonces, sin ningún pensamiento sobre la Corte en mi mente, mis habilidades se concentran y desaparecen todos los elementos perturbadores. Voy entonces a un bosque de las montañas. Busco un árbol apropiado. Debe tener la forma que más tarde haré. Veo el soporte con el ojo de mi mente y entonces empiezo a trabajar.
>
> »Por lo demás, no hay nada. Relaciono mi propia capacidad natural con la de la madera. Lo que se suponía una ejecución sobrenatural en mi trabajo, es solamente esto.»

¿Qué tipo de trabajo es el mejor?

Cualquier trabajo que satisfaga uno o varios de los siguientes objetivos es adecuado:

- Ejercitar y fortalecer el cuerpo del niño.
- Disuadir de la pereza y estimular la laboriosidad.
- Enseñar perseverancia y fuerza de voluntad.
- Ser servicial.

Trabajen juntos en varios proyectos y en pocos meses se verán los resultados. Con la prontitud de aprendizaje de los niños, sus músculos pronto se tonifican. Mejora también la coordinación, junto con la capacidad global de desplazarse a través del espacio con confianza y elegancia.

Lo más importante es que los ejercicios interiores, cuando se practican con un adulto, proporcionan a los niños un conocimiento intuitivo de su propia anatomía física más la constatación de que la mente y el cuerpo están ligados, que uno no puede funcionar ni sobrevivir sin el otro.

Daremos a continuación algunas tareas que sus hijos pueden realizar durante los meses y años que les prepararán para una edad adulta vigorosa y responsable.

Limpiar su propia habitación

Ya que limpiar la habitación de uno mismo introduce la idea del trabajo físico y del servicio a la unidad familiar, es un lugar excelente por donde comenzar. Cada día hay alguna actividad a realizar en el cuarto de Tim: hacer la cama, guardar los juguetes, ordenar los libros y los juegos, etc. Si una habitación la ocupan dos hermanos, deberán compartir estas tareas. Si no disponen de una propia, deberán responsabilizarse de la zona donde duermen y en la que juegan.

El mejor momento para enseñar una conducta de limpieza es cuando el niño es muy pequeño. Los dos años es una edad muy apropiada. A los muy pequeños se les puede acostumbrar a que tiren los trapos sucios a un cesto. Se les puede enseñar también a no tirar cosas al suelo.

Al principio, realice estas tareas con el niño. Haga que resulte un juego. Busque una caja de madera o de cartón y pinte un animal amigable en uno de los lados. «Déle entonces de comer» introduciendo juguetes por «su boca». Al niño le entusiasmará la idea de alimentar a una criatura así, lo mismo que les gusta poder tirar sus cosas por la habitación con total impunidad. Después de que se haya acostumbrado a la idea de recoger las cosas, puede dejarse que el niño lo haga solo.

Explíquele bien que todos los miembros de la familia contribuyen con su trabajo a mantener las cosas limpias, que ayudar en el trabajo es bueno, que si se practica la pulcritud podremos saber dónde están nuestras cosas y que todo en el mundo tiene su sitio adecuado: los libros van a las estanterías, la ropa recién lavada a los armarios, los ositos de peluche en cajones. Lo mismo que las hojas viven en las ramas y la Luna en el cielo, los objetos que usamos en nuestra habitación tienen su lugar adecuado en el universo. Hay que llevarlos allí.

Por supuesto, la cuestión de la limpieza del cuarto debemos contemplarla también desde el punto de vista del niño. Poseyendo un sentido primitivo del orden y teniendo, al menos ante sus ojos, cosas más importantes que hacer, la mayoría de los niños no entienden por qué se les tiene que andar molestando con la pestífera faena de los trabajos de casa. La idea de limpiar una habitación entera de cabo a rabo le parece una tarea imposible a la mente de seis años. Las dimensiones físicas se presentan mucho mayores a los ojos del joven que a los del adulto, y lo que para éste representa diez minutos para ellos es un esfuerzo infinito. (¿Se acuerda de lo gigantesca que le parecía su casa cuanto tenía seis años?)

En respuesta a estas reservas muy comprensibles, los padres pueden facilitar la tarea dividiéndola en faenas modulares. Cada día es necesario hacer una diferente. La limpieza le resulta entonces al niño mucho menos agobiante y permite a los padres ejercer un mayor control. Haga una lista de los trabajos diarios y vaya tachándolos a medida que se hacen. (Esta técnica funciona mejor en niños con una edad de siete y más años.)

TACHAR CUANDO ESTÉ HECHO	
Lunes	Limpiar el armario y vaciar la papelera ___
Martes	Colocar de nuevo todos los libros en las estanterías y recoger los juguetes del suelo ___
Miércoles	Ordenar el armario ___
Jueves	Recoger los juguetes del suelo y colocar bien la ropa en los cajones ___
Viernes	Limpiar la mesa y todas las zonas de trabajo. Limpiar debajo de la cama y en los rincones ___
Sábado	Recoger los juguetes del suelo y llevar la ropa sucia a donde corresponda ___
Domingo	Día libre

Trabajo casero

No subestime el trabajo casero como forma de ejercicio físico y como foro para enseñar habilidades. Debe suprimirse de inmediato cualquier desigualdad por razones de sexo en este apartado. Niños y niñas deberán lavar los platos, planchar, doblar la ropa, lavar y preparar la comida en la cocina, además de las tareas pesadas. Enséñeles que aprender estas cosas no es sólo como afirmación de la igualdad sexual, sino que cocinar o coser un botón le será muy útil al niño cuando se convierta en un hombre.

Al mismo tiempo, a cada uno de los sexos se le asignarán tareas que requieran desarrollar vigor y perseverancia. Haga que tanto los niños como las niñas saquen la basura y corten el césped. Ayúdeles a familiarizarse con herramientas y útiles para ir de compras. Foménteles para que practiquen la carpintería y la mecánica. En un mundo incierto y cambiante, ambos sexos encontrarán estas habilidades muy valiosas cuando crezcan.

Algunos padres creen que los niños de menos de siete años son incapaces de llevar a cabo tareas caseras sofisticadas tales como lavar los platos o barrer. Sin embargo, la experiencia ha demostrado que a los seis años ya son capaces de realizar decenas de tareas complejas y que con la práctica pueden hacerlo muy bien. Asegúrese también de que todos estos trabajos son adecuados para su edad y no tema empujarles algo para que lo hagan.

Existe en todo esto la posibilidad de que los padres se aprovechen emocionalmente y los hijos físicamente. Cuando el pequeño Tim de siete años lava los platos, siempre hay algún vaso que se rompe y jabón que se cae. Cuando Bette de nueve años pasa el aspirador, la casa no queda tan limpia como cuando lo hace su madre. Si Val, de once años, plancha una camisa, se olvida del cuello. Pero, recuerde, los niños están entrenándose. Todo lleva su tiempo y cuando el proceso está en marcha hay que saber morderse la lengua y, en caso necesario, decir alguna mentira piadosa. Recalque el lado positivo en los logros del niño y pase por alto los desastres. Alabe todos los esfuerzos reales. Los niños lo están intentando, déles su oportunidad y asígneles también una tarea.

Trabajo al aire libre

Jack Dempsey dice que aprendió a boxear llevando piedras a través del campo cuando era niño. Un corresponsal de guerra afirma que sólo se aprende a tomar una playa cuando se es hombre si de niño se ha arado un campo. Aunque sean probablemente exageraciones, algo hay de verdad.

Pase varias tardes al aire libre con un pico y una pala. Cavar es uno de los ejercicios más intensos y potencialmente uno de los más interesantes. Fortalece los músculos, pero enseña también lecciones importantes tales como el equilibrio y el sentido del centro físico de uno mismo. Los niños que pasan algún tiempo cavando en el jardín o en el campo aprenden a distribuir su peso y a cooordinar sus brazos y piernas. Llegan a comprender el principio del apalancamiento y la distribución del propio peso mediante movimientos concentrados.

También se puede excavar un hoyo en el jardín por puro entretenimiento. La tierra es una misteriosa aventura, con furtivas criaturas que huyen de ella a cada paletada. Una vez que Tim y su padre estaban cavando, se preguntaron hasta qué profundidad podrían llegar. El padre dijo que si continuaban podrían llegar hasta la mina del pirata. Mientras trabajaban, fue contando a su hijo historias sobre los tesoros enterrados.

Otros tipos de trabajo

Aunque el niño se resista quizás a la idea de que el trabajo puede ser una meditación lo mismo que una tarea, la repetición del ejercicio, del ritmo y el sentido último de cumplimiento, pondrán de manifiesto los efectos espirituales. El objetivo es hacer que el trabajo se convierta en un fin por sí mismo e introducir al niño en el lado contemplativo de las labores físicas. Algunas sugerencias sobre estas actividades son las siguientes:

- Trabajos en la vecindad. A los nueve o diez años, los niños pueden limpiar el garaje a los vecinos, cortar el césped o llevar a cabo tareas similares.
- Tareas de grupo en la familia. Son importantes. Mientras el padre y la madre realizan trabajos caseros, los niños deben ayudarles y participar en la responsabilidad. Además les sirve de aprendizaje y les enseña aspectos nuevos.

Higiene

Lo mismo que el trabajo, la limpieza es un aspecto que no suele mencionarse en los libros que tratan de la educación infantil. Quizás no haya mucho que decir aparte de los aspectos evidentes tales como lavarse las manos antes de comer, frotarse detrás de las orejas, cepillarse los dientes y poco más.

Sin embargo, desde un punto de vista espiritual, la limpieza ocupa un lugar más importante en el plan educativo que sólo el jabón y el agua. ¿Por qué? Porque las doctrinas religiosas siempre han mantenido que existe una correspondencia entre las superficies exteriores de las personas y sus estados interiores. Ya se lee en la Biblia el mandamiento de lavarse y limpiarse, y parece como si existiera una relación entre la limpieza externa y la pureza de corazón. De algún modo místico que no acabamos de comprender del todo, un cuerpo limpio y un corazón limpio caminan parejos. «¿Quién ascenderá hasta la colina del Señor?», se pregunta el rey David en el salmo veinticuatro. «Quien tenga las manos limpias –dice más adelante–, y un corazón puro.» No debe de ser mera casualidad que en el islam se conozca al diablo como el «impuro» (no limpio). Quizás sea ésa una de las razones por las que tanto en el islam como en el hinduismo los fieles deben realizar un lavado ritual antes de comenzar a orar.

La limpieza personal va relacionada también con la idea de la pureza ecológica y la veneración a la naturaleza. Ciertamente aquellos padres que no acostumbran psicológicamente a sus hijos a unas reglas de lo que hacer y lo que no hacer en cuanto a la limpieza están realizando un flaco servicio a la Tierra, así como a sus propios hijos. Aquellas personas que no hayan aprendido de pequeños estos principios no es extraño que tiren papeles en el bosque o ensucien la playa.

Hay un texto elemental de religión hindú, escrito a comienzos del presente siglo y titulado *Sanatana Dharma*, que da una visión panorámica de cómo educar a los jóvenes hindúes. No hace distinción entre la vida ordinaria y la religiosa y trata los diversos temas desde una óptica religiosa. Lo más notable de esta obra es un capítulo entero dedicado al concepto hindú de la pureza corporal. La idea central es que al tiempo que la falta de limpieza incuba la enfermedad, interfiere, lo que es peor, con las energías necesarias para el progreso espiritual del niño. «La pureza de nuestro cuerpo energético superior depende de las corrientes magnéticas que hay en él. Se ve rápidamente afectado por las propiedades magnéticas de los objetos circundantes, por lo cual tenemos que ser cuidadosos con una limpieza escrupulosa. Algunas plantas y productos vegetales, aunque inofensivos para el cuerpo físico, son muy perjudiciales para el cuerpo energético. Le afectan gravemente las emanaciones alcohólicas y los cuerpos energéticos de los demás.»

Según esta obra, la enfermedad es un signo de transgresión de una ley natural. «Los sabios –sabiendo que las leyes de la naturaleza son las leyes de Dios– tratan de cumplirlas como una obligación religiosa.» Por consiguiente, «nuestros cuerpos visibles están compuestos de partículas derivadas de los alimentos que comemos, de los líquidos que bebemos, del aire que respiramos y, a un nivel más sutil, de la lluvia constante de partículas demasiado pequeñas para que las veamos, que caen sobre nosotros procedentes de las personas y las cosas que nos rodean. Todo lo que nos rodea, y aún más, todo lo que tocamos y sujetamos, nos da algunas de sus partículas y nosotros le damos de las nuestras. Esto significa que la auténtica limpieza no sólo consiste en lavarse bien sino en ser conscientes de dónde estamos, qué tocamos y cómo respiramos. No solamente debemos limpiarnos por nuestro propio interés sino también por el de quienes nos rodean».

Enseñar a ser limpios

Lo mejor, como siempre, es el camino intermedio. Por supuesto que hay que enseñar a ser limpios, y hacerlo bien y con claridad. Pero enséñelo como un juego y un privilegio, no como una terrorífica defensa contra un ejército diabólico de bacilos que está detrás de cada puerta o cada valla. Muchos hemos visto que la mejor manera de enseñar a ser limpios es presentándolo como un deber sagrado y un disfrute humano, que es del agrado de los poderes superiores y que, como todas las virtudes, nos hace sentirnos bien. Deje bien claro que el baño es una alegría, que las duchas son refrescantes y que un cambio de ropa puede levantar el ánimo.

Enseñar a los niños a usar sus manos

Observe que las aficiones y trabajos manuales enseñan a los pequeños la paciencia como un beneficio adicional. Cuando construyan una caja para anidar aves o reparen la cubierta de un libro, exhórteles para que finalicen la tarea. No importa el aspecto que tenga. Lo importante es que se hace, desde el principio hasta el final. Impida que inicien un proyecto, lo dejen a medio terminar y pasen a otro. Si se les deja actuar así se convertirá en un mal hábito de mayores. Si es necesario, déles un premio por perseverar. Vuelva a recalcar la importancia del trabajo por sí mismo.

Los niños pueden aprender fácilmente las siguientes actividades manuales, que contribuirán a su mejoramiento cuando adultos:

Carpintería

Anímeles y controle trabajos de carpintería sencillos tales como una caja para anidar pájaros, figuras de madera, muñecos sencillos, un tablón para pintar, una caja para los juguetes, etc. Un padre contaba a sus hijos que en la India hay una festividad todos los años en la que los carpinteros se inclinan ante sus herramientas y expresan su agradecimiento y, también, que en algunas sociedades antiguas los carpinteros creen que cada herramienta tiene su alma y que si tú estás en buenas relaciones con ella, te ayudará en tu trabajo. El padre animaba a sus hijos a hacerse amigos de sus propias herramientas y a conversar con ellas en silencio antes de iniciar cualquier trabajo.

Coser, hacer punto, tejer, ganchillo

Si domina usted estas habilidades, puede enseñárselas a sus hijos a partir de los siete años de edad como mínimo. Comience con trabajos básicos. En muchas tiendas venden equipos sencillos para principiantes. Cuando pase algún tiempo, pídales que hagan sus propios dibujos con algún símbolo sagrado. Si el interés del joven es grande, llévele a un museo donde pueda contemplar imágenes de fieles o de costumbres rituales.

Construcción de modelos a escala

Los modelos de trenes siguen siendo una actividad favorita. Lo mismo sucede con los aviones, que pueden encontrarse en multitud de kits ya preparados. Pintar figuritas es un entretenimiento que agrada mucho a los niños de mayor edad y es una manera estupenda de que aprendan artesanía y precisión. Algunos padres ayudan a que sus hijos construyan dioramas completos, con figuras, árboles, montañas, edificios, etc., de escenas de caballería, gestas o acontecimientos de la historia religiosa.

Grabado y talla

Los niños lo suficientemente mayores como para manejar una gubia se entretendrán durante horas tallando figuras de animales de un bloque de madera o haciendo cucharas o cosas parecidas. Los útiles necesarios pueden encontrarse en cualquier establecimiento de material de pintura y escultura. Llévelos también a un museo para que vean ejemplos de esculturas en madera. Los arabescos islámicos en madera, por ejemplo, añaden un sabor espiritual a esta tarea.

Alfarería

La alfarería brinda excelentes oportunidades para practicar la destreza manual. No hace falta un horno especial para cocer las figuras de barro, pues en la mayoría de las tiendas se vende un arcilla que puede cocerse en la cocina. Conviene explicarles mientras trabajan el simbolismo tradicional de la rueda alfarera (creación), de las manos (las del Creador) y de la arcilla (la carne).

Dibujo

Siempre hay que tener a mano una buena cantidad de papel, lápices, pasteles y acuarelas. A los niños les gusta sobre todo poder pintar o dibujar en hojas grandes. Enséñeles figuras sencillas tales como montañas, agua o árboles.

Caligrafía

A los niños de más edad les gusta a menudo aprender el arte fascinante de la escritura caligráfica. Se suele enseñar en la escuela y hay multitud de libros sobre el tema.

Resistencia, buen estado físico y fuerza

Los niños que se crían en el campo o en una granja tienen un sentido natural del trabajo y necesitan poco estímulo. Pero en la mayoría de los niños actuales, confinados en pisos, la única lección que sus cuerpos reciben para fortalecerse es la de jugar con sus vecinos y practicar deportes en la escuela.

Los deportes son buenos en muchos sentidos, por supuesto, aunque los peligros potenciales de los juegos de contacto los hace poco adecuados para desarrollar una auténtica salud física. Además, el frenesí competitivo que les rodea garantiza que el corazón de *alguien* saldrá lastimado. En muchos deportes, el ego de los jóvenes jugadores se infla peligrosamente, mientras que los perdedores sufren la falta de autoestima que inevitablemente lleva el sistema competitivo. En realidad, los deportes en sentido general están creados casi intencionadamente para promocionar el pavoneo, la presunción y el sentido despreciativo entre los participantes vencedores. A eso se debe quizás la fama de «engreídos» que tienen en las escuelas la mayoría de los buenos atletas. ¿Cómo puede conseguirse el vigor, la autoconfianza y la fuerza muscular sin dañar el cuerpo o impedir el desarrollo de las emociones? Hay varios caminos.

Juegos comunes

Lo mismo que los cachorros de los animales desarrollan la fuerza y la agilidad jugando con sus hermanos, otro tanto sucede entre los niños. Siempre que sea posible, anímeles para que estén físicamente activos, que corran, den volteretas, rueden y luchen unos contra otros. Si dispone de jardín, puede instalar allí columpios, barras para trepar y toboganes. Una cuerda colgada de un árbol o un viejo neumático donde poder columpiarse son maneras bien baratas de fortalecer sus miembros. Gran parte de este equipo lo puede preparar uno mismo. Es muy probable que lo que a usted más le gustaba cuando era un niño, también les guste a sus hijos.

Los habitantes de una ciudad tienen más dificultades para encontrar lugares de juego al aire libre, aunque en muchas poblaciones hay jardines e instalaciones infantiles. Acuda tantas veces como le sea posible y compruebe si sus hijos se agotan.

Observe que los niños parecen no estar nunca quietos, que sus manos, sus pies y su cabeza parecen máquinas en movimiento perpetuo. Esta actividad no procede del nerviosismo (como muchos adultos suponen) sino de la fuerza de la energía interna, que surge como una fuente a través de las extremidades infantiles y que busca una expresión constante en forma de ejercicio. Los padres que mantienen a sus hijos ocupados todo el día con juguetes y con la televisión están impidiendo en cierto sentido el curso de la naturaleza, que añora expresarse a través de los miembros de las jóvenes personas.

Ejercicio

A todo niño de más de cinco años le conviene algún tipo de ejercicio rutinario. Tim y su padre tenían la costumbre, incluso antes de que sus charlas comenzaran, de dedicar diez minutos todas las mañanas a hacer flexiones juntos. Estos pequeños ejercicios los finalizaban con unos tres minutos de correr un poco o hacer algo de jogging.

Para aquéllos inclinados a ejercicios con una orientación más espiritual que estimule las energías etéreas del cuerpo al tiempo que desentumezca los músculos y las articulaciones, las clases de yoga y de tai chi son cada día más populares entre los niños y resultan además muy recomendables. Hay varios libros publicados sobre estos temas. Ilse Klipper, por ejemplo, es autora de un tratado sobre las posturas que pueden adoptar los más jóvenes en el yoga. Algunas de ellas son las siguientes:

- *La extensión hacia arriba.* Póngase recto. Haga que el niño estire el brazo derecho hacia el techo lo más que pueda sin que le resulte molesto y que lo mantega así durante unos instantes. Dar un estirón y bajarlo a continuación. Repetir el proceso con el brazo izquierdo. Hacer diez estiramientos con el lado derecho y otros tantos con el izquierdo. Colocar de nuevo las manos a los lados y relajarse. Respirar profundamente varias veces.
- *El saludo al sol.* Estira ambos brazos por encima de tu cabeza y bájalos después rectos ante ti, manteniendo rectas las rodillas. Intenta tocar lentamente la punta de los dedos de tus pies. Deja que los brazos te cuelguen sueltos en esta posición mientras cuentas diez. No te estires más de lo debido, pero intenta tocar la punta de los pies si puedes. Levántate. Repítelo varias veces y relájate.
- *El gato.* Ponte de rodillas y con las manos apoyadas en el suelo. Recoge el estómago y espira. Coloca arqueada la espalda y deja colgar la cabeza hacia delante. Retén la respiración mientras cuentas cinco e inspira, levanta la cabeza y pon recta la espalda. Repite este movimiento cinco veces, después relájate. Los yoguis llaman a esta postura el gato.
- *La cobra.* Túmbate sobre el estómago con los brazos a los lados. Levanta la cabeza y el dorso mientras mueves las

manos frente a ti de modo que te empujen. Empujando con las manos levanta el pecho del suelo tanto como puedas hacerlo con comodidad. Cuenta lentamente hasta diez, baja después el cuerpo y coloca el dorso de tus manos a los lados. Relájate. Repítelo varias veces.

- *La rata.* Siéntate en la postura del sastre o, si te resulta cómodo, de semiloto. Mantén recta la espalda. Inclina lentamente tu cabeza hacia delante hasta que la barbilla repose sobre tu pecho. Gira la cabeza todo lo que puedas hacia la izquierda, mantenla ahí mientras cuentas cinco y gírala después a la derecha. Mantenla también durante algunos instantes. Lleva de nuevo la cabeza hacia delante hasta que la barbilla se apoye sobre el pecho. Repítelo tres veces. Respira profundamente dos veces. Relájate.
- *La posición de rodilla-cabeza.* Siéntate con las piernas estiradas frente a ti y con la espalda recta. Las corvas deben tocar el suelo. Levanta los brazos rectos por encima de la cabeza, bájalos después lentamente e intenta tocar los dedos de tus pies. No te estires. Mantén esa posición durante algunos segundos, vuelve después a la posición de partida. Respira profundamente varias veces. Repítelo dos o tres veces. Relájate.
- *La montaña.* Siéntate en la posición de sastre o de semiloto. Levanta las manos por encima de la cabeza y coloca las palmas juntas en la posición de oración. Inhala profundamente , empuja hacia arriba la columna vertebral y el pecho lo más que puedas, mantén esa posición algunos instantes, exhala y regresa a la posición sentada normal. Repítelo cinco veces.
- *El broche de espalda.* Ponte de pie recto, con los ojos dirigidos hacia delante. Coloca los brazos detrás de la espalda y sujétate las manos. Sin doblar las rodillas y manteniendo unidas las manos, inclínate lentamente, empujando el pecho hacia fuera. Al doblarte, tus manos subirán de manera natural. Intenta bajar la cabeza de modo que puedas mirar entre tus piernas, manteniendo los brazos rectos y rígidos mientras lo haces. Mantén esta postura tanto como puedas, regresando después lentamente a la posición de pie. Da un respiro hondo y repítelo una vez más.

Asegúrese de explicarle al joven practicante que en los ejercicios de yoga no se trata de ver cuánto puede esforzarse uno mismo ni de demostrar que puede hacerlo mejor que el compañero. El objetivo es estirar los músculos y las articulaciones tanto que todas las energías circulen a su alrededor libremente. Proporciona una agradable sensación, mantiene sanos, relajados y felices.

Si los niños inician un régimen de ejercicios de yoga básicos y lo continúan, se mantendrán flexibles durante toda su vida en aquellas partes ejercitadas. En caso contrario, entrarán a formar parte de la enorme multitud de occidentales que no pueden sentarse cómodamente en el suelo durante más de tres minutos y que son incapaces de tocarse los dedos de los pies.

Artes marciales

Si su hijo muestra tendencia hacia la lucha o si, al contrario, es pequeño y tímido y necesita algo que le dé confianza, las artes marciales pueden ser útiles. El primer requisito al buscar un buen gimnasio no es, como algunos suponen, el sistema particular de lucha que enseñen sino la calidad del profesor.

Seleccione algunos centros de su zona y observe las clases. Los buenos maestros son simpáticos con sus discípulos, aunque al mismo tiempo recalcan las virtudes orientales de la paciencia, el estoicismo, la amabilidad y la no violencia. Un verdadero arte marcial combina la autodefensa y un sistema de comprensión espiritual. Si observa clases en las que el profesor grita «Kill» (haz algo), donde hay una atmósfera de temor (como sucede a veces) o donde la competición parece más importante que la cooperación (como ocurre con frecuencia), déjelas y siga buscando. Ya la encontrará.

Música y danza

Aunque hay innumerables tipos de sistemas de danza, los movimientos de los niños de menos de cinco años puede decirse que todavía proceden del alma, y como tal no deberían estropearse. Conecte la música y déjeles a su aire. A esta edad las formas libres son bonitas. Déjelos simplemente dar vueltas con rapidez.

Cuando los niños llegan a los seis o siete años, la danza puede hacerse más estructurada. Los movimientos temáticos de grupos les gustan mucho (representar unos caballos al galope o la parte de la hoja que cae en *El lago de los cisnes*). Muchos pequeños disfrutan si apenas se les supervisa, y a esta edad la tarea de los padres es simplemente enseñar movimientos básicos tales como girar, saltar, hacer piruetas, etc. Algunas ideas para que la danza resulte divertida, apropiada a la edad y estimulante son:

- Cambie rápidamente de disco, pasando de una marcha a un vals, jazz, una sinfonía o folk y haga que los niños dancen a los distintos ritmos.
- Ponga una música de circo y haga que los niños interpreten un papel. Déjelos representar diversos personajes; payasos, domadores, equilibristas, etc.
- Ponga música de distinto aire –lenta, rápida, feliz, delirante– y haga que los niños se imaginen una historia de danza para cada una de ellas.
- Deje que los niños representen distintas personalidades de animales: un cisne, un tigre, un pollo, un pez dorado, etc.
- Diga a los niños que imaginen ser semillas de flores plantadas. Hágales que bailen durante todo el ciclo de crecimiento, personificando las diferentes etapas: brotes, yemas, flores, marchitamiento, regreso a la tierra.
- Haga que los niños bailen representando partes de los elementos naturales: agua, tierra, aire. Que después representen los meteoros: lluvia, trueno, rayo, nieve, sol.
- Que los niños bailen como si estuvieran visitando el cielo. Que se muevan entre las nubes, hablen con los ángeles y exploren mientras suena la música apropiada (¿Bach, Monteverdi, el sitar?). Pregúnteles qué es lo que ven.

Para los niños de más de ocho años de edad, pueden emplearse las instrucciones de la danza formal Con tantas canciones populares dirigidas a los más jóvenes, como si se tratara de capturar su psique antes de desarrollar las facultades de discernimiento, los niños actuales están perfectamente compenetrados con la música rock.

No es demasiado tarde en esos momentos para contrarrestar el mensaje que llevan estas canciones y sustituirlas por otros tipos de danza, que estén orientados hacia el corazón. La música popular y las melodías nostálgicas resultan asimismo adecuadas y constituyen un excelente parachoques contra las fuerzas destructivas de la música contemporánea.

Privación intencional

Un último método, reservado éste principalmente para los niños de ocho y más años, es el cultivo de la privación intencional, aprender a prescindir de algo.

Por ejemplo, suponiendo que no haya problemas médicos, los padres pueden animar a su hijo de ocho o nueve años a que ayune varias horas durante el día. El ir sin desayunar, por ejemplo, es una tarea mucho más difícil de lo que se imaginan la mayoría de los niños y puede resultar un excelente ejercicio de autocontención si se hace con un espíritu explorador. Deje que el niño coma si lo pide; hay que tener cuidado para que un ejercicio benevolente no se convierta en uno de hacerlo-o-morir.

Otro ejercicio es que el niño participe en una actividad voluntaria no usual y ligeramente incómoda. Dígale, por ejemplo, que tienda dos camisetas. Vaya en contra de lo que su cuerpo pide en esos instantes. Se trata de una privación suave y de un esfuerzo voluntario. Un día, por ejemplo, cuando un niño salía para ir a natación, su madre sugirió que se quedara en casa y jugara con su hermana menor. Se dejó la decisión en manos del niño, sin presionarle. Sin embargo, cuando eligio la tarea más difícil, la madre fue pródiga y le aseguró que debido a esta decisión se haría un poco más grande.

Otro ejemplo. Un padre y su hijo iban en el autobús. Recientemente habían estado trabajando acerca del poder de la voluntad y entonces el chico preguntó cómo se desarrolla una persona. El padre observó el palo de un caramelo en el bolsillo. Lo cogió, lo examinó y lo colocó en las rodillas del niño. Te fortalecerás cuando tires este caramelo por la ventana. ¿Crees que lo puedes hacer?

En realidad no podía. Había estado soñando con el caramelo todo el día. Sin embargo, aunque era incapaz de tener suficiente fuerza de voluntad para ir en contra de sus deseos, recordó el incidente e incluso trató de repetirlo negándose él mismo cocacolas y meriendas. Nada extremo. Siplemente una pequeña privación y esfuerzo voluntario.

Hay dos personas en uno, explicó el padre del muchacho. Uno mismo y su cuerpo. A veces ambos quieren lo mismo. Estupendo. Sin problemas.

La manera más sencilla de solucionarlo es dar siempre al cuerpo lo que pide. Es lo que hacen la mayoría de las personas. Si se sigue ese camino, el cuerpo se fortalecerá. Al final, el yo superior se vuelve esclavo del cuerpo.

Aprender a estar sentado con tranquilidad

La última cosa, y quizás la más difícil que puede aprender un niño es a estarse sentado en silencio. Es algo que va en contra de la naturaleza y de la poderosa fuerza de crecimiento que se expande por su sangre y sus nervios.

Si desde que cuenta unos cuatro años de edad se le ha entrenado para que permanezca sentado y en silencio durante algunos instantes, que se van haciendo más largos cada vez hasta conseguir períodos prolongados, se verán resultados maravillosos. Esto relaja la mente e introduce tranquilidad, una sensación a la que consciente o inconscientemente tienden todos los seres vivos. Más tarde, la concentración del niño servirá para mejorar su capacidad de mantener la atención y de retener largos pensamientos. Aumenta la inteligencia y lo mismo sucede con la paciencia. Vale la pena intentarlo.

Comience haciendo que el niño cierre los ojos y se siente un cierto tiempo sin hacer ningún ruido. Los niños de tres o cuatro años no durarán así más de unos pocos segundos, pero lo pueden hacer y su éxito suele ser para ellos un motivo de gran orgullo. Al cabo de un año o poco más, estos breves momentos pueden ampliarse y entonces es posible introducir algunas técnicas de meditación que acompañen el simple hecho de estar sentados.

Lo que realmente es útil en el ejercicio de aprender a estar sentados es que, además de tranquilizarles y prepararles el camino para la oración y la meditación en serio, les ayuda a cultivar un sentido de *la mente domina el cuerpo*. Esto, como saben muy bien desde hace tiempo las comunidades religiosas, es la habilidad más importante que puede adquirir cualquiera que esté interesado en el desarrollo espiritual.

A largo plazo, mientras que la fuerza y la resistencia prepararán al niño para una vida activa en el hogar y en público, el control de los sentidos y de los deseos físicos contribuirá a un objetivo mucho más importante, el de trascender enteramente el cuerpo y reunirse con el espíritu santo que hay en su interior. Cualquier educación interior inteligente debería tener muy en cuenta esta idea tan esencial: que el cuerpo físico, como maravillosa y misteriosa obra de la inteligencia divina, no es más que un vehículo para algo todavía mucho mayor. «Digo que un hombre carece de pasiones –afirma san Simón– cuando su cuerpo es como un caballo para el jinete. Cuando se encabrita y le pide comida, el jinete lo detiene y le hace volver de nuevo a la senda. Cuando mira a su alrededor y descubre hierba, heno y otros caballos lozanos, el jinete le venda los ojos y lo lleva hasta su destino final. Y ese destino es nuestro hogar espiritual. Así debe ser para el alma y el cuerpo del hombre. Así tenemos que ser llevados todos nosotros a casa.»

Cuarta parte

Un hogar con corazón: Espiritualización del entorno del niño

12. En mi habitación

El hogar es donde está el niño. Durante los primeros once o doce años de su vida es donde el pequeño *quiere* estar de modo natural. Las ganas de salir vienen después, durante la adolescencia. Hasta entonces, durante la década formativa, los más jóvenes consideran su casa como el cielo y como un puerto, e incluso como una especie de retrato personal de lo que piensan y sienten acerca del mundo.

Los padres conscientes lo saben y adaptan la casa para que satisfaga esas necesidades. Esa adaptación estimula una vida interior positiva para el niño y una existencia social ajustada o, mejor todavía, ambas cosas simultáneamente. Hay muchas maneras de conseguirlo y en este capítulo se verán algunas de las más eficaces.

En mi habitación

Una de las mejores canciones de los Beach Boys relata que para los niños, cuando se encuentran en baja forma al sentirse frustrados por sus amigos y disgustados con sus padres, hay siempre un lugar donde pueden refugiarse: su habitación. La sabiduría popular sabe que esa habitación es su castillo, aunque sea pequeña y compartida con un hermano. Los padres que quieran sacar provecho de esta circunstancia han de convertir el territorio privado de su hijo en un mundo de paz que insinúe cosas más elevadas. Tenga en cuenta lo siguiente:

● La habitación de los niños debe desprender un sentido espiritual positivo, estar aireada y limpia, con amplias ventanas y paredes de colores agradables. Sabemos por experimentos científicos que la luz y el color en un espacio vital tienen una influencia directa sobre el humor de sus pobladores, y que ciertos colores (amarillos brillantes, verdes y azules claros, en especial) ejercen un efecto inspirador sobre el espíritu humano.

● Algunos padres decoran el techo con nubes o lo llenan de estrellas, planetas y un gran sol brillante.

● Los muebles de plástico, linóleo, metal y formica pueden resultar estéticamente agradables a muchos adultos, pero son fríos. Ya que nuestra vida moderna está muy alejada de la naturaleza, ¿por qué no invertir esa tendencia para nuestros hijos? Utilice muebles que hablen de tierra, de madera y de hojas, sustancias naturales que ayudan al niño a percibir esas fuerzas divinas y no a sentirse exiliado en un mundo sintético y tecnificado.

● Siempre que sea posible utilice decoraciones de tipo orgánico, tales como madera, algodón, tierra o rocas. Cada sustancia natural tiene su propia vibración y envía su propio mensaje invisible, como creen muchos padres orientados espiritualmente. Lo que el niño toca, con lo que juega y aquello que tiene próximo al dormir ejerce efectos sutiles.

● El orden y la limpieza son importantes para el niño a cualquier edad. Comience disponiendo recipientes apropiados para juguetes específicos: un cesto para muñecos, otro para lápices y libretas, otro para construcciones, etc. Esto contribuye subliminalmente a su sentido del orden en el mundo y del bienestar.

● Las fotografías y las pinturas son interesantes y añaden nuevas dimensiones. Pero hay que tener cuidado con las que venden en los comercios. Aunque parezcan inofensivas a ojos de los adultos, por la noche pueden provocar pesadillas en la joven imaginación. La reacción varía de un niño a otro y usted lo sabrá mejor en su caso. Retire cualquier ilustración potencialmente amenazadora.

Las reliquias de familia y los muebles viejos son un objeto apropiado para enfocar cuando se habla de la muerte con los niños. Puede contársele que todas las cosas tienen una edad límite y que esto es un buen ejemplo. Muéstrele varias mesas o sillas viejas e indíquele lo diferentes que son con respecto a las nuevas. ¿Quién las hizo? ¿Recordamos sus nombres? ¿Podemos ver todavía sus rostros? No, no podemos. Murieron y dejaron tras de sí sus obras. Han pasado, lo mismo que estas mesas y sillas. Todo tiene su momento para nacer y para morir.

Decorar la habitación

Aquí sólo su imaginación pone los límites. Si el padre es artista puede decorar las paredes con pinturas, ya sea de un castillo, de un campo con flores o de nubes. El niño puede dejar libre entonces su imaginación con estas pinturas.

Se pueden poner también fotografías de diversos motivos, tales como figuras de la mitología griega o de cualquier otra.

Figuras de plantas y animales son también adecuadas para colgar de las paredes de la habitación del niño, completándose con rocas, puentes, etc.

Lo que el ojo ve, también lo ve el corazón

¿Qué tipo de habitación y de decoración refuerza más la espiritualidad del niño? Imágenes inspiradoras pueden ser bonitos paisajes, figuras mitológicas, escenas de países lejanos, templos, fotografías antiguas, ilustraciones de portadas de libros o revistas, escenas de una granja, imágenes de animales y niños en la naturaleza, dibujos de cuentos de hadas, etc.

Retratos y fotografías familiares conectan al niño con su propio pasado y sus antecesores. Se pueden colocar fotos de los abuelos, de los hermanos y de los padres y suelen resultar eficaces cuando los niños preguntan algo sobre ellos.

Lo que un niño ve por las mañanas y al acostarse por la noche cuenta. Hace poco me han contado una extraña historia de la madre de un niño de diez años llamado Vincent. Cuando la madre era joven, viajó por Rumanía, donde visitó una pequeña catedral en cuyo interior había un crucifijo famoso entre los habitantes locales por sus presuntas virtudes curativas. Compró varias postales. Años después las encontró en un cajón y las colgó en las paredes de la habitación de Vincent. Le explicó que en Rumanía la gente rezaba a la imagen cuando estaban enfermos y que algunos afirman haber sido curados de afecciones graves, tales como la ceguera o el cáncer.

Varias semanas después Vincent contó un sueño a su madre. Muy desconcertado explicó que estaba rezando a la imagen del Cristo (la familia de Vincent no es católica). Dijo entonces que la figura de Cristo descendió hasta él y le dijo que era el Salvador, que Él, Cristo, le cuidaba y que cuando Vincent creciera debía intentar ser un hombre de Dios. «Reza –le dijo la imagen con voz muy clara– y no me olvides.»

¿Era real este sueño?, quería saber Vincent. La madre le dijo que por lo que sabía, las imágenes sagradas tienen a veces un poder misterioso y a veces, si se tiene suerte, este poder sale de la imagen y nos habla. Había oído de tales sueños pero ella no los entendía. Expresó la suerte de Vincent por tener esa imagen mágica en su habitación. El niño estuvo de acuerdo.

Un momento tranquilo en un lugar especial

Todos los niños tienen derecho a la privacidad y al silencio. Más en concreto, tienen derecho a un momento durante el día en que puedan permanecer solos o en la compañía silenciosa de uno de sus padres y simplemente estar.

En casa de David, de seis años, los padres han institucionalizado lo que llaman «el rato tranquilo». Tiene lugar entre cinco y diez minutos antes de irse a la cama. Esta pausa meditativa se celebra en el «lugar tranquilo» de David, que, por propia elección, se encuentra cerca de la ventana de su habitación, en un sitio donde hay varias plantas y un retrato del maestro espiritual de sus padres.

Ésta es una manera excelente de iniciar a las jóvenes mentes en la técnica de volverse hacia su interior y en la disciplina del estarse sentados en silencio. Los padres pueden establecer una costumbre similar con sus propios hijos:

1. Establezca las primeras sesiones cuando el niño es todavía muy pequeño. Una edad de cuatro años es suficiente, aunque algunos padres empiezan antes.
2. Al principio, el rato tranquilo no deberá durar más de entre treinta segundos y un minuto. Incluso un niño de cuatro años puede sentarse tranquilamente todo este tiempo.
3. Manténgalo. Hacerlo cuatro veces a la semana no es demasiado. La idea es ir incorporando al mismo tiempo sesiones de estar sentado de modo que el niño lo espere e incluso lo pida. De este modo, los hábitos contemplativos entran a formar parte de la vida del niño de una manera natural.
4. Hay una forma de este proceso que puede practicarse con niños muy pequeños, aunque de modo abreviado. Se les aproxima uno durante un momento de juego tranquilo, se les distrae y se desvía su atención hacia usted o hacia un objeto interesante. Se les mantiene con la vista fija durante unos cinco segundos y después se interrumpe. Hay que hacer lo mismo varias veces al día y de este modo es como se inicia la concentración. Hazrat Inayat Khan desarrolla este método: «Cuando un niño alcanza la edad de dos o tres años, es muy beneficioso que aprenda a tener momentos de silencio. Se preguntará: "¿Cómo puede enseñarse el silencio?". Un silencio puede enseñarse atrayendo la atención del niño intensamente y esto puede hacerse mediante un ritmo. Si hace determinado ruido dando palmas con las manos, marcando un ritmo o atrayendo por completo su atención, si quiere que sea inactivo, mantenga el estado inactivo durante un momento; puede ser muy beneficioso. Podría convertirse en una especie de educación religiosa o esotérica desde la infancia. Si un niño puede dejar de parpadear y suspender durante unos instantes su respiración y el movimiento de las manos y de las piernas, realiza meditación incluso a esta edad».[1]

13. La elección de los juguetes

En esta era de clones de Barbie y colosales jugueterías es cada vez más difícil saber qué juguetes son adecuados para los niños. Sin embargo, pueden establecerse unas directrices, en especial si los padres están de acuerdo con la creencia de que lo que los niños usan como juguete determina, en cierta medida, lo que serán. Este capítulo contiene algunas sugerencias para evaluar los juguetes desde un punto de vista cualitativo y a veces desde una perspectiva espiritual.

Las apariencias cuentan

Si el juguete es feo y horrible creará una impresión similar en el alma del niño. Se dice que la belleza sólo es de piel para adentro, aunque las leyendas afirman a veces lo contrario. «Dios es belleza y Él ama lo bello», dijo al parecer Mahoma. Platón afirma en *La República*: «Dejemos que nuestros artistas sean quienes disciernan la verdadera naturaleza de la belleza y la gracia. Entonces nuestra juventud morará en un país saludable, en medio de sonidos y vistas hermosas y recibirá el bien en todas las cosas: y la belleza, el resultado de las buenas obras, fluirá en los ojos y los oídos, lo mismo que la brisa saludable procedente de una región más pura, e insensiblemente arrastrará el alma desde los primeros años hacia el parecido y la simpatía con la belleza de la razón».

Pregúntese a usted mismo:

- ¿Son armoniosos los colores del juguete? ¿Son agradables sus proporciones? ¿Es robusto y está bien hecho? ¿Parece haber sido diseñado por alguien que realmente está preocupado por los niños o es simplemente otro producto de la cadena de montaje?
- ¿Tiene el juguete notas de belleza o sabiduría inherentes a él, en sus materiales, en su forma y superficies, en el uso al que lo puede destinar el niño? ¿Enseña alguna lección de equilibrio, inteligencia, afecto, discriminación, valores? ¿O simplemente está ahí y hace mono?
- ¿Si el juguete es una figura o un muñeco, es su expresión benevolente y confiada o tiene un rostro de autómata? Los muñecos con cara de máscara, como autómatas, susurran a los niños que su propia cara tiene que tener el mismo aspecto. Quizás no sea un accidente que el aspecto de muñeca Barbie se haya convertido en una norma de belleza femenina hoy entre las varias generaciones de mujeres que crecieron jugando con esas figuras.

Hannah, madre de tres niños, recuerda el efecto decisivo que tuvo su muñeca preferida sobre sus emociones cuando era muy pequeña. «Cuando era un niña en Missouri, había multitud de prejuicios a mi alrededor en contra de la gente de color. Estaban por doquier. En esa época había un programa radiofónico muy popular y una empresa de juguetería sacó al mercado una muñeca negra de nombre parecido al del protagonista de ese programa. Pedí a mi madre que me la comprara y, después de rogar durante meses, finalmente me la dio.

»Cuando tuve la muñeca en casa se convirtió en mi favorita. La conservé durante años, a pesar de que su cabeza se rompió en varios puntos, perdió un brazo y casi todo el pelo. Me dormía todas las noches con ella y le susurraba mis secretos. También me las arreglé para crecer en un vecindario lleno de prejuicios, sin desarrollar ninguno de los sentimientos negativos contra los negros que tenían la mayoría de mis compañeros de escuela. Sigo creyendo que una de las principales razones es porque amaba y cuidaba muchísimo a esa pequeña muñeca negra.»

Una opinión musulmana sobre los juguetes

Aunque padres y educadores suelen descuidar el énfasis sobre el elemento cualitativo en la selección de los juguetes, su importancia la han recalcado diversos grupos de orientación espiritual, entre ellos la Asociación de Estudiantes Musulmanes de Estados Unidos y Canadá, que agrupa a los musulmanes emigrados a Norteamérica. El objetivo de esta organización es ayudar a los fieles musulmanes a mantener su integridad religiosa mientras viven en una sociedad con valores totalmente diferentes a los suyos. En un folleto que publica, se pone especial hincapié en la importancia espiritual de los juguetes. Aunque escrito desde un punto de vista musulmán, es interesante también para todos los padres con mentalidad espiritual:

> ¿Qué tipo de juguetes compraremos los padres musulmanes a nuestros hijos? Deberemos guiarnos en general por las necesidades e intereses del niño, recordando que un juguete bueno y fuerte es mejor que una docena de otros más baratos, que se usan una vez y pronto quedan relegados... No es necesario tampoco que nos limitemos a los juguetes comerciales. La madre que tenga tiempo, interés y habilidad puede hacer excelentes elementos de juego para sus hijos, sobre todo aquellos que les despiertan la sensación de ser musulmanes y que les conducen por las vías islámicas del pensamiento. Para estos juguetes caseros, los principales requisitos son la imaginación y la creatividad. Éstas son algunas sugerencias sobre juguetes comerciales interesantes e importantes:
>
> - Juguetes educativos y que desarrollen habilidades para la joven mente en lugar de los que no enseñan sino que simplemente entretienen.
> - Juguetes para construir y diseñar, duraderos y que puedan usarse para varios fines.
> - Muñecos y animales que no vulgaricen el rostro y la forma humanos (es decir, una muñeca bebé deberá parecerse a un bebé y no a un adolescente coqueto). Los hay muy atractivos al mismo precio que otros feos y vulgares.
> - Juguetes o equipo para hacer objetos interesantes y bellos, que fomenten la auténtica creatividad y originalidad. Son

preferibles a aquellos otros que ofrecen una «creatividad» sintética tal como los de colores numerados o los de dibujar sobre diseños prefabricados.

- Libros de colores y muñecos de papel que no reflejen valores [no religiosos].
- Instrumentos o equipos científicos que los jóvenes en maduración puedan usar para ampliar sus conocimientos del mundo natural.
- Modelos de diversos tipos que ayuden al niño a adquirir habilidades para hacer trabajos precisos y detallados y a familiarizarse con el funcionamiento de los coches, los aviones, los cohetes, etc.
- Bicicletas, columpios y toboganes, patines y otro equipamiento para jugar al aire libre. Colecciones de rocas, fósiles, conchas y sellos, tarjetas postales y otros objetos de interés. Rompecabezas y juegos de mesa que desarrollan habilidades en lugar de hacer pasar simplemente el tiempo.
- Libros y más libros, tanto de ficción como informativos de buena calidad.

Juguetes que deberán evitarse de forma especial:

- Juguetes que enseñen valores y actitudes no islámicas, tales como muñecos que lleven modas inmodestas y cuyas principales funciones se preocupen demasiado de la ropa o del sexo.
- Muñecos chillones y vulgares que representen la fealdad y lo barato de los seres humanos, o juguetes diabólicos y siniestros y máscaras que degraden la humanidad.
- Los juguetes bélicos en manos de niños pequeños sólo dan como resultado expresiones de violencia.
- Juguetes competitivos o destinados a destruir otros, juegos que enseñen valores o conductas irreligiosas y juegos sin sentido que sólo sirven para pasar el tiempo sin enseñar nada útil.
- La mayoría de los libros de cómics. Todos los juguetes mal hechos que pueden resultar peligrosos para los niños pequeños.[1]

Los juguetes deben servir para algún fin

Los mejores juguetes son los que estimulan la mente y las emociones del niño, que le inspiran crear, servir, experimentar, etc. Entre ellos están los cuadernos de papel, carboncillos, lápices, muñecos, libros, pinturas, construcciones, rompecabezas, casitas de muñecos, instrumentos musicales, pelotas, muñecas tradicionales, triciclos, pizarras, tiendas de campaña, etc.

Aunque los juguetes deben desempeñar un papel educativo, guárdese del fetiche del «juguete educativo». Muchas veces no es más que un truco comercial que intenta crear esa necesidad. «¿Podrá mantener mi hijo su ritmo de desarrollo si no le compro el programa de ordenador, o la muñeca automatizada con voz, o esta máquina para aprender a escribir?»

En realidad, cualquier buen objeto de juego educa a los niños. El aprendizaje se realiza de una manera orgánica, pero sólo si consideramos que la educación es un proceso en el que los niños aprenden sobre sí mismos y acerca de su entorno inmediato. Con esta definición, la mayoría de los juguetes que hemos mencionado caen dentro del ámbito educativo.

Por suerte también los hay que les enseñan a ser serviciales y cuidadosos. Un acuario o un terrario son elementos excelentes para enseñar a un niño de más de cinco años a cuidar seres vivientes. A muchos pequeños les gusta tener algún tiesto en su ventana; atienda de inmediato su deseo, aunque al final casi siempre será usted quien lo tendrá que regar y cuidar.

Estos objetos son útiles porque muestran el valor del trabajo, de la actividad y de la belleza. Dicen al niño: es bueno construir, pensar, meditar, cuidar las cosas y apreciar la delicadeza del gran mundo de Dios. La vida es para aprender y esforzarse; la vida tiene sentido *en* el esfuerzo.

A algunos niños les gusta coleccionar objetos de la naturaleza tales como flores, musgos, hojas, insectos muertos, pieles de serpiente, piñas, plantas secas, conchas o cortezas y clasificarlos para que los vean otros. Estas colecciones pueden colocarse en algún lugar de la habitación en que se vean bien.

Los padres pueden contar a los niños a los que les gusta coleccionar estos objetos naturales, que entre algunos pueblos, especialmente los indios americanos, el mundo natural es considerado como una especie de catedral viviente llena de símbolos del

Gran Espíritu. Se les explicará la sucesión del día y la noche, las estaciones, el nacimiento y la muerte, y como muchos pueblos creen que el canto de los pájaros es una plegaria, que las montañas simbolizan la eternidad y que las aguas en constante movimiento se consideran representativas de los fenómenos del mundo en perpetuo cambio.

Los juguetes deben hablar al corazón

Los juguetes deben seleccionarse por su calidad emocional y su valor como entretenimiento. ¿Qué tipo de sentimiento evocarán en el niño? ¿Le hablarán al niño de bondad, afán constructivo y servicio? ¿Son destructivos y violentos? ¿Seductores sexualmente, carentes de amor? ¿Le corromperán?

En el mejor de los casos, los juguetes son consejeros espirituales, actuando su misma forma como espejo de verdades sagradas. Allen Wooten, pedagogo y escritor, afirma que la mayoría de los objetos corrientes esconden lecciones espirituales. Cuidar, lavar y vestir a una muñeca puede enseñar a tener cuidado de las criaturas del universo.

Inténtelo al elegir los juguetes. Póngase durante unos instantes frente a ellos, cierre los ojos e intente sentirlos desde el interior. Deje que le hablen. Escuche su mensaje. El juguete lo ha concebido un pensamiento humano, lo ha diseñado la inteligencia humana y lo ha construido la invención humana. Durante su construcción, algo de su creador ha pasado a él, algo de los pensamientos y de las emociones de quien lo diseñó. Éste es el mensaje que usted escucha ahora. Escúchelo con sus sentidos y después juzgue.

Lo sencillo y escaso es mejor que lo complejo y excesivo

Anime a sus hijos a que inventen sus propios juguetes. Que los hagan con cualquier objeto cotidiano. Un cuenco de madera es excelente para un niño de menos de tres años. Lo mismo que una boca de manguera, una caja vacía o un poco de arena.

La mayoría de los juguetes se compran por debilidad de los padres, pues prestando algo de atención pueden encontrarse en casa mil cosas que diviertan y eduquen a nuestros hijos (de cualquier edad). Además, les suele gustar usar cosas «reales», pues están creciendo entre gente real y van dirigidos hacia fines reales. Uno de los regalos navideños que más bonito he encontrado fue un trozo de tela con cuatro botones cosidos que un niño de dos años y medio preparó en secreto para su hermana de once años. Con frecuencia, cuando más felices están es cuando hacen a nuestro lado una versión modificada de lo que nosotros estamos haciendo.[2]

En algunas regiones de Tailandia y de Birmania no se dan juguetes a los niños hasta que tienen ocho o nueve años. En lugar de eso se les entregan materiales tales como piedras, conchas, papel, paja, trozos de madera, etc. y se les anima a que los construyan ellos mismos. Puede compararse esta aparente «pobreza» de esos niños asiáticos con las habitaciones de los niños occidentales, atiborradas de los juguetes que sus padres les compran. El resultado es, por supuesto, un estado muy poco espiritual.

Para un niño pequeño, una banana, un diamante y una pala de plástico resultan igual de fascinantes. Jugar con agua o cavar hoyos les hace felices. El mundo entero es su juguete y muchas veces los padres se preguntan por qué se han gastado tanto dinero cuando luego se entretienen con otras cosas.

Es más tarde, cuando tienen ya entre cuatro y seis años, cuando desaparece esa capacidad de entretenerse con las cosas más simples y es sustituida por la búsqueda de nuevos entretenimientos.

Entonces los padres deben poner gran cuidado en seleccionar los juguetes, pensando primero qué es lo que van a pedir. Deben evitar que los niños se vean abrumados por la publicidad y han de animarles a que jueguen con otros niños cuyos padres mantengan una filosofía similar. Es mejor también que no acudan a los grandes supermercados de juguetería y en lugar de eso busquen en tiendas pequeñas y especializadas, donde se pueden encontrar juguetes muy apropiados.

Deje espacio para la imaginación de su hijo

Rudolph Steiner afirma que para que un juguete cumpla su misión debe dejar siempre algo a la imaginación del niño. Cree que los mejores muñecos son aquellos cuyos rostros no están bosquejados del todo: puntos en lugar de ojos y una línea curva para la boca es todo lo que hace falta. Los poderes de la mente infantil completarán el resto, creando ojos, orejas y bocas. De este modo se fortalecen y amplían sus facultades de percepción.

Lo mismo rige, por ejemplo, para los vehículos. Un coche de plástico que presente hasta el más mínimo detalle puede gustarles, pero, igual que la televisión o un cómic, deja poco margen a la imaginación. Es mejor un coche de madera sencilla con algunas de sus características principales marcadas. A partir de ahí, el niño lo convertirá en un coche de carreras, un camión, un vehículo espacial o, simplemente, en un coche. Así se ejercen las facultades creativas. Más tarde, ese mismo poder de imaginación y visualización se usará para la plegaria y la meditación.

Que todos los juguetes sean apropiados a la edad

¿Qué juguetes son los mejores para cada edad? Damos aquí algunas directrices:

Lactantes

Los más apropiados son aquellos que desarrollan las capacidades de aprehensión y los que sirven para morder, sobre todo los de fibra y de madera. Al ser éste el momento en que comienzan a explorar el mundo ponga a su disposición los cuatro elementos. Los juguetes hechos con objetos naturales, tales como agua, madera, arcilla y paja, desarrollan el sentido del tacto y les introducen a la química del universo. En la bañera, unos trozos de madera y unas esponjas son perfectos.

Hasta tres años

Les gustan los objetos comunes de la casa y de la cocina. Procure que los materiales sean naturales y suaves: cucharas de madera, frutas, hortalizas, harina, cajones con arena limpia. A los niños de esta edad les encantan las cajas de cartón grandes y los animales de madera provistos de ruedas. Hay que retirar de su alcance todos aquellos objetos afilados o tan pequeños que se los puedan tragar.

Tres y cuatro años

Todo lo anterior sigue gustándoles, pero sus horizontes se van ampliando. Ya se les pueden dar ceras, carboncillos y lápices, algo de arcilla, papel de colores, tijeras y papel de dibujo. A esta edad les gusta mucho disponer de un área de trabajo para sus empresas creativas. Un pupitre o un espacio pequeño con cajones es suficiente. También es bueno el equipo para hacer ejercicio físico, así como triciclos, bloques de madera, trenes, instrumentos musicales y radiocasettes donde puedan escuchar cuentos apropiados para su edad.

Cuatro a seis años

Lo mismo, pero más sofisticado. Rompecabezas más complicados, construcciones más complejas, muñecos, tablones con letras magnéticas, juegos de médicos y enfermeras, tablones con figuras en miniatura de todo tipo, etc. Las casas de muñecas son todavía demasiado avanzadas para esta edad y no las apreciarán hasta más tarde.

A esta edad les gusta mucho construir cosas, desde una nevera a una estufa, que los padres pueden recortar en cartón y ellos completarán con todos los detalles. Pueden comenzar ya con juegos de mesa, como el dominó. Con mantas y sábanas pueden construirse tiendas de campaña y casas.

Siete a once

Pregresivamente más avanzados. Alrededor de los siete años pueden comenzar a trabajar con juguetes de ciencia tales como imanes, microscopios, telescopios y prismáticos, que resultarán mucho más fructíferos a partir de los ocho o nueve, dependiendo de sus inclinaciones. A esta edad comienza a despertarse el sentido de la admiración y la ciencia suele ser el mejor método para satisfacerla. Sin embargo, manténgase alejado de la alta tecnología y en su lugar concéntrese en la ciencia como una puerta a las maravillas de la creación divina.

Pueden comenzar con juegos de mesa más complejos. También se ampliará la caja de herramientas a la que tengan acceso, permitiéndoles que construyan estantes, mesas o cajones. También pueden construir muñecos, muebles en miniatura, etc. y modelar con arcilla, encuadernar libros, hacer mosaico y marroquinería, grabado en linóleo y trabajos de punto.

A partir de ahora, los juguetes con los que juegan les comenzarán a preparar, en buena medida, para su vida adulta, y deben seleccionarse y adquirirse de manera acorde a esa función.

14. Hacer del hogar tierra sagrada

Una familia que quiera educar a sus hijos de una forma devota convertirá la vivienda en una especie de santuario. No literalmente, por supuesto, sino psíquicamente: un lugar humilde y reverente donde los de fuera sientan la presencia de algo limpio y austero, algo esencialmente bueno.

Esta antigua idea de que el hogar familiar es tierra sagrada y que su disposición refleja en cierta manera misteriosa el cosmos que le rodea, parece una visión difícil para nuestra mentalidad moderna. Sin embargo, en muchas otras civilizaciones se sigue tomando al pie de la letra. En muchos pueblos sigue existiendo la costumbre de entrar a la vivienda por un lugar determinado y de orientar las ventanas hacia los cuatro puntos cardinales, que simbolizan los cuatro elementos. El fuego que arde lentamente simboliza la llama sagrada que arde en el corazón de todos los seres humanos. Cuando se reza delante de él, se reafirma el propio hogar y toda la comunidad.

Henry Coyote Viejo, recordando el simbolismo oculto de las viviendas de los indios crow, afirma que «cada parte de la tienda tiene un significado».

En muchas otras civilizaciones tradicionales encontramos creencias similares de que el hogar es un modelo en miniatura del mundo y que, según el viejo código hermético, «aquello que está arriba en los cielos es también igual a aquello que hay abajo en la tierra». Así que hay infinidad de precedentes para hacer de su vivienda familiar algo más que un lugar donde dormir y comer.

Música

Además de su valor como entretenimiento, la música proporciona sutiles mensajes espirituales que no pueden transmitirse con las palabras. Los tonos que se escuchan, por ejemplo, en una quena peruana, comunican siglos de dolor e implican también una especie de nobleza, entusiasmo por la vida y paciencia. Los espirituales negros nos hablan de la injusticia y de la creencia en un mundo mejor que ha de venir. Los ritmos sincopados del jazz insinúan la variabilidad del universo y de la ilusión que subyace en nuestro sentido asumido de un mundo inmutable.

¿Qué tipo de música transmite mejor los mensajes que usted quiere que sus hijos escuchen? Para decir la verdad, los más pequeños encuentran a Bach, Beethoven, Brahms y compañía demasiado complicados (aunque haya algunas excepciones). Sin embargo, a muchos niños les entusiasma la música clásica ligera, desde valses, polkas y marchas hasta obras románticas de finales del siglo XIX.

Una selección de composiciones clásicas ligeras que evocan estos sentimientos y que los niños escuchan a menudo con deleite, es la siguiente:

Suite Cascanueces y *Obertura 1812*, de Chaikovski
El aprendiz de brujo, de Dukas
El carnaval de los animales, de Saint-Saëns
Una noche en el monte Pelado, de Mussorgski
Pedro y el lobo, de Prokofiev
Obertura del carnaval romano, de Berlioz
Billy el Niño, de Copland
Suite del Gran Cañón, de Grofé
Obertura de Guillermo Tell, de Rossini
Rapsodias húngaras, de Liszt
Scheherazade, de Rimsky-Korsakov
El pájaro de fuego, de Stravinsky
Música acuática, de Händel
Rapsodia en Blue, de Gershwin
Suites de Peer Gynt y *Concierto para piano en La menor*, de Grieg
Sinfonía del Nuevo Mundo, de Dvorak
La Gaîté parisienne, de Offenbach

Cualquiera de las oberturas de Rossini goza de gran aceptación entre los niños. También la música de banjo, de flauta, algunas bandas populares, ciertas formas de jazz (pero sólo en los mayores) y operetas tales como *El Mikado* y *Los piratas de Penzance*, de Gilbert y Sullivan.

Lo mismo sucede con buena parte de la música folklórica, no sólo occidental sino también de países más lejanos.

La música de una naturaleza específicamente espiritual, como pueden ser el canto gregoriano, los gongs budistas, los ragas hindúes o similares, parece demasiado extraña y cacófona para los más pequeños. De todas formas puede hacerse la prueba. Hay niños que responden muy bien a este tipo de música.

Paul Horn ha grabado solos de trompa en todo el mundo, incluyendo las pirámides, catedrales góticas y el Taj Mahal. Su música resulta a veces lo suficientemente melódica como para atraer la atención de los niños. Lo mismo sucede con las obras de Paul Winter (puede intentarse con *Common Ground* o *Icarus*).

La música de la New Age es un nuevo género que se presenta en varios estilos y grados de calidad. Se la encuentra por doquier. La música de Stephen Halpern (*Crystal Suite* y *Dawn*) resulta relajante para algunos niños y puede ayudar a que los más intranquilos pasen una buena noche. También valen la pena las obras de Acoustic Alchemy (*Natural Elements* y *Red Dust and Spanish lace*). Lo mismo sucede con los deliciosos sonidos de David Naegele, en especial *Dreamscapes – Higher Consciousness Music*. Existen también multitud de grabaciones que recogen sonidos de la naturaleza (como el de un arroyo de montaña), que resultan muy relajantes.

Aunque la anterior lista es sólo una muestra, podrá sorprenderse agradablemente de lo bien que responden los niños a música poco habitual, en especial después de haberla escuchado varias veces. La música étnica es otro aspecto de gran interés, que puede introducir de manera sutil en los pequeños el esplendor de antiguas culturas.

Los libros en el hogar

Tenga buenos libros a su alrededor. Poseen sus propias vibraciones y sus influencias benévolas. El niño puede mirarlos o no.

Da igual, los libros impartirán su marca silenciosa, en especial los sagrados. Tenga libros en sus estanterías sobre construcción de carreteras y joyas, sobre la nieve y el hielo, sobre soldados, ordenadores, Egipto, muebles antiguos y sobre cómo nació Occidente; libros grandes, diccionarios, gramáticas, enciclopedias con infinidad de imágenes bonitas, libros sobre herramientas y peces tropicales, cuentos de hadas, guías de roedores, biografías de grandes hombres y mujeres, sobre deporte, sobre el cielo y el infierno. Guarde libros viejos, encuadernados en cuero, como recuerdo del pasado. Libros de ciencia, música, arte, filosofía y naturaleza. Libros, libros y libros. Tenga libros.

Lo mismo sucede con las revistas del tipo del *National Geographic*, que durante un siglo han mantenido el interés hacia países exóticos. Revistas sobre naturaleza, viajes, ciencia, etc. Busque las que mejor le parezcan y suscríbase a ellas. La idea de todo esto es que haya buen material de lectura en la casa. Los niños aprenden mejor por ósmosis.

Animales de compañía

Los animales también son gente, según afirman algunos dichos, y pueden añadir al hogar un feliz sabor emocional. Aprender a responsabilizarse de ellos es una buena práctica y un excelente medio para introducir a los más pequeños en el ideal de servicio. Y no hay ninguna duda que el amor hacia un animal puede abrir el corazón de un niño.

Pero hay también algo más que deben tener en cuenta los padres que tratan de educar a su hijo con sentido de la perspectiva espiritual. Mucha gente con objetivos espirituales no siempre está de acuerdo en que tener animales en casa sea beneficioso para los niños. Los animales son inevitablemente sucios y destructivos. A menudo causan alergias y a veces incluso enfermedades. Tener sus excrementos en el comedor no es, lo admiten incluso los más acérrimos amantes de los animales, un buen mensaje para los niños, y hay algo degradante para el espíritu humano en tener que limpiarlo. Además, los niños pueden aficionarse tanto al animal que los otros miembros de la familia pasan a un plano secundario a sus ojos.

Esto no es para desanimar a quien quiera tenerlos, sino para poner las cosas en su sitio. Desde un punto de vista espiritual, los padres deben explicarles a sus hijos que, de verdad, los animales *no son* personas. Son *animales*. Pertenecen a un orden de la creación distinto y, tal como enseñan todas las disciplinas espirituales, sus posibilidades de alcanzar una conciencia superior son limitadas en comparación con las del género humano. En consecuencia, no deberán ocupar en nuestros afectos el lugar tan alto que reservamos a nuestros congéneres.

Los padres procurarán no ser demasiado cariñosos con los animales frente a los pequeños, ni hacerles las mismas manifestaciones de afecto que a ellos. Los niños pueden desconcertarse también al ver a sus padres pasar de largo de un pobre y gastar dinero en comidas especiales para el gato o el perro.

Un perro, un gato o un conejo son representantes pacíficos del reino animal en su propio hogar. Darán una atmósfera especial y hay que tratarles con cuidado y respeto, pero no el mismo que se da a los seres humanos.

Aprecio de la naturaleza

Los niños poseen todavía la capacidad de darse cuenta súbitamente del valor de cosas en las que a menudo nunca repararon. Los padres harían bien en fomentar este sentimiento y en interesarles más en la exploración de la belleza de los reinos orgánicos que nos rodean.

Escuchar el canto de los grillos una noche de verano y percibir con intensidad la sinfonía de la naturaleza, puede ser muy gratificante para los niños. La experiencia se convierte en una especie de meditación, más satisfactoria si la realiza toda la familia junta.

Algunas familias van al campo de excursión llevando guías con las que identificar las flores silvestres. Otros buscan hierbas medicinales. Las recogen, las secan, las etiquetan y las utilizan después como medicina para afecciones leves. Tales excursiones son una excelente vía para mostrar a los pequeños los principios de la medicina natural. Lo importante en los paseos por la naturaleza es que los niños queden expuestos a la belleza y que aprendan de ella.

Conversación

Otro aspecto que puede hacer brillar el entorno hogareño es la buena conversación. El tema ya se abordó en el capítulo 2; aquí simplemente quiero recordarle que cuando usted hable sus hijos le escucharán, aunque parezcan estar a miles de kilómetros. Esto significa que una conversación espiritual puede ser un alimento para las personas que vivan en ese hogar.

La conversación no tiene que centrarse necesariamente sobre temas religiosos para despertar las mejores partes de un niño. Puede referirse a cualquier cosa inspiradora, cuestiones que estimulen el sentido del enigma y la aventura, el deseo de explorar y experimentar, de aprender e ir hasta las fronteras de la comprensión. Incluso conversaciones sobre arte, invenciones, naturaleza, animales, viajes, el último milagro de la ciencia o visitantes de otros planetas son adecuadas. Aquí van algunos aspectos a tener en cuenta:

- La hora de la comida es un momento excelente para las conversaciones familiares, para comentar las incidencias de la jornada, en la escuela, las noticias o incluso los sentimientos que se han experimentado ese día. Los padres no deben temer hacerse vulnerables a sus hijos en esos instantes. La atmósfera de partir juntos el pan es sagrada. Ahora es el momento de hablar con el corazón.
- Asegúrese de que los niños participan. Escuche lo que dicen. Míreles a los ojos cuando hablan. Hágales preguntas. Demuestre que sus ideas son valoradas y que ustedes se preocupan de lo que piensan y sienten. Deje que se mezclen en las discusiones de la familia.
- Piense en temas que tienen un interés espiritual inherente para el niño e introdúzcalos durante las reuniones. Incluso una charla sobre el tiempo puede tomar un giro espiritual: ¿Qué hace que llueva? ¿Por qué las estaciones sufren esos cambios? ¿Es verdad que la danza de la lluvia de los indios atrae la lluvia?

Hablar no cuesta dinero, pero la charla puede ser sagrada. Lo mismo que todas las cosas en el mundo, depende de lo que se diga, de quién y por qué lo diga, y de quién está escuchando.

15. Educar sobre la noción de la muerte

Un hogar espiritual deberá ser un lugar feliz y positivo. Pero deberá ser también veraz. Por sí misma, la noción de la muerte asusta a los niños tanto como lo hace a los adultos, y los pequeños a menudo la niegan, como los adultos. Pero en algún momento de su línea espiritual se encontrarán con esta realidad y es deber de los padres que ese encuentro sea sensato y dentro del marco seguro del hogar. La muerte, después de todo, es un tema tan espiritual como la vida y merece todos los honores como una cuestión religiosa. Durante los últimos cincuenta años se ha investigado mucho acerca de la visión infantil de la muerte y, aunque no existen todavía certidumbres absolutas, comienzan a conocerse los rasgos generales. Quizás el estudio más importante realizado en este campo, y que continúa influyendo profundamente en la teoría sobre la educación acerca de la muerte, fue el de la psicóloga húngara María Nagy, en 1948. Trabajando con unos 400 niños de edades comprendidas entre los cuatro y los diez años en el Budapest de la postguerra, les dio papel, lápiz y pinturas y les dijo que dibujaran imágenes de muerte y que completaran historias sobre sus creaciones.

Uno de los resultados de estas pruebas, y quizás la principal aportación de Nagy, fue demostrar que los niños no son ajenos a la muerte, como a menudo se supone, y que forma parte de su conciencia cotidiana. Las diferencias radican en el modo de integrarlo en la conciencia a las distintas edades.

Los niños muy pequeños, afirma Nagy, entre los tres y los cinco años, perciben la muerte como una transición o un viaje, aunque no están seguros de qué tipo. Los muertos están en cierto sentido «menos vivos» que las personas vivas, pero no han desaparecido del todo. Nagy registra la siguiente conversación:

ADULTO: ¿Cómo sabes si alguien está durmiendo o está muerto?

NIÑO: Lo sé si se van a dormir por la noche y no abren los ojos. Si alguien se va a la cama y no se levanta, está muerto o está enfermo.

ADULTO: ¿No se despertará nunca?

NIÑO: Nunca. Una persona muerta sólo sabe si alguien va a la tumba. Siente que ese alguien está allí, o está hablando.

ADULTO: ¿Estás seguro? ¿No te equivocarás?

NIÑO: No creo. En los funerales no te dejan cantar, ni siquiera hablar, porque si no la persona muerta no podría dormir tranquilamente. Una persona muerta lo nota si ponen algo sobre la tumba.

ADULTO: ¿Qué siente entonces?

NIÑO: Siente que se colocan las flores sobre la tumba. El agua que toca la arena. Lentamente, lentamente, oye todo.

En la mente de un niño pequeño la muerte vuelve sin contradicción, apareciendo y desapareciendo como los soldaditos de plástico en un juego. La muerte es un hecho. Pero es también algo no permanente, realmente una especie de sueño, y de hecho los niños muy pequeños consideran ambas cosas casi idénticas.

Entre los cinco y los nueve años su idea de la muerte madura considerablemente. Lo ven ahora como el final para otras personas, pero *no* para ellos mismos. Sólo él, entre todos los seres humanos de la Tierra, escapará.

No es raro oír a niños de siete u ocho años haciendo planes para vivir cien años, que desde su perspectiva es una eternidad, o declarar que para cuando ellos hayan crecido, la ciencia habrá «vencido» a la vejez. El niño comienza a reconocer comienzos y finales irreversibles, pero es un reconocimiento condicional que cree que no pertenece a su propio destino.

Otro aspecto fascinante de la opinión de los niños de más edad, según Nagy, es que consideran la muerte como una especie de *ser* cuasimístico, no tanto una experiencia como una presencia animística. Las historias de fantasmas se vuelven especialmente populares, lo mismo que las películas de terror y todos los medios que retratan la muerte en términos personificados. Ven la muerte como un invasor del espacio, un secuestrador, cualquier figura siniestra. Esta figura no es infalible ni omnisciente y sólo los niños estúpidos caen en la trampa. Lo mismo que en los cuentos de hadas y en los mitos, se puede engañar a la muerte con algún truco, escapar de ella o incluso matarla. La propia muerte es mortal.

Por último, hay una etapa final, desde los nueve a los doce o trece años, en que el niño pasa al comienzo de la adolescencia. En esta fase se produce la acomodación con lo inevitable. La muerte se percibe ahora como universal (todo el mundo muere, incluso uno mismo), irreversible (el tiempo se mueve en una única dirección) e interna (no procede del exterior sino que se llega a ella a través de un proceso biológico).

Hablar con los niños acerca de la muerte

¿Dónde y cómo iniciar el tema de la muerte con los niños desde una perspectiva espiritual?

Irónicamente, la mayoría de los niños actuales están bastante acostumbrados a ella a través de la televisión, los periódicos o las canciones de muchos grupos de rock y, especialmente, mediante la amenaza de aniquilación colectiva por un apocalipsis nuclear, militar o ecológico. Junto al sexo, probablemente no hay ningún otro tema al que estén más frecuentemente enfrentados los niños en nuestra sociedad que la muerte.

Pero lo están de los modos más peculiares. A diferencia de los niños de hace cien años, por ejemplo, que experimentaban con frecuencia la desaparición temprana de hermanos o el fallecimiento en casa de sus abuelos, casi ninguno de los actuales ha visto un cadáver.

Esta sobreexposición a la imagen de la muerte, pero falta de exposición a su realidad palpable, produce en el niño una idea de ella que es a un tiempo malsana y fantástica. A todo esto se añade la manía actual en contra de hablar de estos temas en presencia de los niños o incluso de admitir su existencia. El niño no sólo tiene que luchar contra el difícil concepto de la muerte, sino también con las contradicciones y evasivas que encuentra. Se le dice que es una presencia que nos amenaza constantemente y que la debe temer, o bien que no existe, no se piensa en ella ni se la menciona.

Por consiguiente, la primera obligación de un padre orientado espiritualmente es romper ese muro de confusiones y hablar con claridad. Damos a continuación algunas directrices que sirven como base de operaciones en esta tan delicada cuestión:

1. Desde un punto de vista espiritual, lo primero y más importante al hablarle al niño acerca de la muerte es no pretender tener la última palabra. Hay que explicarle que es un gran misterio –el mayor de todos, realmente– y que los padres no pueden dar una respuesta definitiva. Si el niño plantea preguntas a las que no se puede contestar, admita que no lo sabe. Respetará esa respuesta y llegará también a sentir algo del gran misterio.

Cuando era pequeño, yo solía preguntar a mi padre infinidad de cosas. Unas de las respuestas que más recuerdo y que, a pesar de que él era agnóstico, me inclinaron a interesarme por las cuestiones espirituales, fueron las que me daba al preguntarle sobre lo que me pasaría después de morir. Sonreía misteriosamente, hacía una pausa y respondía: «Nadie lo sabe».

2. Evite dar excesivas explicaciones técnicas. Los niños son incapaces de escuchar prolongadas teorizaciones. Es mejor darles una explicación breve en forma de cuento: El abuelo se puso enfermo. Fue al hospital donde todos le visitamos. Se puso tan enfermo que le fue demasiado difícil seguir viviendo, así que murió. Su alma abandonó el cuerpo y fue a algún lugar.

3. No dé detalles espeluznantes. Algunos grupos religiosos suelen dar descripciones realistas de la forma en que el cuerpo se descompone en la tumba y se lo comen los gusanos, y aunque puedan fascinar a los niños hay muchas pruebas de que producen también fijaciones neuróticas. Evite tales aspectos y mantenga las perspectivas, asegurando a los niños que los cuerpos muertos no sienten nada de lo que sucede a su alrededor, que lo natural del cuerpo es que se descomponga lo mismo que la hierba o las hojas, y que lo que procede de la naturaleza siempre vuelve a ella.

4. Diríjase a intereses emocionales concretos. Un niño pregunta sobre la muerte porque tiene temor, otro por curiosidad intelectual, malsana o religiosa. A veces son todas estas consideraciones las que les motivan, pero siempre predomina alguna de ellas. Averígüelo y satisfaga ese deseo lo mejor que pueda.

5. Los niños no dicen siempre las cosas directamente. Esas evasivas no son exactamente mañas, sino que el pequeño no sabe articular o expresar lo que le preocupa.

Un caso que viene a cuento aquí es el de un técnico hospitalario que trata diariamente con la muerte. Un día, al volver por la tarde a su casa le dijeron que su hijo de cinco años le esperaba en la sala para hablar con él. Le encontró sentado con una expresión seria poco habitual; explicó que esa tarde había matado casi intencionadamente a una cría de topo tirándole una piedra. Aunque lo intentó no pudo reavivarla. ¿Podría su padre devolverla a la vida? Sacó de su bolsillo el animal aplastado, lo colocó sobre una mesa y miró con expectación.

El padre inició un largo discurso sobre el proceso fisiológico de la muerte y por qué era imposible resucitar a ninguna criatura después de que había perdido la vida. Cuanto más hablaba, más intranquilo estaba el chico, hasta que saltó, corrió hasta la ventana y comenzó a hablar de otras cosas.

El padre creyó que la cuestión estaba zanjada, cuando el niño rompió subitamente a llorar, preguntando entre sollozos: «¿Vendrá Dios y me tirará piedras?».

El hecho es que el niño no deseaba en absoluto saber nada de la muerte en términos de un libro de texto. La cuestión real era si *él* moriría y si Dios *le* castigaría por haber matado al topo, y si recibiría el mismo tratamiento que él había hecho. Resumiendo, suplicaba fe: «¿Estoy seguro? ¿Me sigue queriendo Dios? ¿Sigue bien mi vida?». No tenía nada que ver con teorías o filosofía, sino con temores, necesidades y sentimientos.

6. No tenga ideas preconcebidas de cómo el niño reaccionará al tema de la muerte. Algunos padres se preocupan en exceso sobre el modo de decir las cosas correctamente. Si después de hablarles con franqueza del fallecimiento del abuelo parece que no están afectados, eso no significa necesariamente que no estén conmovidos, sólo que muestran sus sentimientos de un modo distinto a los adultos.

7. Al dar explicaciones religiosas sobre la muerte, los padres deben elegir sus palabras con extremo cuidado. Es mucho mejor decir: «El abuelo creía que era el momento de abandonar la Tierra y volver a su lugar junto a Dios», en lugar de: «Dios ha venido y se ha llevado al abuelo». Recuerde que los pequeños escuchan literalmente todo lo que se les dice, sin dar el beneficio de la duda ni conceder licencias poéticas. No suponga que van a entender simbolismos celestiales o completar lo que se dice en sentido figurativo como hacen los adultos.

Que todas las discusiones sean concretas. La mayoría de los niños de menos de seis años tienen dificultades con las ideas abstractas y la filosofía. Vaya a los hechos. Hábleles sobre la muerte a su propio nivel. Evite asumir un tono de superioridad. La siguiente conversación es un ejemplo de que puede ser sencilla y al mismo tiempo informativa. Es a un nivel de cuatro o cinco años y puede variarse en función de la edad:

HIJA: Papá, ¿se ha muerto el pájaro?

PADRE: Sí, se ha muerto.

HIJA: ¿Muerto? ¿Adónde se ha ido?

PADRE: Probablemente ha muerto porque era muy viejo. No sé adónde ha ido, porque no sabemos esas cosas. Pero si quieres saber lo que yo *creo* que ha pasado, *creo* que su alma ha vuelto al sitio de donde procede, junto a su Creador. Junto a Dios.

HIJA: ¿No puedes explicarlo más?

PADRE: No, no puedo.

HIJA: ¿Me moriré yo?

PADRE: Algún día, pero será dentro de tanto tiempo que no tienes que preocuparte. Y cuando suceda probablemente estarás preparada. Éste es uno de los motivos por el que los adultos van a la iglesia, para prepararse para morir algún día. Por lo que he leído en [dé el nombre de un libro sagrado], no es tan malo morir, especialmente si has llevado una vida buena.

HIJA: ¿Por qué parece tan gracioso el pájaro?

PADRE: Cuando alguien muere se queda muy tranquilo y en paz. Desde el momento en que ha muerto ha comenzado a volver a la naturaleza, a la hierba y a los árboles, por lo que podrá volver a ser parte de la tierra. Esto es lo que está haciendo ahora y es el motivo por el que tiene ese aspecto tan extraño. No siente ningún dolor ni ninguna infelicidad.

HIJA: ¿Tú te morirás? ¿Y mamá?

PADRE: Probablemente tendrá que pasar todavía mucho tiempo, hasta que hayas crecido. Entonces ya podrás cuidarte por ti sola. Mamá y yo haremos todo lo que podamos para asegurarnos de que estés bien.

HIJA: ¿Por qué se mueren las cosas?

PADRE: Así son. Todo nace, vive durante un tiempo y después muere. Algunas personas se pasan toda la vida tratando de entender esta idea. Quieren hablar a Dios directamente y aprender de Él el misterio de la muerte. Por eso rezan y meditan e intentan oír Su voz. Se les llama personas religiosas. Procuran por todos los medios entender por qué hemos nacido y por qué morimos. Quizás algún día tú seas una de esas personas.

HIJA: Papá, no puedo dejar de pensar en el pájaro muerto.

PADRE: Lo sé. Es desconcertante. Quizás sientas miedo de que lo que le ha sucedido al pájaro te pase a ti. Pero no es así. La muerte no les suele suceder a los niños. Es una cosa que viene mucho más tarde, cuando ya estás preparado para ello. Y recuerda que tu madre y yo, tus abuelos y todos tus amigos te queremos mucho. Todos estaremos aquí contigo y te protegeremos.

16. La cuestión de la televisión

Ya conoce los datos que se publican: la enorme cantidad de horas que pasan los niños delante del televisor. Se ha demostrado que los preescolares se vuelven antisociales al cabo de dos o tres horas de ver programas violentos.

Está demostrado que la televisión tiene un enorme efecto perturbador sobre las mentes juveniles y que incluso «inofensivos» dibujos animados provocan ansiedad. La próxima vez que vea un grupo de niños de cuatro años ante una película de Tom y Jerry, obsérvelos con cuidado. Cada vez que el gato caza al ratón con un cuchillo, los niños cierran el puño y aumenta el ritmo de su respiración. Cuando la bomba estalla y saca los ojos del bulldog, los niños reaccionan con algo entre una carcajada y un chillido.

Una niña de tres años hizo preguntas a sus padres sobre una escena que había visto casi hacía un año en una película de Bugs Bunny, hecha en los años cuarenta y en la que un grupo de ratones malos capturaba a Bugs, lo ataba a una parrilla con cientos de pequeños alambres y lo metía en un horno, mientras sonaba una marcha fúnebre. «Por qué querían herir a Bugs Bunny? ¿Dónde iban a asarle, papá? ¿No duele que lo asen y se lo coman mientras que todavía está vivo?»

Responder «Es sólo un cuento» o «No te preocupes, sólo hacen creerlo» es eludir la cuestión. La línea entre verdad y ficción en los niños pequeños es muy delgada, aunque se presente a través de un medio tan evidentemente fantástico como es una película de dibujos. Los niños de menos de cinco años de edad viven en un estado continuo de incredulidad suspendida. Lo que ven y oyen es lo que creen. Si películas tan sencillas les perturban, imagínese lo que sucederá con aquellos a los que se les da carta blanca para que vean el programa que quieran: dramas policiacos, obras materialistas, desastres indignos.

Es probable que las compañías sigan afirmando que no existe ninguna relación «científicamente» probada entre lo que los niños ven en televisión y el modo en que se comportan en casa. Recordemos las campañas de las empresas tabaqueras que citaban pruebas «científicas», derivadas de estudios que ellas mismas financiaban, demostrando que los riesgos de fumar cigarrillos estaban todavía «sin demostrar».

La televisión y los valores infantiles

Aunque es cierto que un niño bien equilibrado no se transformará en un asesino por ver películas de policías, esto no es más que eludir la cuestión. No es tanto que la televisión haga que los buenos niños hagan cosas malas (aunque hay pruebas de que hace hacer cosas malas a los niños malos), como el hecho de que les inculca falsos valores a una edad en que necesitan desesperadamente valores correctos.

Thomas Lickona, uno de los pocos autores dedicados al aspecto ético de la audiencia infantil, señala que además del hecho evidente de que la conducta criminal en la televisión da un ejemplo deplorable a los jóvenes espectadores, existen otros mensajes subversivos que dañan moralmente; entre ellos están:

- Si no puedes obtener lo que quieres por los medios ordinarios, recurre a la violencia.
- La violencia es algo normal. Nada especial. Todo el mundo la ejerce. No hay que exaltarse.
- Las mujeres son incompetentes e inferiores a los hombres.
- Beber es divertido, agradable y socialmente aceptado.
- Las cosas materiales te harán feliz.
- Los adultos son idiotas. Los niños son quienes realmente saben lo que pasa y quienes deberían dirigir las cosas. (En los años sesenta, los jóvenes solían decir: «No te fíes de na-

die de más de treinta años». Hoy eso mismo sonaría así: «No te fíes de nadie de mas de diecisiete».)

A la lista de mensajes comunes de la televisión de Lickona podrían añadirse otros aspectos importantes:

- El sexo prematrimonial es algo esperado y deseable. Las relaciones sexuales múltiples son excelentes. Todo el objetivo de ser adultos es acosar a miembros del sexo opuesto. La única y verdadera felicidad en la vida es encontrar una persona con quien puedas tener buenas aventuras sexuales y románticas.
- La venganza es dulce. Si la gente es mala contigo, devuélveselo al doble.
- El dinero resuelve todos los problemas.
- Las autoridades son tus enemigos. La sociedad está regida por un grupo de plutócratas anónimos, ávidos de dinero y que tiran bombas atómicas, que odian a los niños y que van a destruir el mundo.
- Adoptando una apariencia horrible, macabra o parecida a un robot te convertirás en una persona diferente, única e interesante.
- Todo lo que interfiera con tu disfrute físico debe ser evitado. El trabajo es una carga; hay que evitarlo a toda costa. El único prósito de la existencia es divertirse.
- Crece lo más rápido que puedas. La edad adulta es la que tiene la fuerza.

El doctor Neil Postman, de la universidad de Nueva York, afirma que, durante las últimas décadas, la televisión ha erosionado gravemente la barrera de conocimiento que había entre niños y adultos.

Una de las características que antes separaba a los adultos de los niños es, según cree Postman, que aquellos sabían cosas del lado miserable de la vida que los niños desconocían. Éstos eran inocentes y los adultos les mantenían en ese estado. Tanto los padres como los educadores creían que había que mantenerles limpios el máximo tiempo posible.

Hoy las cosas han cambiado considerablemente a favor de la «honestidad». Hay que hablar «totalmente abiertos y sin censuras sobre cualquier tema», lo que significa que a los ocho años la mayoría de los niños saben mucho acerca de los aspectos infames del comportamiento humano y que, *literalmente*, antaño habrían hecho sonrojar a un criminal. Cosas tales como incesto, travestismo, perversión sexual, magia negra, tortura, bestialidad, suicidio, etc., y usted puede completar la lista sólo con mirar la guía de programación semanal de la televisión.

¿Por qué los niños y la televisión?

¿Por qué tantos padres y madres bienintencionados permiten que sus hijos vean programas que estimulan el comportamiento antisocial, o incluso criminal? ¿Que ha sucedido en las mentes, los corazones y el buen juicio de los padres para que expongan a sus hijos a palabras e imágenes que hace menos de cincuenta años habrían enviado a sus creadores a la cárcel?

En algunos casos es cuestión de valores personales: los padres no consideran que sean mensajes inapropiados para un niño. No se discuta más. Hay muchos padres así, quizás más de los que imaginamos.

En otros casos los padres no creen verdaderamente que la televisión ejerza ese impacto psicológico subversivo que los educadores nos quieren hacer creer. Se convencen a sí mismos de que tales avisos son alarmistas y de que esos programas no son más perjudiciales de lo que puede serlo, por ejemplo, un cuento de hadas.

Sin embargo, la mayoría de los padres que permiten a sus hijos ver programas asquerosos están racionalizando la verdad incómoda de su perjuicio o pensando que son buenos para el «sentido de la realidad» del niño o que le preparan para la vida en el «mundo real». Pero, por mucho que se critique a la pequeña pantalla que preside el salón de nuestras casas, tiene una virtud innegable: es la niñera más eficaz jamás producida. Y está es en el noventa por ciento de los casos la verdadera razón por la que tantos padres dejan que sus hijos vean la televisión durante horas.

Un plan de acción

Pero basta de criticar. Como dijimos, es probable que ya sepan todo esto. Lo que más les interesa es saber qué pueden hacer como padres para reducir el impacto negativo de la televisión sobre sus hijos.

¿No dejarles que la vean?

Bueno, es una posibilidad. Si cree que es una solución satisfactoria empiece hoy mismo. No hay duda que la respuesta mas directa al dilema de la televisión es quitarla de toda la casa y conducir a los niños a otras formas de entretenimiento más creativas.

Por supuesto, querrá ver de vez en cuando algún programa inteligente. Tiene cierto derecho a hacerlo. Se verá enfrentado a la realidad de que la mayoría de los amigos de sus hijos tendrán un televisor y que si quiere mantener su virginidad informativa deberá tenerlos el máximo tiempo posible en casa. Tenga también en cuenta que a ciertas edades, cuando comiencen a hablar en el colegio de determinados programas, sus hijos quedarán apartados. Asuma que la cultura occidental actual supone televisión, al menos a un nivel popular, y que eliminarla por completo de la vida de los niños puede que no sea el mejor enfoque.

¿Hay algún camino intermedio satisfactorio entre la retirada total de la televisión y el síndrome de las cuarenta horas semanales?

Probablemente no. Probablemente no un camino intermedio satisfactorio. El hecho es que incluso un poco de televisión puede ser perjudicial. Pero al mismo tiempo hay una estrategia que, aunque no sea satisfactoria, ayudará a los padres a encontrar un compromiso entre la retirada completa y la inmersión total. Funciona de la siguiente manera:

1. No exponga a los niños de menos de cuatro años a *cualquier* programa. Incluso los dibujos animados más inofensivos pueden confundir sus juveniles mentes. Es mejor que los libros, los árboles y los lápices sean las principales experiencias antes de ir al jardín de infancia.
2. Una vez que el niño cumpla los cuatro años, establezca un plan conservador de ver la televisión basado en: a) la calidad del programa, b) el tiempo que se permite al niño verlo, y c) el estado emocional del niño en el momento en que comienza el programa. Hay que seguir el plan a rajatabla. Si habla de un poco de televisión, precise qué es lo que entiende por un poco. Media hora es media hora. No más. No debe haber excepciones.

Si el niño está malhumorado, puede que la televisión no sea siempre la mejor manera de tratar su estado emocional. Aunque una hora ante el televisor puede resultar sedante, dejará sin resolver el problema. Quizás lo mejor sea apartarle de la pantalla durante todo ese tiempo y que los padres le consuelen directamente. Usted decidirá, pero recuerde que los niños perturbados son también muy impresionables emocionalmente. Vigile con especial cuidado los programas que ven en estos períodos.

3. Otras directrices a tener en cuenta al establecer límites para ver la televisión son:

- Limite la televisión a unos pocos programas cuidadosamente elegidos.
- Y/o: deje ver la televisión sólo los fines de semana.
- Coloque el televisor en un lugar incómodo de la casa. Ponga dificultades para que los niños lleguen allí. Déjelo detrás de puertas cerradas o dispóngalo de tal modo que haya que sacarlo cada vez que el niño lo va a ver. Muy a menudo la regla del «fuera de la vista, fuera del corazón» pone un límite natural al monstruo.
- Deje que los niños sólo vean programas de emisoras solventes: «Barrio Sésamo», documentales de la naturaleza, series antiguas tales como «Lassie», «Flipper» y similares. Esto ha resultado ser un compromiso aceptable para millones de padres.
- No deje a los niños de menos de seis años más de unos pocos minutos solos en la habitación con el televisor. Asegúrese de que no cambian a programas perjudiciales. Se puede optar también por ver la televisión al mismo tiempo que el niño, con lo que se salva al menos un poco de sentimiento de familia.
- Controle sus propios hábitos televisivos. Si está delante del televisor varias horas cada día, sus hijos le imitarán. Lo mejor es hacerlo cuando ellos ya duerman. Si no le ven nunca ante el televisor creerán que no ven televisión. Es una «mentira piadosa» que conviene mantener.

4. Los programas que habría que impedir que sus hijos vieran son los siguientes:

- Policiacos, de guerra, de espías, de detectives y de cualquier tipo de horror.

- Noticiarios. En contra de una opinión extendida no es particularmente «educativo» que un niño vea los cuerpos quemados de niños en un incendio o que unos rehenes son asesinados por terroristas un fin de semana.
- Programas de ciencia ficción. Salvo unos pocos, son horripilantes, formularios, ateos y llenos de mensajes de que «la teconología resolverá algún día los problemas de la humanidad». Los programas buenos estimularán quizás a veces la imaginación de los niños de más edad, pero *nunca* son apropiados para los preescolares y rara vez para los de menos de siete años.
- Dramas y comedias para adultos. Aunque algunos parezcan inofensivos, sus valores, salvo alguna excepción, son muy poco espirituales.
- Películas para adultos. Pueden ser demasiado duras y estar llenas de conflictos incomprensibles y perturbadores de la mente juvenil.
- Concursos de cualquier tipo (inculcan valores materialistas).
- Vídeos de música rock. Un puro caos: algo a lo que no querrá exponer a sus hijos.

Programas ocasionalmente aceptables para niños de más edad, pero que deberán seleccionarse con la máxima discreción, son:

- Dibujos animados. Evite la mayoría. Algunas de las excepciones son las versiones inteligentes, moralmente correctas y bien hechas de historias infantiles, cuentos de hadas, mitos y similares. Evite a cualquier precio los superhéroes violentos, la alta tecnología, los robots tan de moda en la actualidad, junto con aquellos otros que estimulan la violencia, la vanidad, el consumismo, etc.
- Programas no amenazantes ni violentos. Los programas de variedades para la familia, aunque no son perfectos, pueden verse de vez en cuando. Utilice su discreción.
- Programas educativos para adultos y debates. Suelen ser inofensivos, aunque los niños se aburrirán con ellos.
- Películas hechas expresamente para familias, en especial las de antes de 1960. Las aventuras y comedias de este gé-

nero son un buen entretenemiento para los niños de más edad, pero evite las que resulten problemáticas: guerras, gángsters y similares. Algunas clásicas son realmente inspiradoras de religiosidad.

Por último, puede que quiera que sus hijos vean:

- Programas clásicos seleccionados cuidadosamente, tales como «Los Rogers» y «Barrio Sésamo».
- Series seleccionadas de dibujos animados.
- Algunas películas infantiles a su discreción. Tenga en cuenta que aunque estén hechas para niños no necesariamente son buenas para ellos.
- Programas educativos y programas infantiles especiales.
- Películas de la naturaleza y documentales apropiados a su edad.
- Películas infantiles antiguas y de Charlot.
- Mantenga en casa una buena colección de cintas de vídeo con material apropiado para los niños.

5. Controle los programas de televisión que van a ver sus hijos. Esto significa que deben verlos también, así como la publicidad que los acompaña.

Si encuentra un programa adecuado anótelo en la lista de los que pueden ver, en caso contrario táchelo. No tema ser severo en estas cuestiones. En caso de duda es mejor decir que no. Aunque se emiten infinidad de programas que reciben el nombre de «educativos», muchos de ellos no son apropiados para una educación espiritual.

6. Esté alerta ante las reacciones posteriores de los niños y actúe inmediatamente en consecuencia. Una película de dibujos que no plantea ninguna duda y que parece buena para niños puede causar en algunos una impresión contraproducente y provocarles ansiedad u otro tipo de perturbaciones. Eso se verá en el tipo de preguntas y temores que expresen tras verlo.

7. Aproveche los mensajes positivos que reciban sus hijos por la televisión para discutir cuestiones morales. «Barrio Sésamo», por ejemplo, aunque no plantea asuntos religiosos, contribuye favorablemente a los ideales de compartir y cuidar. Aproveche estas oportunidades y pregunte. ¿Por qué la gente

de Barrio Sésamo intenta ser amable entre ellos? Es una manera excelente de comportarse, ¿no?

Si sus hijos ven alguna escena perturbadora, conviértala en una lección intentando sacar una conclusión favorable de todo ello.

8. Establezca una serie de alternativas a la televisión. Una de las razones por la que tantos niños se pasan el día delante del televisor es porque no tienen otra cosa que hacer. Esto les parecerá raro a los padres que han llenado la habitación de su hijo con juguetes y todo tipo de artilugios. Pero recuerdo que muchos pequeños no tienen una iniciativa propia. Aunque allí estén los juguetes, las facultades creativas infantiles no siempre saben cómo utilizarlos. A veces es necesario ayudarles a hacerlo.

Si su hijo es un adicto a la televisión, deberá iniciar la estrategia poco a poco. Sugiérale dar un paseo en lugar de ver determinado programa, o construir algo o ir a un lugar de juego, y explíquele que usted lo compartirá con él.

Cuando se vaya acostumbrando a tener otras opciones, pase a proyectos de mayor envergadura que le mantengan mucho más tiempo ocupado y que simultáneamente le entretengan. ¿Qué tipo de proyectos? Pues puede ser construir un diorama con tren eléctrico o una casa de muñecas. Si a su hijo le gusta la naturaleza, adquiera un telescopio y un libro de astronomía y construya un pequeño observatorio junto a una ventana. Si le agradan las plantas y los animales, compre un microscopio y prepare un pequeño laboratorio. También puede disponer un jardín en miniatura en la ventana o en un patio posterior si dispone de jardín. Todo lo que se necesita es un poco de imaginación. Otras alternativas son:

- Rodaje de sus propias películas, con cine o vídeo, haciendo que el niño prepare los guiones, dirija y haga las tomas él mismo.
- Construcción de un recinto de juegos.
- Preparación de obras de teatro familiar, que se representarán delante de amigos o de los abuelos.
- Construcción y cuidado de un pequeño huerto.
- Montaje de un acuario.
- Instalación de un aviario.

- Creación de obras de arte propias, que luego se exhibirán a los familiares y amigos.
- Construcción de modelos de aviones o barcos dirigidos por radio. Preparar un día especial de botadura e invitar a los amigos para esa ocasión.
- Montar un pequeño taller de carpintería e iniciar trabajos caseros tales como reparar una silla, construir una estantería o similares.
- Hacer trabajos de marroquinería.
- Proporcionar al niño lecciones de equitación u otro deporte.
- Montar un telar.
- Asistir a lecciones de danza.
- Apuntar al niño a una asociación de excursionismo.
- Tocar instrumentos musicales.
- Construir un teatro de guiñol y hacer representaciones para la familia.

Cualquier cosa vale. La idea es mantener a los pequeños interesados en actividades útiles en las que participen. Pero es importante que usted mismo colabore en todo ello.

Lo realmente esencial es que los padres entiendan que los niños no «necesitan» la televisión, por mucho que nos digan los patrocinadores de los programas o los educadores. Después de todo, han estado sin ella desde hace un millón de años y pueden continuar estándolo.

No hay ninguna ley de la naturaleza que establezca que han de ver un poco o mucho. Lo mismo que todos los hábitos, la televisión puede controlarse y quizás convertirse incluso en un aliado. Pero alguien en la familia tiene que trabajar primero mucho para que esto llegue a ocurrir.

17. El hogar como cielo: Proteger al niño contra las influencias perjudiciales

Mantener a los niños alejados hoy de las influencias perjudiciales es tan complicado como intentar tapar con los dedos cien agujeros en un recipiente lleno de agua. Una vez por aquí y otra por allá, el agua escapará.

A pesar de esa imposibilidad, hay algunas cosas que pueden hacerse para mantener el nivel negativo lo más bajo posible. Una madre que conocemos, llamada Myra, afirma que «lo que los niños *no* saben es tan importante como lo que saben».

Myra ha vivido varios años en una comuna cristiana fundamentalista. Dentro de este estrecho grupo, los miembros educan a sus hijos según un código de principios morales y religiosos y se esfuerzan mucho por hacer lo que predican. A pesar de sus rigurosas normas, «el largo brazo de la sociedad y de la televisión» hace incursiones en su vida privada, y los miembros de la comunidad se han enfrentado al hecho cierto de que ninguno, ya sea niño o adulto, puede escapar al espíritu de los tiempos.

¿Cómo se adaptaron los padres de este estricto y pequeño grupo a la realidad del mundo exterior? Estuve hablando mucho tiempo con Myra sobre este tema. Me sugirió multitud de cosas para conservar la integridad de los niños y protegerles de las intromisiones de la sociedad. Mucho de lo que me contó sirve de principio general para una educación interior de los niños en cualquier lugar. Daré aquí un extracto de las conversaciones mantenidas:

Ya que no quería que mis hijos hicieran lo mismo que los del vecino, tuve que sentarme a primera hora cada día para discutir con mi marido lo que queríamos hacer con ellos. Preparamos una lista y tratamos de cumplirla. La cuestión es identificar primero las fuerzas diabólicas contra las que se quiere proteger a los niños, para conocer así de antemano las batallas que habrá que librar.

Elaborábamos la lista y nos poníamos a pensar qué hacer con cada problema. El inventario era enorme: la televisión, presiones exteriores e incluso las drogas, las películas, los dulces, los amigos, el sexo, etc.

Era difícil, pero es muy importante que en un hogar religioso se sepa lo que debe hacerse y lo que no, qué se puede hacer después del colegio, con los amigos, la hora hasta la que pueden estar despiertos, cuándo pueden salir, qué programas de televisión pueden verse (este problema lo resolvimos no teniendo televisor), etc. La mejor manera es mantenerlos alejados de los puntos perturbadores. Lo que desconozcan no les hará daño.

Basándose en las conversaciones con Myra y con otros padres de orientación espiritual, hay tres pasos básicos que pueden hacer los padres para proteger a sus hijos en el hogar contra las influencias negativas. Son los siguientes:

1. Identificar y definir las fuerzas negativas contra las que se quiere proteger a los hijos.
2. Elaborar una estrategia protectora contra ellas.
3. Persistir y ser consecuente.

Veremos ahora cada uno de estos puntos con más detalle.

1. Identifique y defina las fuerzas negativas contra las que se quiere proteger a los hijos

En la tradición islámica hay un método que ha guiado a los padres durante siglos. Está diseñado para determinar si un acto o una situación es moral y espiritualmente aceptable. El sistema es sencillo y la gente se pregunta por qué no se les ha ocurrido antes a ellos mismos.

Funciona así: se establece una escala de valores de uno a cinco para cada persona, lugar, cosa, hecho y condición que se esté considerando. Los cinco valores correlativos son:

1. *Obligatorio*. La condición *debe* cumplirse, sin que importe lo que sea.
2. *Muy recomendable*. Se quiere ciertamente hacerlo.
3. *Neutral*. Ni bueno ni malo. Da igual que se haga o no.
4. *No recomendable*. Puede tolerarse esa condición pero no debe estimularse.
5. *No permitido bajo ninguna circunstancia*. No importa qué.

Cualquier decisión moral a la que un padre se enfrente debe satisfacer esta escala. Por ejemplo:

Se plantea la cuestión de si un niño de once años puede ir a ver determinado tipo de películas. Los padres lo estudian, deliberan y llegan a la conclusión de que tiene el valor cinco: entonces nunca. Esas películas quedarán en la categoría cinco y no estarán autorizadas bajo ninguna circunstancia.

¿Podrá ir ese mismo niño a un concierto de rock? Generalmente sus padres no son aficionados a este tipo de música, pero un compañero de su hijo asiste al concierto y le ha invitado. Puede hacerse una excepción esta vez. Categoría cuatro en la escala: no es recomendable pero no está prohibido.

Otro ejemplo: ¿Puede ir Bobby a jugar con los hijos del vecino, Jerry y Max? Jerry es un chico tranquilo aunque no muy inteligente ni imaginativo, pero eso no significa que sea neurótico. Se asigna un valor de tres: ni positivo ni negativo. Los padres de Bobby no le buscarán como amigo de su hijo, pero tampoco desaconsejarán la relación. Max, por el contrario, es un chico sensible y amable, aunque muy enérgico, pero de buen corazón. Valoración un dos: recomendado.

Quizás le parezca simplista y formulario, y quizás lo sea. Pero ¿qué importa? La cuestión es que funciona. Todo lo que pertenezca al mundo del niño, fiestas, invitaciones, juguetes, libros, juegos, películas, etc., puede evaluarse siguiendo esta vieja norma religiosa. Inténtelo y vea.

2. Elabore una estrategia protectora específica para el problema de que se trate

Una vez fijado el problema, puede prepararse el plan de acción. Se puede estudiar como se hace con otros problemas más graves en nuestra sociedad. Pornografía, sexo, drogas, alcohol, películas y música rock.

Pornografía y sexo

La infiltración de la pornografía en muchos aspectos cotidianos ha hecho que infinidad de adultos se familiaricen con tales materiales y que no les den importancia o los contemplen con indiferencia. ¿Cómo se puede proteger a los niños contra los mensajes que envían?

Quizás lo mejor sea mentalizarse de que para protegerles hay que hacerlo *dentro de la conciencia infantil* y de que, al no podérseles proteger nunca del todo, hay que darles las suficientes armas espirituales y psicológicas para que se defiendan.

Esto significa que hay que predicar con el ejemplo. No deberá haber en el hogar ningún tipo de lectura clasificada como X.

Las actitudes de los padres frente al sexo deben ser claras. Si lo presentan como una actividad placentera pero puramente personal, que se practica de puertas para adentro entre personas casadas, y si tratan el tema de manera franca, también los niños lo harán. La pornografía por definición se basa en el supuesto de que el sexo es sucio e ilícito. Su ilicitud es parte de su atractivo. En los hogares espirituales, los padres que tratan libremente del sexo cuando el tema viene a colación, pero dándole su importancia justa, tienen posibilidad de criar unos hijos sanos.

Al hablar con los jóvenes apele a su sentido natural de la modestia y a su sentido común y enfoque la cuestión desde dos perspectivas. Una, que el sexo es la experiencia más bella, íntima y placentera entre un hombre y una mujer que están juntos. Es un acto sagrado que la Divinidad ha concedido a la humanidad para su disfrute y procreación. Que es algo grande y luminoso, algo sagrado.

Pero –número dos– que el sexo es también una cuestión *pri-*

vada y algo que tú, el niño, no podrás disfrutar y entender plenamente hasta que no seas mayor.

Además de predicar con el ejemplo y protegerles contra materiales perniciosos, hay que hablar también con franqueza de los peligros: enfermedades venéreas, SIDA, promiscuidad, embarazos no deseados. Explíqueles que la pornografía es sólo un negocio y que los libros y revistas pornográficas hacen sentirse infelices, que si se encuentran ante imágenes pornográficas lo mejor que pueden hacer es dejar de verlas. Se sentirán mucho mejor, pues es su volutad.

Enséñeles también alguna meditación o rezo como ayuda psíquica para que lo invoquen cuando se vean enfrentados a estos problemas y se sientan confusos o atraídos por ellos.

Cuénteles que todos tenemos dentro un espíritu, un ángel guardián si quiere, que si le llamamos acudirá en nuestra ayuda. Que si se cree en él nos ayudará.

Los niños aprenderán a confiar en estas frases al sentirse amenazados o confusos, y en esos momentos buscarán en su interior, tranquilizándose y pidiendo ayuda. Explíqueles que su interior les escuchará y les dará una respuesta.

Películas

Ya hemos hablado de la televisión, y mucho de lo que allí se dijo es válido en este caso. Sin embargo, con el cine resulta más fácil mantener el control de la situación puesto que:

1. Ir al cine cuesta dinero y usted es el banco.
2. Les es más difícil a los niños ir a la sala cinematográfica que enchufar el televisor.
3. Usted puede conocer el tipo de película con antelación. Esto le permite discernir sobre las que pueden ver y las que no.
4. La clasificación moral de las películas puede servir de guía aproximada.

Al mismo tiempo, controle con cuidado este tipo de actividades. Asegúrese de conocer la película, o haberla visto, antes de que el niño la vea. A veces los títulos inocentes ocultan temas escabrosos.

Un problema adicional es el vídeo, con el que los niños pueden acceder a infinidad de películas que a veces les causan graves problemas. Si un amigo de sus hijos acostumbra a ver películas no apropiadas, hable directamente con sus padres, y si éstos no ponen solución o incluso reaccionan con agresividad, corte por lo sano y prohíba a su hijo acudir a su casa.

Drogas

El mejor y quizas *único* disuasorio para los niños es impedir que experimenten con drogas, pues una vez iniciado el hábito la batalla está casi perdida. Siga el viejo principio taoísta de: Impide que los niños cojan la enfermedad de modo que no tengas que preocuparte de buscar una cura.

Algunas posibles estrategias son las siguientes:

1. *Ponga ejemplo en casa.* Evidentemente, si no quiere que sus hijos usen drogas, no las deje a su alcance. Esto parece una perogrullada, pero hay padres que tienen marihuana u otra droga y que se horrorizan cuando sus hijos comienzan a probarla.
2. *Evite los chistes y las indirectas sobre las drogas*. Procure no mencinarlas como algo habitual, aunque sean de las llamadas «inofensivas», pues los niños podrían entender mal las señales y adoptar las mismas normas «tolerantes».
3. *Transmita a sus hijos su opinión sobre las drogas*. Explíqueles con claridad que usted está absolutamente y sin compromisos en contra de las drogas. Al practicar una educación interior usted tiene unos principios éticos y morales. Sin pontificar, dígaselos a los niños. Apreciarán la sinceridad y querrán emularla. Esto es bueno.
4. *Informe sobre las drogas*. Algunos padres creen que horrorizarán a los niños o romperán su inocencia si les explican la sórdida realidad de la drogadicción. Puede que sea cierto o no en otras cuestiones, pero el sentido común dice que si el lobo enseña las orejas es mejor guardar las ovejas. La situación es urgente. Las drogas están por doquier y no hay excusa para ser melindrosos. Hábleles a los niños cuando sean pequeños, en especial si el problema ya existe en el vecindario.

Explíqueles cómo actúan y afectan a la mente, los diversos tipos que hay y las clases de daños que causan. Cuénteles que son como un veneno de acción lenta que arruina por igual el cuerpo y la mente, y los comportamientos asociales que provocan su consumo.

5. *Hable sobre las consecuencias criminales del uso de las drogas.* Explique a sus hijos los problemas legales a los que se enfrentan los consumidores en numerosos lugares. No es necesario aterrorizarles con los detalles de las celdas de una prisión, pero es bueno que conozcan las reglas básicas.

6. *Dé a los niños una información de primera mano sobre los resultados de las drogas.* Si encuentra en la calle un drogadicto tirado en el suelo, llame la atención sobre este hecho a los niños: eso es lo que pasa. Qué cosa tan terrible. Si no hubiera usado drogas sería feliz y sano como vosotros y yo.

El niño captará el mensaje. No es necesario explicar más. Si desea hablar entonces sobre el tema, es una ocasión excelente para entrar en más detalles.

7. *Esté alerta ante el menor signo de consumo.* Los padres deben observar el comportamiento de sus hijos y detectar cualquier signo de consumo de drogas (si lo hay). Señales de peligro son:

- Excesivas bromas acerca de las drogas.
- Descubrir que sus hijos van con nuevos amigos, que se sabe que consumen drogas.
- Cualquier cambio físico, social o de conducta extraño: pupilas brillantes o dilatadas, tics nerviosos, letargo, hiperactividad, aspecto evidente de ojos somnolientos del consumidor de marihuana, el modo de sorber por las narices del cocainómano, el aspecto narcotizado del heroinómano.
- Cualquier demanda de dinero atípica por parte de su hijo. ¿Para qué quiere exactamente el dinero? Averígüelo.
- Informes de los profesores, maestros u otros padres sobre la actuación extraña de su hijo. Nunca deben ignorarse estos avisos.

8. *Proteja al niño con sus plegarias y su amor.* En un momento tranquilo del día, fórmese una imagen mental de su pe-

queño. Manténgala unos instantes e imagine después una especie de burbuja que se forma a su alrededor. La burbuja es luz roja y está formada por amor. Es transparente, pero fuerte y resistente. Las fuerzas diabólicas o negativas no pueden penetrar hasta el niño. No puede entrar especialmente el demonio de las drogas.

Mantenga la imagen del niño en la burbuja varias veces al día. Al concentrarse en ella, intente fortalecer la burbuja. Cuéntese a sí mismo que está construyendo una pared impermeable alrededor de su hijo y que podrá rechazar cualquier fuerza maligna que intente entrar.

Si es posible evitar que esos malos pensamientos penetren en el alma infantil a edad temprana, se tiene ganada la mitad de la batalla. Los niños que se sienten seguros en su familia y su hogar, que ven el buen sentido de la obediencia y que tienen poca necesidad de rebelarse, que tienen apoyo psicológico, deseos de servir, que están ocupados en una amplia gama de actividades y que disponen de los principios espirituales básicos, con algo de suerte y bendiciones escaparán al monstruo de las drogas de nuestros días.

Música rock

Mantenga a sus hijos alejados del rock duro, en especial de los grupos satánicos y similares. No deje que vean vídeos musicales y controlen lo que escuchan en casa y con los amigos. En efecto, a los niños les gusta la música rock, como todo lo que hace mucho ruido, pero hay muchos otros tipos de música mejores.

Durante la infancia, el período más impresionable de la vida, usted tiene el derecho y la *obligación* de evitar que queden marcados por los poderes destructores de los espectáculos populares de baja calidad. La música tiene un enorme poder de persuasión. No es extraño que los tiranos, desde Napoleón a Hitler, supieran que las marchas y los himnos pueden hacer que la población cometa los actos bestiales que las palabras solas no pueden; a la inversa, que en deidades como Orfeo, Apolo o Krishna, la palabra de Dios se transmita a la humanidad sólo con los poderes de la música.

Carl Jung señaló en cierta ocasión que la diversión popular es una forma de resolver en público las neurosis privadas. Éste es evidentemente el caso con la música contemporánea hoy. Proteja a sus hijos contra ella. Y recuerde la frase de Baudelaire, que no era extraño a la oscuridad: «El truco más sutil y seductor del diablo es convencerte de que no existe».

3. Persista, sea consecuente y, si falla, inténtelo de nuevo

Por un lado quiere proteger a sus hijos contra las influencias perjudiciales, pero por el otro es consciente de que nunca podrá conseguir ese fin.

Bravo. Así debe ser. La vida es un proceso y un avance, y la cuestión de hacer las cosas mejor es parte del imperativo humano de que nada se consigue sin esfuerzo. En estos tiempos difíciles, con tantas trampas acechando a los padres y madres de niños, esté seguro que sus esfuerzos no serán en vano por muy infructuosos que puedan parecer ahora. Todos los textos sagrados señalan que los poderes divinos no olvidan nuestros intentos.

A propósito de esta cuestión, una vieja historia cristiana relata que una noche hace muchos años un anacoreta tuvo una visión. Aquel venerable hombre vio un amplio mar y un monje en la orilla. El monje saltaba en el aire y con unas alas brillantes se deslizaba por encima del mar y llegaba a una tierra celestial situada al otro lado.

Cuando todavía miraba admirado esta extraña visión, un segundo monje se acercó y abrió también sus alas. Esta vez el vuelo fue menos uniforme y el monje tuvo que hacer infinidad de esfuerzos para no caer a las aguas.

Por último, apareció un tercer monje, pero su vuelo fue tan irregular que más de una vez cayó al agua. Sólo gracias a esfuerzos desesperados consiguió avanzar en la noche y, medio muerto, llegar a la lejana orilla.

Después de mucho meditar, el monje fue a su superior y le preguntó el significado del sueño. El superior le contestó:

«El primer monje era el creyente que aspira a volar hasta el cielo ahora mismo; la religión y las buenas personas están ahora por todos sitios e ir al cielo es una tarea que resulta relativamente sencilla.

»El siguiente monje significa aquellos que intentan llegar al cielo en los próximos años. Su viaje será bastante más difícil.

»Finalmente, el tercer monje es el creyente que hace esfuerzos espirituales para un futuro muy lejano, cuando la religión y la justicia casi hayan desaparecido del mundo. Durante este largo milenio será difícil imaginarse llegar a la otra orilla. Así que alégrate de vivir en una época bendita y no olvides esto: los esfuerzos del tercer monje valen mucho, muchísimo más que los de todos los otros.»

Quinta parte

Enseñar al niño los valores y la virtud

18. Inculcar la virtud sin romper los corazones

Si lee varios de los libros publicados recientemente sobre educación infantil encontrará varios capítulos dedicados al modo de crearle al niño autoconfianza. Igualmente, encontrará mucha información sobre la manera de inculcarles una buena imagen propia, enseñarles a comunicarse y, sobre todo, a «sentirse bien consigo mismos». Todas estas técnicas producirán, por supuesto, jóvenes equilibrados. Y todas son necesarias para educar a un ser humano sano y feliz.

Pero en muchos de esos mismos libros, llenos de técnicas para fortalecer el ego, en vano encontrará un ingrediente muy concreto a echar en falta: enseñar la virtud. ¿Dónde están las secciones sobre humildad y paciencia? ¿Sobre dignidad, respeto, templanza, perdón, sacrificio, laboriosidad, caridad? Se habla mucho en los libros de educación sobre cómo hacer que un niño se sienta amado, pero poco sobre cómo ayudarle a amar. Hay infinidad de reglas para el yo.

El sentido común nos dice que lo que hace buenos hombres y buenas mujeres son los buenos rasgos de carácter. Que si vamos a criar personas equilibradas y bondadosas, hemos de enseñarles la virtud a edad muy temprana. Los maestros espirituales de todos los tiempos han coincidido poniendo de relieve que el verdadero camino hacia la felicidad no es mediante la autoafirmación, sino mediante el desinterés. Albert Schweitzer, resumiendo sus creencias, escribía: «No sé cuál será vuestro destino, pero una cosa sé, que de entre vosotros sólo serán realmente felices aquellos que hayan buscado y encontrado el modo de servir a los demás».

Catalogar las virtudes

Llamemos *virtudes* a estas cualidades espirituales positivas. La palabra es quizás un poco inexpresiva y no muestra todo el vigor de su antecesora latina, *virtus*. Pero a falta de una mejor nos servirá. Una palabra parecida y relacionada con ella, aunque algo más secular, es la de *valor*. El escritor Lewis Mumford afirma: «El principal objetivo del hombre es la creación y conservación de los valores; esto es lo que da sentido a nuestra civilización y la participación en ello es lo que da, en última instancia, significado a la vida humana individual».

Naturalmente, aunque hay muchos valores que usted y yo quisiéramos que nuestros hijos desarrollaran, cada padre tendrá su propia lista.

Si nunca la ha hecho, intente hacerla ahora. Escriba los rasgos de carácter que le gustaría ver que sus hijos desarrollan en el curso del tiempo y coloque una estrella delante de los más deseables.

Si no le viene con facilidad una lista de este tipo a la mente, existen varios modelos tradicionales para utilizar como guía. Platón situaba cuatro virtudes cardinales: prudencia, templanza, fortaleza y justicia. A ellas, el cristianismo añadió otras tres: fe, esperanza y caridad. Filaletes, fílosofo del siglo XVII, creía que para que un niño sea espiritual hay que enseñarle a ser «perseverante, laborioso, docto, amable, de buen temperamento, buen estudiante, inasequible al desaliento y nada perezoso... Sobre todo, hay que hacer que sea honrado, temeroso de Dios, que rece y sea santo». Incluso en nuestros días, cosas como el juramento de los boy scouts proporcionan unos ideales maravillosos: un joven debe ser de confianza, leal, servicial, amigable, cortés, amable, obediente, agradecido, ahorrativo, valiente, limpio y reverente.

Por supuesto, estas colecciones de virtudes constituyen un ideal y sólo podrían personificarse en un mesías. Sin embargo, lo importante es que nos demos cuenta de que las virtudes se les enseñan a los niños no sólo para hacerles «santos» sino también para protegerles. Hace poco escuché a un rabino que decía a un grupo de jóvenes oyentes: «De lo que tienes que darte cuenta sobre el cumplimiento de la ley religiosa es que no se trata simplemente de una serie de prohibiciones destinadas a impedir que te diviertas. No. Es una colección de consejos prácticos escritos por hombres sabios para *protegerte* de las cosas que causan el mal y para estimularte hacia las cosas que realmente te son de provecho en la vida. La virtud, como veis, es armadura y bondad».

Inculcar virtudes sin romper corazones

¿Cómo se pueden enseñar valores y virtudes a criaturas que son medio santos, pero también unos salvajes diablillos? Como saben todos los padres, los niños son una mezcla inescrutable de inteligencia e ignorancia, de rigidez y maleabilidad sobrenatural, de desprendimiento y egomanía, de profundos durmientes y sabios despiertos.

Dada esta mezcla confusa, se necesita una medicina especial. Los siguientes capítulos se centrarán en estos elementos contradictorios con sugerencias sobre cómo sacar lo mejor de sus hijos.

19. Enseñar a ser honrado

La honradez no es innnata. A diferencia de la perseverancia, por ejemplo, o la valentía, que algunos pequeños presentan ya a edad muy temprana, el deseo de tratar a las otras personas con equidad y sin engaños debe aprenderse.

Para hacer las cosas más difíciles, la honradez utiliza varios disfraces.

Hay honradez con respecto a las posesiones: no quitarles a otras personas lo que les pertenece.

Honradez de las palabras: aprender a decir la verdad.

Y finalmente, honradez de conducta: no engañar ni tiranizar a los demás, junto con un aspecto lateral: ser emocionalmente recto, sincero y directo.

Robar: Enseñar a ser honrado con las posesiones

Comencemos por la primera y en cierta medida la más sencilla de las tres: ser honrado con las posesiones. Y empecemos por el principio, con los más pequeños.

Y digamos de primeras que no deberá sorprenderse si niños de uno a tres años se le quedan mirando sin comprender cuando les corrige por coger algo que no les pertenece. Probablemente no saben por qué está disgustado. Si lo saben, no les preocupa.

A los más pequeños se les enseña al mismo tiempo las bases de la honradez y el concepto de propiedad privada. Un lugar sencillo para hacerlo es en puntos peligrosos de la casa: «¡No, estufa caliente!», «Uhuuh, Uhuuh», «Cuidado, resbala». Además de protegerles, estas advertencias crean una asociación en la mente infantil entre conceptos del hacer y del no hacer con objetos físicos específicos.

Cuando tienen dos años se puede aplicar la misma regla a objetos valiosos de la sala, de los dormitorios y de la cocina. Hay que recalcar su importancia funcional y personal:

> «No toques el jarrón, cariño, es de la abuela y se enfadará si se cae y se rompe».

Al cabo de un cierto tiempo el niño acaba por entender que el jarrón pertenece realmente a la abuela y que habrá consecuencias desagradables si se violan sus derechos de propiedad.

Cuando los pequeños cumplen los tres años, los padres pueden seguir aplicando las mismas órdenes, pero poniendo ahora más énfasis en la *posesión*.

> «No toques la máquina de escribir, pertenece a tu padre.»
>
> «Cuidado, no te sientes sobre el abrigo, es de la señora Wexler.»
>
> «Si vas a utilizar esas tijeras, quisiera que me las devolvieras en cuanto hayas terminado. Son mías y las necesito.»

Los cinco y los seis años son todavía una edad incierta en cuanto a la ética de la propiedad. La letanía dominante en el niño es: «Lo que es mío es mío y lo que es tuyo no es tuyo».

Estos modos de pensar en los niños, no muy distintos de los que muchas veces usan los adultos, se deben menos a latrocinio que a ignorancia del modo en que se organiza el juego de la vida social.

«Hay algo casi melancólico y atractivo en los que [el niño] roban y en el modo en que lo hacen. A los cinco años prefieren monedas de menor valor que para ellos son más importantes. A los seis responden a la belleza de cualquier chuchería. A los siete su pasión por lápices y gomas de borrar es tan grande que quieren más y más. A los ocho, el dinero suelto del cajón de la cocina es una tentación... Cuando se descubre el robo se le castiga y amonesta. Probablemente se excusará diciendo que "no quería hacerlo" y prometerá que "nunca volverá a repetirlo".»[1]

El síndrome del tapacubos

Cuando se produce el robo, los padres se alarman..., a veces demasiado. Hoy unas monedas, mañana un tapacubos. Rest afirma que es una fase por la que pasan todos los niños y que rara vez justifica el pánico. Para la mayoría de ellos es más un poner a prueba que una expresión de incipiente criminalidad, parte del proceso del aprendizaje mediante la prueba y el error.

Sin embargo, al mismo tiempo los padres no deben dejar impunes los hurtos habituales, sobre todo si se producen con frecuencia creciente. En tales casos deben controlar esa actividad con sumo cuidado, tanto porque se puede convertir en un hábito como porque al corregirle puede ser una herramienta excelente para aguzar el sentido infantil de lo que está bien y mal.

Apele a la integridad del niño

Las apelaciones al sentido moral del niño referentes al hurto deben realizarse a través de las emociones y de la mente. Los padres se dejan a menudo guiar exclusivamente por el aspecto emocional, aunque cuando se trata de niños muy pequeños no haya mucha conciencia a la que apelar.

Debe recurrirse efectivamente también a los sentimientos, pero el remedio es incompleto a menos que se aporte una comprensión intelectual. Una madre dijo a su hijo: «No conozco a ninguna persona que se equivocara o se perdiera al ir por el camino correcto». Veremos ahora algunos ejemplos de cómo actuar en el hogar:

Caso uno

Tres amigos fueron a nadar a la piscina de la casa de Alex, de seis años, y tras varias horas de chapotear sus padres les pasaron a recoger. Una hora después Alex descubrió que le faltaba el equipo de buceo. Uno de los chicos se lo había llevado, pero ¿cuál?

«Los hurtos causan un problema –le explicó su madre a Alex–. Un chico tendrá esta noche un nuevo equipo y se divertirá, pero otro –en este caso tú– estará sin él. Cuando se hurta algo, una persona inocente sufre. Por eso está mal robar.»

Al día siguiente se descubrió al culpable y sus padres le castigaron. La madre de Alex se lo explicó a su hijo de inmediato: «Nick debería haberlo pensado dos veces antes de coger lo que no es suyo. –Y de forma confidencial añadió–: Si alguien toma lo que no es suyo se le castiga. Por lo que a mi concierne, cuando alguien roba nadie gana».

Caso dos

En la escuela de Larry unos asaltantes nocturnos causaron destrozos y se llevaron tres ordenadores. Al día siguiente, la maestra llevó a toda la clase al lugar del robo y les enseñó como los ladrones habían roto la ventana y tirado los vidrios por el suelo. Les mostró también un acuario volcado y varios peces muertos y les explicó que inocentes criaturas habían sufrido a causa de los ladrones. Y también los ordenadores habían desaparecido, por lo que se suspenderían las clases de esa materia hasta poder tener unos nuevos.

«Por unas pocas personas que no son honradas ha sufrido toda la clase. Nadie gana nada y todos pierden.»

Al ver la televisión o leer historias, se puede reforzar la idea de que el robo perjudica a todo el mundo. Cada vez que capturan y castigan al ladrón, hay que poner de relieve que esa persona está experimentando las consecuencias de sus actos. Karma. Una vez que esta idea echa raíces, una vez que el niño ve que no es rentable privar a otros de lo que es suyo con justicia, entonces se ha ganado ya una buena parte de la batalla de la honradez.

Finalmente, apele a la conciencia

Cuando se produzca un robo, deje claro que se siente mal sobre el hecho. No se enfurezca. Póngase triste. Señale que el hurto va en contra de sus creencias. Que considera que no es espiritual, moral ni humanamente correcto coger lo que pertenece a otros. «El robo me hace llorar», dijo una madre cuando descubrió que su hijo estaba sustrayendo monedas de la cartera. «El robo rompe mi corazón», dijo otra madre.

20. Enseñar al niño a decir la verdad

Los budistas creen que el destino de toda persona viene determinado sólo por tres acciones: lo que pensamos, lo que decimos y lo que hacemos. En ese orden. Observe que lo que decimos tiene prioridad sobre lo que hacemos. Las palabras cuentan, y esta idea es muy importante que los padres se la transmitan a sus hijos. Las cosas que decimos influyen en la gente. Producen cambios. Ponen en movimiento las ruedas del sufrimiento o del placer. Hacen que otros nos aprecien o nos odien. Determinan el karma. Cuentan.

Un maestro hebreo y estudioso del Talmud que conozco suele decir a su hijo cosas del estilo de: «Una palabra falsa inicia una guerra», «Un ser humano puede olvidar una bofetada; una palabra cruel puede que no se olvide nunca» o «El signo del imbécil es que usa un montón de palabras para no decir apenas nada».

Enseñar a los niños a no mentir

Las mentirijillas de un niño les suelen parecer a los padres extrañas e inexcusables. Uno niega haber roto un plato instantes después de haberlo dejado caer a los pies de su madre. Otro dice no saber nada de quién ha roto la colcha de la cuna de su hermano mientras está ahí todavía con los trozos de la tela entre las manos. Los padres no pueden entender unas mentiras tan flagrantes y castigan en consecuencia.

De lo que los padres no siempre se dan cuenta es de que a la edad de cuatro, cinco, seis, e incluso siete años, el sentido de la realidad del pequeño puede no estar todavía del todo desarrollado. Los niños sumergidos en un mundo mágico de sueños donde pensar algo es hacerlo, pueden ser simplemente incapaces de procesar conceptos sofisticados de real o imaginario, bueno o malo, con lo que creen honradamente que sus mentiras son verdad.

Además, al niño no siempre le resulta fácil explicar la diferencia entre una mentira y una forma coloquial.

Un niño de seis años escuchaba la información meteorológica en la que se decía que los cielos estarían soleados y claros al día siguiente. Al otro día llovió y el chico comunicó enfadado a su madre que el personal meteorológico había mentido.

«En realidad no era una mentira», respondió la madre.

«Lo fue –contestó indignado el niño–. Dijo que hoy haría bueno. Ha engañado.»

«No ha engañado. Creía que lo que estaba diciendo era verdad. Una mentira es algo que tú sabes que no es verdad, pero que de todas formas lo dices.»

«Pero ¿por qué dijo que haría sol?», preguntó el chico, todavía sin convencerse.

«Por toda la información que tenía en el momento en que creía que hoy haría bueno. Dijo lo que creía sinceramente. Pero se equivocó. Por lo tanto no dijo una mentira. Cometió un error.»

Muchos niños tienen dificultades con la idea de decir –o no decir– lo que realmente piensan. El concepto de mentiras piadosas frente a las auténticas es un rompecabezas para ellos. En este caso hay que darles diversas explicaciones, por ejemplo:

- Recalque que las palabras pueden dañar a la gente, aunque sean honradas, y que entonces es mejor no decirlas. Apele al sentido de simpatía de los niños. Si una persona tiene algún defecto físico, lo que hay que hacer es no decir nada para que esa persona no se sienta mal. Dígales la regla de oro: si no estás seguro de si tus palabras perjudicarán a alguien, guarda silencio.
- Recalque el hecho de que el tipo de «verdad» que hace sentirse a los demás mal acerca de sus problemas físicos o psicológicos no es necesariamente verdad del todo. Explíqueles que frases como «Eres raro» o «No me gustas» son opiniones,

no hechos. Son salidas de nuestros pensamientos e impulsos negativos. Dígale que es mejor guardarnos estos pensamientos. Más tarde se puede comentarlos en privado, pero no frente a la otra persona. Hacen demasiado daño.

- Recalque el hecho de que hemos de decir cosas amables a las personas, aunque no siempre pensemos así. ¿Por qué? Porque a veces es más importante ser amable que franco. Por ejemplo, habrá que dar las gracias a quien nos acaba de dar un regalo, aunque no nos guste. Hace que la otra persona se sienta bien.

Presentar las ideas de honradez y de falta de honradez por medio de historias

Un cuento excelente para los niños que mienten con frecuencia es el del muchacho que anunciaba a gritos la llegada del lobo. En esta fábula, el pastor se entretenía gritando que un lobo atacaba el rebaño cuando era mentira. Al final nadie le creía y, cuando sucedió de verdad, el lobo se comió las ovejas.

Otra historia adecuada es la de «El flautista de Hammelin». El consejo de la ciudad le contrató para que les librara de las ratas, prometiéndole una gran recompensa. Pero después se retractaron y no le pagaron lo convenido. El flautista se vengó llevándose a todos los niños para siempre. Por culpa de unos pocos sufrió toda la ciudad.

Hay varios cuentos que ponen de relieve la lucha entre la honradez y la falsedad. La cubierta de caramelo de la casa de la bruja, en «Hansel y Gretel», es sólo un engaño. En «Caperucita Roja» el lobo miente a la abuela y a Caperucita.

Resulta especialmente interesante el espejo de «Blancanieves». Nunca miente. Así, cuando le dice a la reina que Blancanieves es la más hermosa, cosas terribles les suceden a las buenas gentes y parece que la honradez del espejo sólo ha servido para provocar la muerte de Blancanieves. Pero sólo lo parece. Al final, ella y el príncipe se unen y la verdad del espejo resulta que ha favorecido todo. Historias similares pueden encontrarse en la Biblia, con José y sus hermanos o Sansón y Dalila. Existen también otros cuentos muy populares entre los niños tales como *Pippi Calzaslargas* o *La isla del tesoro*.

Recalque las diferencias entre una fantasía y una mentira

Como regla general, es mejor no corregir automáticamente a los niños si nos dicen que han visto una cebra en la bañera o a Santa Claus en la cama. Quizás lo hayan visto, ¿quién sabe? En cualquier caso un cuento y una mentira no son lo mismo y los padres deberán ver la diferencia. La segunda es un intento deliberado de no decir la verdad, de desinformar, mientras que un cuento es resultado de la imaginación, de la fantasía y de las ganas de satisfacer un deseo.

Sin embargo, si a la edad de ocho o nueve años parecen aumentar las fantasías elaboradas y si el niño tiene dificultades en diferenciar lo real de lo imaginario, entonces la cuestión es otra.

Las cosas pueden llevarse a la perspectiva correcta ayudando al niño a diferenciar entre verdad real e imaginaria. Se le puede decir que hay historias «verdaderas de verdad» y «verdaderas falsas», que las primeras han sucedido realmente mientras que las segundas se quiere que sean verdad, pero en realidad no han sucedido así.

Desapruebe las mentiras, pero no se enfade

Los niños entre cinco y seis años a menudo mienten por temor y las reacciones de miedo pueden transformarlo en profecía que se cumple. Por lo general los castigos no son eficaces contra las mentiras, en especial si los más pequeños no entienden bien la diferencia entre verdad y falsedad. Un tono de humor puede ser más eficaz. Utilice las siguientes expresiones ante una mentira evidente:

- Un «hmmmmmmmmmmmm» prolongado.
- Una mirada continua con una ligera sonrisa.
- Una irónica elevación de las cejas.
- Una expresión atónita.
- Un movimiento confuso de los ojos y un intenso rascado de la cabeza.
- Una mirada de duda con una expresión del tipo de «me estás engañando».

Cada vez que el niño diga algo dudoso, repita una de estas técnicas. La señal visual acabará hablando por sí misma y el niño sabrá cuándo ha ido demasiado lejos cambiando las cosas. La costumbre de mentir suele autocorregirse cuando se ve reflejada en otros, sobre todo si se hace con humor.

Para niños de más edad, un enfoque más directo es decirle que usted desaprueba las mentiras por razones morales y espirituales y que lo que acaba de decir simplemente no es verdad.

Para niños de nueve y diez años, la reacción paterna a la mentira puede ser más seria, aunque son aplicables las mismas reglas de humor y enfoque directo. A menos que la mentira sea maliciosa y cause daños a una persona, mejor es: 1) comunicar al niño que usted sabe que miente; 2) explicarle claramente que no lo aprueba; 3) indicarle métodos alternativos para evitar la próxima vez la mentira.

Cuando Jon rompió una valiosa pluma de plata antigua y aseguró que él no tenía nada que ver con la destrucción, sus padres le llevaron aparte. Le dijeron que cuando cometiera una equivocación como romper una pluma, debería acudir a ellos. Después debía decirles que tenía algo importante que comunicar, pero que primero deberían acordar no enfadarse. «Por nuestra parte no hay enfado», le dijeron sus padres, señalándole después que les tenía que explicar lo que había pasado y que el castigo sería mucho menor si les decía la verdad.

Hay que intentar determinar por qué el niño ha mentido –por temor, fantasía, convencimiento, enfado– y dirigirse directamente a la motivación. Según el doctor Allan Fromme, los niños mienten por cuatro razones principales:

Para conseguir elogios y afecto.
Para ocultar la culpabilidad.
Para evitar el castigo.
Como un acto de hostilidad general.

El doctor Allan Fromme afirma: «El primer paso para enseñar a un niño a no mentir es tranquilizarle lo suficiente como *para que sienta que no necesita mentir*. Ésta es otra manera de decir que cometemos el error de impresionar excesivamente a nuestros hijos con nuestra autoridad moral. Si se sienten profundamente seguros de nuestro amor hacia ellos, tendrán muchos menos motivos para mentir. A menudo se sienten empujados a hacerlo porque temen contarnos la verdad. Para traducir este consejo en acciones, recordémosles que estamos de su lado».[1]

Por último, no debemos crear nunca una situación que tiente a los niños a mentir.

MAL: Los padres preguntan a su hijo: «¿Has vuelto ha dejarte la chaqueta en casa de Billy?». El acusado se ve obligado a responder sí o no. Si teme las consecuencias y ya tiene el hábito de mentir, probablemente lo hará para salvar el escollo.

BIEN: Los padres dicen: «Falta tu chaqueta. Probablemente esté en casa de Billy. ¿Quieres llamar y preguntarle?». Aunque es más una afirmación directa que una interrogación, no se presenta la tentación de mentir. Y si por casualidad los padres se equivocan y la chaqueta no está en casa de Billy, el chico puede decir dónde está y nadie se siente herido.

MAL: Los padres le dicen a un niño: «¡Todo el suelo está lleno de agua! ¿Has vuelto a salpicar después de que te dijera que no?». Evidentemente, si el niño fue la última persona en tomar un baño, ha sido quien ha salpicado. El hecho está claro. ¿Por qué entonces una confrontación provocadora de ansiedad con una pregunta agresiva? En lugar de esto diga:

BIEN: «Hay agua por todo el suelo del baño. Por favor, recógela inmediatamente».

21. La enseñanza de una conducta honrada

En cierta forma, enseñar lo que puede llamarse honradez de conducta requiere mucha mayor madurez que simplemente reprender por una mentira o un hurto.

Entre los cuatro y los siete años de edad, los niños carecen del equipamiento moral para comprender del todo por qué los seres humanos deben tratarse entre sí de un modo honrado y equitativo. *Honradamente* ellos no ven el buen sentido en la cooperación y el juego limpio, que sea malo mirar las cartas del vecino al jugar o que deban dejar a otro niño que mire por los binoculares.

En algunos casos parece como si disfrutaran explotándose los unos a los otros. El sentido del poder se les sube a la cabeza. «¿Por qué ceder? –se pregunta Junior–. ¿Sólo porque mi padre dice que es bonito? ¿O porque mi madre piensa que es malo romper la palabra? ¿Que me importa jugar limpio?»

¿Qué les importa? Por lo general, no mucho. Pero a veces sí les importa y, si descubren temprano estos puntos de bonificación, su vida se simplificará mucho.

Ayudar a los niños a percibir la lógica del comportamiento honrado

La mejor manera es la elegancia. Si se les enseña a los pequeños este principio, tienen mucho ganado.

¿Por qué es la manera elegante?, se preguntan los niños. Porque, le replican sus padres, si tratas a los demás con justicia te devolverán el favor, a veces aumentado. Estáfales y te estafarán. Así es como funcionan las cosas. El mundo es un espejo que refleja nuestra conducta y nuestras intenciones, devolviéndolo a nuestro mundo.

Aunque hay excepciones, le explican sus padres, pues hay gente que nos estafa aunque juguemos limpio. Pero no suele ser lo usual. Por lo general otros nos tratan como les tratamos nosotros.

Continúe así. La idea es poner de realce el hecho decisivo de que la honradez no es simplemente una regla impuesta por los adultos, sino un práctico y eficaz mecanismo, con el cual los niños pueden obtener lo que quieren y al mismo tiempo sentirse ellos bien y hacérselo sentir a los demás.

La honradez de acción tiene también otras recompensas y se las podrá contar a los niños. La honradez nos garantiza que todo en la vida funcionará. Sin ella sería imposible incluso las transacciones más sencillas como es comprar un juguete (*confiamos* en que el dinero es bueno). La honradez hace que la gente nos admire y nos respete, hace que les gustemos e incluso que nos amen. Lo mejor de todo es que tratar a los demas de manera bondadosa nos hace sentirnos justos y bondadosos con nosotros mismos. Es una acción espiritual, una manera reverente de caminar a través del mundo y un signo de respeto hacia Dios. Garantizado. Inténtalo y verás.

Muestre al niño que quien engaña resulta engañado

En la vida, las experiencias son lo mejor. Utilícelas cuando se produzcan. Así por ejemplo, cuando un niño se beneficia injustamente de otro hay que aprovechar la ocasión y explicar que su comportamiento perjudica tanto a uno como a otro.

Tomemos el caso de Terry, de ocho años. Decidió hacer un trato con un compañero. Intercambiarían cromos para completar sus colecciones. Cada uno dio los suyos y cuando, en casa, Terry contó y miró los que había recibido, comprobó que muchos estaban repetidos y otros no valían. Gritó a su padre:

«Ese niño me ha engañado. Me había fiado de él. Es una rata.»

«Parece haberse comportado igual –replicó el padre–. ¿Volverás a tener tratos con él?»

«¡Ni hablar!»

«No puedo culparte. Lo que siempre sucede es que quien engaña después es engañado. Cuando le veas, le dices que ya no confías en él y que no le cambiarás cromos nunca más. Dile que nadie juega con un tramposo, que por ese engaño no podrás obtener los cromos que querías y que tendrás que sufrir porque él no ha jugado limpio.»

Al padre de Terry realmente no le preocupaba si el otro niño recibía o no el mensaje. Se lo ha dirigido a Terry, que ha tenido problemas al actuar de manera franca. Utiliza la sensación de sentirse engañado de Terry para enseñarle que duele ser estafado, que a nadie le gusta que le engañen y que cuando se produce un engaño todo el mundo pierde.

Recalque el valor de la confianza mutua

Incorpore la palabra *confianza* a la conversación cotidiana y utilícela en diversos contextos.

«Sara, *confío* en que te acordarás de dar de comer a los peces cada mañana.»

«*Confiaba* en que devolvieras la caña de pescar esta mañana como te pedí, Billy. Pero no lo has hecho. Estoy disgustado.»

«Acordamos que recogerías la habitación al irte a dormir. Todavía no está lista. No has satisfecho nuestra *confianza*. Por favor, inténtalo mejor la próxima vez.»

«Voy a *confiarte* que lleves esta cinta a casa de Jill porque sé que puedo *confiar* en ti. Por favor, no me defraudes.»

Cultive una atmósfera de confianza entre usted mismo y el niño

Los niños responden a que se confíe en ellos, especialmente los más mayores, que con nueve o diez años han desarrollado los inicios de una conciencia social y moral. Se sienten honrados de que sus padres crean en ellos aunque sean «pequeños», y esta sensación les inspirará para satisfacer las expectativas de los padres.

Deje que esa sensación de confianza y aprobación penetre en su hogar. Que sus hijos sepan que ustedes consideran auténticos sus motivos y buenos sus corazones. Si su comportamiento parece incorrecto, deles el beneficio de la duda hasta demostrar la culpabilidad. «Es mejor que le engañen a uno a veces que no tener confianza. En la mayoría de los seres humanos sanos, la confianza genera confianza», señalaba Samuel Johnson.

Muestre al niño historias en las que vence el juego limpio

Antes de que el fetiche del «realismo» invadiera nuestra cultura, la mayoría de los cuentos, novelas, obras de teatro e incluso películas no dejaban de mostrar que el juego limpio tiene éxito. Desde luego que este supuesto moral era incuestionable durante la era victoriana, donde los pasatiempos centrados en los premios del vicio y de la virtud eran la norma. En cierto sentido, esto prevaleció hasta casi comienzos de los años sesenta, pues estaba prohibido en el código del cine que los personajes de una película escaparan sin castigo de un crimen.

Esta ética se mantiene hoy en algunas formas de esparcimiento infantil, aunque sólo a nivel voluntario: los cineastas dan hoy a una historia cualquier giro moral que les apetezca, desde que el crimen-no-compensa hasta que compensa-y-con-intereses.

Aunque los responsables de debilitar el código moral creen hoy que la moral del crimen-no-compensa era santurrona y alejada de la realidad y que el público debe ser expuesto a la vida «como es realmente», olvidan un aspecto obvio: que al mostrar como se escapa sin castigo del crimen, algunos espectadores se sienten impulsados a cometerlo. No es casual que en muchos países con la desaparición de este código moral haya aumentado espectacularmente el índice de criminalidad.

Si los padres desean impartir a sus hijos las reglas de la honradez deben mostrarles historias que estimulen el juego limpio. Esto significa dos cosas. Los padres pueden:

1) Exponer a sus hijos a cuentos, juegos, literatura, etc. en los que el bien triunfe sobre el mal y que sugieran que el juego limpio es un método legítimo de conseguir el éxito.

2) Mantener a sus hijos alejados de libros, cómics, juegos de ordenador y programas de televisión que realcen la conducta antisocial y pongan como modelos el engaño, la explotación, la mentira, etc.

Use chistes, fantasía e imágenes vivas

A un padre le gustaba jugar con sus dos hijas al «imagina si»: «Imagina que los libros estuvieran hechos con bananas, nos los podríamos comer después de leerlos». Cada vez introducía con la frase un mensaje ético, como por ejemplo: «¿Qué pasaría si todo el mundo en la Tierra confiase en todo el mundo?».

Una madre que conozco jugaba con sus hijos a que imaginaran qué pasaría en el mundo si no existiera ningún tipo de confianza. «Imaginaos que no pudiera fiarme de la empresa láctea –decía–. Cada vez que comprara una botella de leche tendría que abrirla para comprobar que no tuviera realmente gaseosa.»

Recompense a los niños por mantener la confianza

Cuando los niños cumplen una promesa o se comportan bien en una situación difícil, procure que se les recompense. Los padres de Bobby, de seis años, tienen una «lista de confianza» clavada en la pared de la cocina y señalan un punto cada vez que el niño cumple algo que se le ha confiado. Cuando reúne cincuenta puntos, toda la familia sale a comer fuera.

Que el niño descubra que admitir un error puede proporcionar auténtico orgullo y paz

La iglesia católica entendió hace tiempo que el acto de admitir los errores ante una figura benevolente dotada de autoridad y de sufrir la pena apropiada, no sólo es satisfactorio espiritualmente sino que también es psicológicamente terapéutico. Muchos niños tienen miedo de admitir sus actos malos ante los padres por temor al castigo. En lugar de aliviar su culpa, interiorizan esos sentimientos, que más tarde puede resurgir en forma de miedo y odio a sí mismos.

El doctor Haim Ginnot afirma: «Para evitar culpas innecesarias, los padres deberán tratar las trannsgresiones infantiles como un mecánico una avería en el coche. No avergüenza al propietario y sólo indica lo que hay que reparar. No se queja de los ruidos del vehículo sino que los utiliza para diagnosticar el problema y se pregunta cuál es la causa probable de la avería».[1]

El niño tiene un problema y quiere hablar de ello. Escuchándole, los padres mantienen un equilibrio entre reconocer que el acto estuvo mal (si es así) y el hecho positivo de la confesión y de que eso no va a poner en peligro el amor que sienten hacia él.

Señale que, si son honrados, usted se sentirá bien

«La virtud es su propia recompensa.» Pero ¿por qué? Quizás porque hace sentirse bien a quienes la practican. Franz Kafka escribía: «Un momento que recuerdo de mi niñez fue al darle a mi hermana un caramelo que yo deseaba especialmente y sentir después un cálido gozo recorriendo mi cuerpo. Sé, y quizás lo vislumbraba entonces, que ésta fue la primera vez en que me di cuenta que la buena fe hacia otros conmueve nuestro corazón del modo más agradable e inimaginable».

Cada vez que los niños hagan un gesto honrado dígales que se siente feliz. Explíqueles que una parte espiritual más profunda de nosotros nos apoya siempre para que seamos honrados. Anímeles a que intenten no defraudarla.

Una promesa es sagrada

La madre de Brenda no suele hacer promesas a su hija, pero cuando promete algo *siempre* lo cumple. Cree que dar la palabra es algo sagrado, aunque suponga algún esfuerzo adicional. En casa de Brenda puede oírse lo siguiente:

> «Te prometí que hoy iríamos a la playa. Aunque esté lloviendo, si quieres ir podemos hacerlo. Una promesa es una promesa. ¿No es verdad?»

> «Te di mi palabra de que estaría mañana en casa y jugaría contigo. Así es. Hice una promesa y tengo que cumplirla, no importa qué. ¿No es así?»

No se avergüence del arrojo. Una promesa es algo muy especial y hay que recalcarlo. Esto impresiona a los niños; les reconforta saber que existe un acuerdo con personas de total confianza.

Para reforzar la idea, cuente a sus hijos historias en las que se realce el concepto dorado del cumplimiento de lo prometido. En «El enano del bosque» los niños se sorprenden de que cuando el hombrecillo viene a reclamarle su primer hijo, la reina no se aproveche de su nueva posición para negárselo. En lugar de ello, se apresta a entregarlo y es entonces cuando el enano hace *su* promesa: si adivina su nombre, no tendrá que cumplir lo pactado.

A los cinco o seis años, los padres pueden iniciar el siguiente paso, que es invertir el proceso y sacar *promesas del niño*. Se comienza con secretos, explicándole que tiene la obligación de no revelarlo, pues eso sería una mala conducta.

Hay que ser generosos si el niño falla y no mostrarse draconianos al respecto. Pero por otro lado, si rompe una promesa, hágale saber que no lo aprubea. Dígale que espera que la próxima vez sea mejor. Se puede decir incluso que existe algo mágico sobre los secretos, que si desean algo pero no lo dicen, a veces el mero cumplimiento del secreto hace que sea verdad. Por eso no se le pide nunca que revele el deseo que expresa al soplar las velas del pastel de cumpleaños. El poeta persa Rumi escribió: «Cuando el corazón se convierte en la tumba de tu secreto, tus deseos se cumplirán más fácilmente».

Siga enfatizando lo que tienen de especial las promesas, incluso las más simples como acabarse la comida del plato o alguna que sea fácil de cumplir. Explique que una promesa es diferente de todos los restantes acuerdos, que hay algo sacrosanto en ellas ante Dios y que deben intentar cumplirla con todas sus fuerzas. Los niños acabarán familiarizándose con la idea y tendrán firme en su mente, si no en su corazón, que una promesa es una obligación que debe satisfacerse. En realidad es una especie de calentamiento para más adelante, cuando el adulto se haga promesas sagradas a sí mismo, a su maestro espiritual o a Dios.

Ponga un ejemplo

El escritor francés Joseph Joubert señaló que «los niños tienen más necesidad de modelos que de críticas». Y en efecto, los ejemplos que ponen los padres son el remate en cuanto a la enseñanza de la integridad se refiere. Por ese motivo, los padres estarán bien aconsejados si:

Practican lo que predican delante de sus hijos. Compórtese con franqueza y evite mentir a los niños. No les engañe en los juegos, ni siquiera como broma. Si toma un acuerdo, cúmplalo aunque sea tonto. Si se equivoca, discúlpese y admita haber cometido un error. Una disculpa a tiempo impresiona mucho a los niños. Ayuda a que desarrollen los conceptos de arrepentimiento y de humildad.

Hacen lo que dicen y dicen lo que hacen. Si les dice que les va a llevar a jugar al mediodía o al cine por la tarde, cumpla su palabra. De lo contrario, los niños interpretarán su cambio de opinión como una mentira y se sentirán engañados. Pronto se preguntarán: si papá y mamá mienten, ¿por qué no yo? Se ha puesto entonces en marcha la máquina de la prevaricación.

Vigilar las medias verdades. Los adultos consideran a menudo las mentiras sociales y de negocios tan naturales que olvidan que los niños les escuchan. «La mitad del mundo no sabe cuánto miente la otra mitad», afirma un dicho. «Me encantó tu regalo de Navidad», dice la madre, pero su hijo escuchó como despotricaba diciendo lo inútil que era ese regalo. «Me encantó conocer a tus chicos la otra noche en tu casa durante la cena», le dice el padre a un amigo por teléfono, aunque el niño le había oído decir que no volvería ni loco a casa de ese amigo. Y así sucesivamente.

Vigilar las inconsistencias. Los padres de Richard le hacen ver que está mal coger la propiedad de otra persona. Pero el niño está confuso. Observó a su padre llevarse una revista de la peluquería cuando el peluquero no le veía. Y a veces su madre pasa al patio del vecino para coger algunas manzanas. Recuerde lo irrazonable de esperar que los principios de sus hijos sean mejores que los suyos.

22. Paciencia

«Quizás sólo haya un pecado cardinal: la impaciencia –escribía Franz Kafka–. Por impaciencia nos expulsaron del paraíso; por impaciencia no podemos volver.» Casi todas las autoridades espirituales están de acuerdo en que la paciencia es la base sobre la que se asientan las otras virtudes. «Adopta el ritmo de la naturaleza –afirma Ralph Waldo Emerson–. Su secreto es la paciencia.»

En lo que respecta a los niños, esta virtud es necesaria por ambas partes: el niño debe aprenderla, los padres han de practicarla. Hazrat Inayat Khan escribía: «No hay duda que para cuidar a un niño hace falta gran cantidad de paciencia. Pero ésta nunca se malgasta; la paciencia es un proceso por el que pasa el alma y se vuelve valiosa... Educar a un niño, cuidarle, criarle y entregarse a su servicio es una tarea mucho mejor que la de un adepto [devoto], pues éste se olvida de sí mismo con la meditación mientras que la madre se olvida de sí misma dando vida al niño».

Enseñe a los niños a esperar

Aunque sean muy pequeños, hay que acostumbrarles a que esperen algo antes de alimentarles, pues de lo contrario, más tarde, querrán tener el muñeco o el juguete al instante: ¡ahora! La idea de la paciencia puede introducirse en esos momentos dejando un intervalo entre la petición y la respuesta. Un padre que juega a construcciones con su hija pregunta qué bloque quiere, esperando entonces unos instantes antes de dárselo. Le enseña a darle el bloque, pero a esperar un momento, a ser *paciente*.

Durante todo el día hay oportunidades para enseñarlo. En la mesa, los niños deberán esperar para comer a que todos estén sentados y antes de que se les dé permiso para levantarse, deberán haber acabado los restantes miembros de la familia. También se les puede decir: «Jugaré contigo al dominó, pero no en este instante. Espera jugando en tu habitación, que yo iré».

Así van aprendiendo el sentido del tiempo junto con la idea de la paciencia. Ambas cosas están relacionadas y los niños, para los que los relojes dicen tan poco, disfrutarán midiendo las horas por intervalos naturales.

Haga que el esperar sea la regla, no la excepción. Dígales que podrán ver la televisión sólo después de haber acabado sus tareas domésticas, de haber recogido los juguetes o de haber ordenado la ropa. No les prive de algo sin razón, pero tampoco conceda inmediatamente. Deje un intervalo entre el deseo y la satisfacción. Así aprenden a controlar los impulsos y a que hay que trabajar y esperar antes de obtener la recompensa.

Use el trabajo físico para enseñar a ser paciente

Hay una paciencia mental, otra emocional y otra física. Enseñe las tres, pero especialmente la última. Una buena manera de hacerlo es impulsando a los niños a que trabajen con sus manos, una actividad que crea perseverancia y habilidad manual. Póngales un objetivo y ayúdeles a que lo consigan. Recuerde al mismo tiempo que el fin es que desarrollen tenacidad y enfoque mental, no construir una ratonera perfecta, pongamos por caso. Recalque la importancia del proceso, no del resultado.

Si el niño se impacienta y está a punto de abandonar el proyecto, haga una pausa y continúe en otro momento. Que salga a correr, a pasear, a hacer algo, y vuelva después a acabarlo. El mensaje de que puede abandonarse temporalmente un problema, descansar y volver a él, es también una buena lección de paciencia.

Finalmente, muestre a sus hijos que usted tiene paciencia ante un problema arduo. Que vean como vence la frustración con paciencia. Estudios psicológicos han demostrado que la mayoría de los niños tienen la capacidad de asimilar destrezas manuales simplemente *mirando* como trabajan los adultos y que copian el enfoque que éstos dan al problema. Si los padres realizan una labor con tranquilidad y minuciosidad, emiten un mensaje implícito de que trabajar lenta, cuidadosa y diligentemente puede ser una especie de meditación en sí mismo.

Estimule la aceptación

La psicóloga Diane Lyric me decía en una carta que «con niños el objetivo es mostrarles que pueden ser felices con lo que tienen en ese mismo instante. Enseñarles que disfrutar *no* es desear más, que hay que saborear lo que tienen y no lo de sus vecinos. Como diría Einstein: "Admite tenerlo así. La aceptación de lo que ha sucedido es el primer paso para superar las consecuecias de cualquier desgracia". Nuestra actual civilización es gastar lo de mañana. Es una pena que se enseñe tan poco en la escuela y en las familias a que los niños disfruten lo que Dios nos da cada día y a darle las gracias».

¿Cómo enseñar al niño la verdadera aceptación espiritual?

Aquí van algunas ideas:

- *No rodear al niño de excesivas cosas materiales*. Decía una madre que lo irónico es «que cuanto más se les da, más desean y menos felices son con lo que ya tienen». Se llena todo de juguetes, de objetos que llenan hasta el último palmo, pero se deja vacío el corazón. Unas pocas cosas bien elegidas y regaladas en ocasiones especiales serán más apreciadas que una hilera interminable de regalos. Los padres separados tienden a complacer pródigamente para compensar la tristeza y sentido de culpabilidad por el divorcio. El mensaje que se hace llegar al niño es: cuando te sientas mal, cura tus heridas consumiendo. Una oferta mucho mejor es el regalo de la propia compañía. Una visita al museo, trabajar en el jardín, montar juntos un álbum de fotos, pasear por el bosque, etc., pondrán más contento al niño que los juguetes de una tienda. Aprenderá también la lección de que las cosas que más nos satisfacen en la vida no son los objetos físicos, sino el contacto de calidad con personas que amamos y en las que confiamos.

- *Dar las gracias.* Asegúrese de que los niños rezan por la noche dando gracias, incluyendo expresiones de gratitud a humanos y divinos. Algunos padres preparan listas de gratitud para después de apagar la luz y les preguntan qué es lo que tienen que agradecer hoy, como por ejemplo: «Gracias, Dios, por protegerme cuando me caí esta mañana. Una rodilla herida es mejor que morir».
- *Recalque el concepto de gratitud social.* Asegúrese de que sus hijos dan las gracias a los demás. La ingratitud es un rasgo feo; un niño desagradecido nunca está satisfecho y un niño que nunca está satisfecho nunca es feliz.
- *Evite el síndrome del «sólo si».* «Sólo si no hubiera llovido habríamos ido al carnaval», «Sólo si Norma hubiera dirigido el equipo habrían ido bien las cosas» o expresiones similares. Un amigo egipcio me dijo que estas frases condicionales no se usan en su país, pues se consideran un insulto a Dios, que sabe mejor lo que necesitamos.
- *Trate la satisfacción como un rasgo a premiar y emular.* Ned se cayó del caballo y se torció un tobillo, con lo que no pudo participar en un torneo previsto desde hacía tiempo. Lo sufrió con silenciosa dignidad y sus padres alabaron su valor. El padre ya le había aconsejado una vez: «Si puedes hacer algo sobre un problema, hazlo. Si no, acepta lo que Dios te da».
- Ponga de relieve el hecho de que en cada problema hay una oportunidad oculta y que la paciencia durante la adversidad lleva una recompensa inevitable.

John F. Kennedy decía a menudo que lo que más admiraba en los demás era la «elegancia en la adversidad». Un ejemplo espiritual de esta cualidad la cita Richard Wilhelm en el prólogo a su traducción del clásico chino *I Ching*. Se produjo durante la segunda guerra mundial en el asedio a una ciudad. Wilhelm dirigía la Cruz Roja china e intentaba confortarse leyendo a Confucio: «Sin embargo, el más feliz era un anciano totalmente inmerso en sus libros sagrados al que ni una granada caída a su lado pudo distraer. La tocó, pues no había estallado, retiró la mano y, señalando que estaba muy caliente, continuó con sus libros».[1]

Pocos conseguimos ese estado sublime, por supuesto, pero cualquier esfuerzo pequeño en esa dirección ayudará. Por ejemplo, un muchacho de trece años estuvo todo el verano preparándose para un partido, pero la semana antes se torció las muñecas. El médico dijo que no podría jugar durante un mes. Aunque su primera reacción fue de desesperación, la madre le insistió para que se tranquilizara y meditara sobre el problema. Le dijo que no pidiera una rápida curación sino que rezara para tener el valor de aceptar lo sucedido. El chico después dejó el deporte y se dedicó a la fotografía. Más tarde comentaba a su madre que si no hubiera tenido el accidente nunca habría sabido lo divertido que era la fotografía. Su madre asintió.

Esa madre habría tenido seguramente más argumentos si hubiera conocido la siguiente historia china:

> Un viejo vivía en una granja con su hijo y un caballo. Un día el caballo se escapó y los vecinos vinieron a consolarle: «¡Qué pena! Sin el caballo no podrás arar y sin arar no tendrás cosecha. Has tenido muy mala suerte».
>
> «Quizás si, quizás no», replicó el viejo.
>
> Los vecinos se miraron entre ellos. «¡Qué respuesta tan extraña!», exclamaron, y regresaron a sus casas.
>
> Pero un día después, el caballo regresó llevando una silla llena de joyas y oro. Nadie sabía de dónde venía, pero cuando lo vendieron, el padre y el hijo se hicieron ricos.
>
> Volvieron los vecinos. «¡Qué gran fortuna te han concedido los inmortales! –dijeron todos a una–. Desde luego eres el más afortunado de los hombres.»
>
> «Quizás si, quizás no», replicó el viejo.
>
> «¡Qué desagradecido!», fue el único comentario de los vecinos al irse.
>
> La siguiente semana el hijo intentó montar en el caballo, pero éste se irritó y lo arrojó al suelo. Al caer se rompió las dos piernas.
>
> «¡Qué espantoso! –dijeron entonces los vecinos–. Tienes un hijo lisiado. Nadie cuidará tus campos. ¡Qué mala se ha vuelto tu suerte!»
>
> «Quizás sí, quizás no», respondió el viejo.
>
> Varias semanas después se acercaron a la puerta del viejo un tropel de soldados. Iba a tener lugar en las cercanías una gran batalla y el ejército imperial pretendía llamar al servicio militar a todos los jóvenes del valle. ¿Dónde estaba su hijo?

Apareció el muchacho. Pero cuando el oficial vio sus dos piernas entablilladas levantó la cabeza disgustado. «Éste nunca será soldado», anunció. Y se fue.

«¡Qué afortunado eres! –exclamaron los vecinos del viejo–. Todos nuestros hijos han sido llamados por el ejército y algunos no volverán. Sólo queda el tuyo para cuidarte en la vejez. Desde luego, los Inmortales a nosotros nos desprecian y a ti te tienen en gran estima.»

«Quizás si, quizás no», respondió el viejo.

Esta vez los vecinos entendieron. Sonrieron y no replicaron.

Sea usted mismo paciente

Recuerde que cada niño crece a su propio ritmo y que los padres deberán tener de vez en cuando paciencia con las deficiencias de sus hijos. Algunos comen mal, otros tardan en hablar o en aceptar la limpieza, a otros les da miedo el agua. Cada niño mostrará un talón de Aquiles en determinada área y, cuando llegue ese momento, los padres deberán mostrar tolerancia. Comparar a sus hijos con otros niños es un juego peligroso que puede provocar fracasos tanto en los padres como en los pequeños. Cuanto más acepten los padres al hijo tal como es, tanto más se sentirá éste aceptado y después, cuando sea adulto, tanto más capaz será de aceptar a los demás.

23. Las maneras y el dominio sobre uno mismo

Dos en uno: Las maneras y el autodominio

Los modales son una forma de ayudarnos espiritualmente nosotros mismos mientras ayudamos a los demás. En muchos países, sobre todo en Oriente Medio y Lejano Oriente, están muy formalizados y parecen exagerados ante los ojos occidentales, pero tienen un método. Los seres humanos tienden a ser egoístas y hace falta recordarlo constantemente para evitar que olviden por completo los derechos de los demás.

Una respuesta educada sirve para controlar esa tendencia. Cuando se visita un hogar japonés y el padre presenta a su familia diciendo: «Ésta es mi frívola hija, ésta es mi indigna mujer, etc.», probablemente no quiere decir eso, pero algo en esta antigua fórmula le está diciendo que es importante ser humilde. En este caso el medio es el mensaje. Algunas ideas para inculcar este principio en las mentes jóvenes son:

1. *Muestre gratitud hacia el niño.* Comience diciendo *por favor* y *gracias* al niño en edad preescolar cada vez que le alcance algo. Pero dígalo de corazón. Que el niño sienta que le está agradecido por lo que le ha dado. Cuando vitalizan esos momentos con sentimientos reales, adquieren un gran significado para los pequeños.

Hace varios años visité Afganistán y pasé algunas semanas en un pequeño hotel de la capital. El baúl con el que había viajado durante varios meses por Oriente apenas se cerraba ya, así que compré uno nuevo en un bazar local, con herrajes de latón y cierre de seguridad. De regreso al hotel estaba pensando en bajar el baúl viejo para tirarlo cuando llamaron a la puerta. Era el portero que iba a limpiar la habitación.

Era un hombre viejo vestido del modo tradicional y para mí, como extranjero, resultó imposible averiguar su nivel social, pero aun a riesgo de ofenderle le ofrecí el baúl, esperando que no tuviera un arranque y me tirara escalera abajo.

Al principio pareció sorprendido, como alguien a quien le hubieran ofrecido de pronto un trono. No dijo nada, simplemente recogió el baúl y salió con él de la habitación. En la puerta se dio la vuelta, colocó su mano sobre el corazón e hizo una breve inclinación de gratitud.

No fue nada, sino un simple movimiento de cabeza y la expresión de los ojos, sin servilismo ni a la defensiva. Nunca antes había recibido una muestra de agradecimiento tan sentida. La pude sentir dentro de mí, como algo palpable en mi corazón, y aún hoy puedo, veinticinco años después.

2. *Use experiencias cotidianas*. Haga que los niños esperen a los demás en la mesa antes de comenzar a comer. Explíqueles que es de buena educación masticar con la boca cerrada. Foméntelеs a no interrumpir durante las conversaciones familiares. Anímeles a ser obsequiosos, a ayudar a sentarse a su abuela, etc.

3. *Ayude a los niños a saber aguantar*. «Aparenta lo que no eres» es quizás un dicho menos hipócrita de lo que parece. Los niños se quejan de que «odian» a la señora X. ¿Por qué ser amables con ella? Respuesta de los padres: porque es una cosa buena. Y porque es un adiestramiento excelente luchar contra nuestros sentimientos negativos y obligarnos a actuar amablemente con personas que no nos hacen gracia.

¿Qué significa esto exactamente? Forzar sonrisas en nuestros labios cuando no las hay en nuestros corazones. Dar la mano calurosamente a nuestro antagonista cuando la suya es fría y nada amistosa. Mirar sin rencor a quien no aguantamos. Luchar contra la vocecilla que nos dice: «No puedo soportarlo». Los padres deben decir a su hijo que se trata de seres humanos, parte de la creación igual que nosotros y como tal merecen respecto.

¿Es hipócrita actuar cortésmente con quienes detestamos? Quizás. Pero sólo si lo hacemos para explotar a otras personas o para aprovecharnos de ellas en beneficio propio. De lo contrario es simplemente una técnica para luchar contra nuestra negatividad y mantener la paz.

Además, los niños que aprenden de pequeños a controlar sus impulsos verbales dan un gran paso adelante hacia el autocontrol. Estos esfuerzos serán más tarde el material para los poderes interiores y la voluntad. A. R. Orage afirma: «Te sientes indignado, preocupado o receloso. En el preciso momento de sentir alguna de estas emociones y estar involuntariamente a punto de traicionarla, resiste el impulso. No dejes que tus músculos acomoden su acción a tu humor. Haz al menos que se queden tranquilos».[1]

4. *Sea cortés con el niño*. Aunque la idea es algo extraña a los occidentales, en Oriente el respeto y la cortesía con los niños son parte integral de la vida familiar. En China, antiguamente el hijo se inclinaba ante el padre y éste ante aquél. Cuando estaba todavía en la cuna, se dirigían al niño de manera honorífica pues se creía que los recién nacidos son muy receptivos a las buenas palabras.

Los padres actuales pueden traducir estos métodos a la actualidad. Por ejemplo:

Evite menospreciar a los niños en público, especialmente cuando hay presentes amigos o adultos importantes. Si se comportan mal en una situación social, llévelos aparte para la crítica; nunca delante de los demás. La memoria de reprimendas mordaces en público puede dejar cicatrices indelebles.

Diríjase a los niños en un tono sincero. Evite los sonsonetes que tanto gustan a muchos adultos: «Bueeeeeno, ¿y cómo estás hoy, Bobby? ¿Has tenido un día bueeeeeno? Ooooooooh, ¡qué bien!».

Permita que los niños tengan su espacio psíquico y su privacidad física. Cuando el niño quiera estar solo, déjele. No le acose ni le camele. Dejar a los niños espacio para sus mundos privados es una de las mejores cosas que pueden hacer los padres.

Tiéndales una mano cuando pueda. Esté preparado para ayudarles. Y si los niños quieren realizar la tarea por sí mismos, respete este impulso con igual ardor.

Insista en inculcar los modales que tengan sentido. En realidad, después de todo no importa mucho que los niños se quiten el sombrero al entrar en una habitación, pero sí importa que se abstengan de empujar a los demás o de sonarse con el mantel. También los jóvenes entienden la diferencia.

Un grupo de psicólogos ha observado, estudiando escolares, que desde los dos años y medio a la adolescencia, los niños entienden claramente la diferencia entre las reglas basadas en peticiones burocráticas y las que lo están en valores humanos.[2]

Hallaron que los jóvenes tienden a prestar más atención a las reglas humanas –contra matar animales, robar, jugar sucio– que a las convencionales, tales como en qué zona del comedor han de comer. La mayoría mantenían que perjudicar a un compañero estaba mal, aunque no hubiera ninguna regla escrita. Esto es importante, pues ayuda a explicar por qué no suelen oponerse a las reglas morales pero luchan con todas sus fuerzas contra las convencionales.

Los padres deben atender a esto e insistir sólo en aquellos actos de cortesía que ayudan a proteger o a consolar a otras personas.

Use diversas frases de apoyo en la conversación cotidiana para que los niños se sientan honrados y valorados. Los pequeños tienen a menudo falta de afirmación, pero los padres suelen pasar por alto esta manera relativamente sencilla de hacerles sentirse bien. Ejemplos coloquiales típicos son:

Tienes toda la razón, es una gran idea.

Está muy bien este punto que estableces. Nunca lo había visto así.

Gracias por recordármelo. Lo habría olvidado por completo.

¡Eres un cielo! Nadie habría esperado tanto bajo la lluvia.

Realmente tienes maña. Estoy impresionado.

Cuando los niños se equivocan, la cortesía de los padres les ayuda a salvar las apariencias.

NIÑO: Mamá, se me cayó la libreta en un charco. El papel está empapado.

MADRE: ¡Vaya! Sí que hay humedad hoy. Podías haberte caído. Mira a ver si se secan las páginas antes de mañana.

NIÑO [Echándose zumo encima y ensuciando la mesa.]: ¡Oh, nunca hago nada bien!

PADRE: Eh, ¿qué es eso de estar echándote tu mismo la culpa? El vaso estaba escurridizo. Lo he visto. Un accidente le pasa a cualquiera. También me pasa a mí.

Siendo cortés con el niño, él gradualmente lo irá siendo con usted. Los niños son el espejo de sus padres.

5. *Explique la lógica que hay detrás de los modales.* Dag Hammarskjold decía: «Muéstrate cortés con todas las personas, no porque sean caballeros, sino porque tú eres un caballero». Es importante enseñarles a los niños este principio, que los modales no son arbitrarios y que representan técnicas desarrolladas a lo largo de muchos años de ayudar a los otros y aumentar el propio karma bueno.

Si ponen los pies sobre la mesa, dígales que esta parte del cuerpo puede llevar gérmenes que pueden causar enfermedades a otros. Si pasan los primeros, señáleles que dejar pasar a los demás es una manera de recordar que tenemos la obligación de tratar con cuidado a nuestros vecinos. Lo bueno de los modales es que comunican sentimientos sin necesidad de palabras.

6. *Enseñe cortésmente los modales.* El doctor Haim Ginnot señala el aspecto importante de que muchas veces los padres enseñan modales pero de un modo muy poco cortés. Es frecuente oír a una madre decir: «¡Por Dios, Mira! ¿Cuántas veces te he dicho cómo tienes que dar la mano a una persona?» o un «¡Compórtate!».

Esas órdenes sólo sirven para ofender en lugar de animar y establecen un mal precedente. «La mejor manera de educar a un niño es educándose uno al mismo tiempo.»

7. *Recalque el respeto hacia los adultos, en especial los padres y los abuelos.* Se acercó una vez un joven al profeta Mahoma manifestándole que quería seguir sus enseñanzas. Pero era demasiado joven. ¿Qué podía hacer? El profeta le dijo que en ese momento no debía seguirle, sino quedarse en su casa y ayudar a su familia. Eso era mucho mejor. «¿Por qué? –pregunta Hazrat Inayat Khan–. Porque el Profeta pensaba que eso era el primer

ideal. Si no alcanzaba el primero, ¿cómo llegaría al segundo? Si no apreciaba a sus padres, ¿cómo podría apreciar al Profeta?»

Mientras que el respeto hacia los mayores sigue siendo una parte fundamental en la vida de muchos países orientales, en nuestra sociedad se ha seguido el proceso inverso, venerando la juventud y olvidando a las personas mayores. Tanta más razón entonces para instaurar esta norma de respeto en nuestro hogar.

Las faltas de respeto de un niño pequeño todo el mundo las conoce y suelen tomarse con indulgencia diciendo que son cosas de críos, pero Hazrat Inaya Khan afirma que hacer eso es ir en contra de los propios intereses del niño. «Todas las tendencias irrespetuosas se gestan en la infancia.» Algunas ideas para enseñar ese respeto son:

- Hay que enseñar desde la infancia a respetar a los mayores, la humildad, la religión, a las buenas personas, la erudición, la fortaleza de carácter y la Divinidad. Los niños suelen adoptar modelos, no importa cuáles. Lo mejor entonces es que los padres les fomenten admirar los propios. Nos convertimos en lo que admiramos.
- Si su hijo se comporta descortésmente con un adulto en lugares públicos, trate esta falta con igual severidad que si la cometiera en casa. Explíquele que hay que tratar a la gente con buena educación independientemente de su raza, trabajo o lugar de vida. Si un anciano va de pie en el autobús, cédale su asiento y estimule al niño a que haga lo mismo. Haga que el niño sujete la puerta cuando va a pasar una persona mayor. Un comportamiento atento es una forma de amor fraternal.
- Regla: un niño no deberá golpear *–nunca–* a sus padres. Tales ataques deben cortarse y castigarse con prontitud. Un padre, ante un caso así, obligó a su hijo a hacer veinte flexiones cada día durante una semana.
- Fomente entre los niños el uso del «señor» y «señora». Dirigirse a una persona de noventa años por su nombre de pila es totalmente inapropiado en todo hogar en el que se intente inculcar el respeto. Enséñeles que la persona a la que deben tratar así es mayor que ellos, que ha visto más cosas, ha hecho y sufrido más, tiene más conocimientos y por lo tanto está por encima del niño en la pirámide de la vida. No importa lo que hagan otros niños e insista en la importancia de todas estas formalidades.

● Recalque la noción del respeto por el medio ambiente y por todos los seres vivos de la Creación. Dígale al niño que cada día es un día sagrado en la naturaleza y que el espíritu divino está presente entre todas las cosas, manifestándose en los signos de la naturaleza. Anímele a participar en campañas ecológicas de limpieza, a que aprenda más acerca del equilibrio en la naturaleza y a que realice actividades de este tipo.

Si pasea con el niño por el bosque, dígale que se esté un momento totalmente quieto y escuche el ruido de las hojas. Explíquele que hace muchos años había personas en la antigua Grecia que vivían en los bosques y decían entender el lenguaje de las hojas en el viento. Las gentes iban a consultarles y se construyeron templos especiales para esos fines.

● Desapruebe la crueldad gratuita con cualquier ser viviente. Ponga de relieve que los seres humanos tienen obligación de ser amables con toda la creación y que hay que respetar a los animales, las plantas e incluso las rocas y la tierra. No deje que destruya un hormiguero o arranque hojas por divertirse.

Los indios crow enseñan a sus hijos que todo tiene un fin en el mundo y contribuye en algo a la vida. «Hay un propósito detrás de todas las cosas.» Ponen especial hincapié en el respeto a nuestro entorno.[3]

● Dé ejemplo con sus propios padres. Si viven haga que sus hijos le vean atendiéndoles con solicitud y hablándoles con respeto. Evite las críticas delante de los niños.

● En general, tenga en cuenta que los niños no tendrán respeto de manera automática. Es una virtud aprendida y los padres deben insistir en ello constantemente, por lo general hasta la edad preadolescente, que es cuando se integra en su visión del mundo.

24. La amabilidad

Este término se brinda a múltiples interpretaciones desde un punto de vista sociopolítico y en función de las diversas lenguas, y no goza en todos los lugares del mismo predicamento. Es algo que no surge de modo natural en los niños y que se les debe inculcar.

Hace varios años, un viejo monje budista visitó Nueva York y cierto día en que había acudido una mujer con sus dos hijos pequeños, un mosquito se posó en el brazo del monje. Alguien intentó expulsarlo, pero el anciano dijo tranquilamente: «Sólo está tomando un poco».

Los dos niños miraron con curiosidad al monje. Nunca se les había ocurrido la idea de no matar a un mosquito que pica. «Hay que aprender a ser amables con todos los seres.»

«La amabilidad genera amabilidad», escribió Sófocles. El valor, la paciencia y la cortesía son necesarias en la vida, pero la amabilidad es amor y éste es la energía espiritual alrededor de la cual giran las restantes virtudes.

Fomente especialmente la generosidad

Hay que estimular al niño desde muy pequeño a que comparta sus juguetes. Si se muestra reacio a hacerlo, como suele ocurrir, los padres deberán insistir con suavidad. La generosidad es una maravillosa primera lección para ser amables.

Más tarde se les puede hacer participar en las dádivas a los pobres u otras actividades caritativas. Hay que enseñar a los niños la importancia de compartir y a distinguirlo del dar regalos al azar, costumbre tan extendida en numerosos países occidentales.

Un grupo de hindúes establecidos en Estados Unidos observaron esta manía de entregar obsequios sin mucho sentido y pronto sus hijos ya pedían regalos. Decidieron entonces invertir el proceso durante la Navidad y estimularon a sus hijos a que esos días prepararan regalos para entregar a los pobres, en lugar de estar esperándolos. Practicaron así realmente el espíritu navideño. El mensaje crucial es que se siente uno mejor dando que recibiendo.

La tendencia al egoismo de los niños no se soluciona diciéndoles que tienen que ser generosos. En lugar de enfrentarle a su falta de generosidad, intente olvidarlo y acentúe el aspecto contrario. Por ejemplo, si un niño se niega a compartir un juguete con sus hermanos, en lugar de obligarle a que lo haga a la fuerza, deberá decirse a los otros que su hermano pronto se lo prestará y que va a cambiar, suponiéndole la virtud. Es probable que cambie de opinión. Si de todas las maneras no lo hace, entonces ¿qué? Hay varias opciones. Decirle lo tristes que se sienten sus padres por esa falta de generosidad; alabar el hecho de compartir, aunque sin provocarle un sentimiento de culpabilidad que sería contraproducente; o bien recurrir al método del trueque: prestar el propio juguete a cambio de otro que también le gusta.

Enseñe a ser amable cuidando animales

Se puede alentar a que los niños tengan animales de compañía, les cuiden y les alimenten. Por lo general no es necesario animarles demasiado y la mayoría mantienen relaciones muy naturales con ellos. También los padres observan a veces sorprendidos la crueldad que son capaces de mostrar sus hijos. No es raro que la curiosidad se mezcle con la sensación de poder y cierto sadismo infantil.

- Al comprar el animal establezca que el cuidado del nuevo amigo de la familia es responsabilidad del niño y que lo más importante que puede hacer por el animal es tratarlo con amabilidad. «Si olvidas dar agua al gato, te lo perdono. Todos nos equivocamos. Pero si veo que le tratas mal, la cosa es diferente. No hay excusas para la crueldad.»

- Establezca un programa sencillo de seguir para los cuidados del animal. Si se fijan demasiadas responsabilidades el niño puede perder las ganas de tenerlo, aunque de todas las maneras deberá comprender perfectamente que su bienestar depende de él.
- Una vez pasada la novedad, el niño puede ignorar al perro o al gato que tanto deseaba. Es una reacción natural. Pero hay que impedir que lo desatienda por completo.
- Tener un animal doméstico puede ayudar a que el niño en edad escolar aprenda las realidades de la amabilidad y crueldad humanas. Si ha cuidado un perro enfermo, debe saber también que todos los años miles de ellos son sacrificados en experimentos de laboratorio. Hay que decirle que el bistec que come procede de una ternera de grandes ojos o que el huevo habría dado un pollito si no lo hubieran frito.

Recalque la regla de oro

Un estudiante preguntó una vez a Confucio en qué consistía la verdadera humanidad. El maestro replicó: «Lo que el superior no desea para sí mismo, no se lo ordena hacer a los otros. Y así, tanto en el estado como en el hogar, todo el mundo estará más satisfecho».

La regla de oro: escríbala con grandes letras. Enmárquela y cuélguela de la pared en la habitación del niño. Explíquesela y que la aprenda. Recuérdele constantemente que no haga a los demás lo que no desea para sí mismo.

Utilice la palabra amable tanto como sea posible

En lugar de decirles a los niños lo «buenos» que son o lo «bien que se portan», dígales que son «amables».

Si un pequeño comparte sus juguetes con otros, se le dirá que lo hemos visto y sabemos lo mucho que significa para él. Que le debe de haber costado un gran esfuerzo ser tan amable. Si un hermano menor le estropea algo, se le dirá que es todavía pequeño para darse cuenta, pero que él debe ser amable y que su hermano lo entenderá más adelante y actuará de igual modo.

Felicite todos los intentos de amabilidad

Si el niño se comporta amablemente, que sepa que usted lo aprueba. No dude en aplaudirle. Hágale sentirse premiado y comuníqueselo con orgullo a los familiares o al maestro. De este modo se crea una excelente asociación entre esa conducta y el premio.

Desacredite toda crueldad

Explique que una mala conducta perjudica a quien lo hace lo mismo que a quien lo recibe. Al leer un cuento de hadas, ponga de relieve como la mala conducta del tirano hace que los demás no le quieran y discútalo con el niño. Dígale que si alguien se comporta poco amable con usted, usted siente lo mismo hacia él.

Haga que la amabilidad sea divertida

Haga que los buenos actos se conviertan en algo agradable. Pregunte al niño qué cree que fulanito necesita, o qué regalo le gustará a menganito. Planifique una sorpresa para los restantes miembros de la familia, que el niño averigüe lo que les hace feliz a cada uno y que luego lo intente.

Así, mientras una madre hablaba por la mañana con su hija, le preguntó qué cosa buena podrían hacer por la tarde: «Visitar a la abuela», respondió la niña. «Buena idea. Y ¿qué podemos hacer allí?» «Llevar flores.» «Muy bien, y ¿qué más?» «Ayudarla a limpiar el sótano. Igual que el año pasado. Le gustó mucho», respondió finalmente la niña.

Al cabo de varias sugerencias de este tipo, los niños acaban tomando iniciativas propias.

Fomente el perdón

Pocos impulsos son más superiores en la escala de las cualidades humanas que el perdón, y pocas virtudes más importantes para que un niño aprenda. Un general dijo una vez a un predicador. «Yo nunca perdono.» Aquél le respondió: «Espero entonces, señor, que nunca haga nada equivocado».

Puede ser difícil hacérselo entender a los niños. La mejor manera de lograrlo es creando un clima apropiado, perdonando usted con frecuencia a los demás.

Ponga el perdón como modelo y fin. Reálcelo en los cuentos y en las escrituras: Jesucristo perdonó a sus enemigos. Mahoma perdonó a los que le persiguieron en La Meca. Buda perdonó al diablo. Cuando un niño muestre signos de perdonar, prémiele por el intento. William Blake dijo en cierta ocasión: «El perdón es la mayor de todas las virtudes porque su humildad tolera todos los vicios».

Enseñe al niño la importancia de la compasión y el amor

Lickona sugiere enseñar al niño que el amor es una virtud y un sentimiento. Lo que los niños pueden hacer es intentar ver el lado bueno de todas las personas, aunque pueda resultar difícil. Por lo tanto, no deben hablar a sus espaldas, deben desearles el bien, no han de perjudicarles, les han de ayudar si sufren. Aunque el «amor al prójimo» pueda resultar demasiado avanzado para la mayoría de nosotros, viejos y jóvenes, «considera al prójimo como un ser humano que sufre y tiene necesidades como tú».

Finalmente, hay otro tipo de amor, el que todos los seres humanos sienten por el Inefable. También en este caso, la tarea última de enseñar ese mensaje espiritual –amor por el Divino– es responsabilidad de los padres. Enséñeles con amabilidad y suave persistencia, con oración y con el propio ejemplo. Utilice todos los medios que le pueda haber sugerido la lectura de este libro u otros que traten de la educación interior.

Pero recuerde también que enseñarles todas estas virtudes en nuestro tiempo, tan falto de espiritualidad, es una tarea especialmente ardua.

Los padres que lo consiguen pueden estar orgullosos de su

obra. Pueden sentirse contentos porque una vez que el suelo es fértil en el niño, el movimiento desde el amor humano al espiritual forma entonces parte de la visión de posibilidades del joven, aunque no sea de un modo automático y sencillo.

La elección última recae en el niño. Pero se han puesto los cimientos. Y ha sido usted. Considere que el tiempo y los esfuerzos empleados han sido nobles. Algunos dirían que es el esfuerzo más noble que pueden hacer los padres.

Sexta parte

Enseñar a los niños a meditar

25. Enseñar a los niños a orar y meditar

Hace algunos años, una joven pareja de San Francisco se interesó por el budismo. Al averiguar que había un centro cerca de su domicilio comenzaron a asistir a clases de meditación. El centro lo dirigía un viejo monje. Con él, la pareja aprendió varios métodos, y al cabo de un año se sintieron en el camino del avance espiritual.

Un día surgió el tema de los niños. El monje se sorprendió al saber que tenían un hijo de seis años. ¿Por qué no le habían hablado de él? Les preguntó que por qué no hacían meditación con él, por qué no le habían traído también.

«Es muy pequeño –respondió el padre–, sólo tiene seis años.»

«¿Joven? En China comenzamos mucho antes, incluso a los dos años. Por su culpa ya ha perdido dos años. Dos años que podría haber aprovechado para acercarse a la iluminación.»

Ínsteles ahora a meditar

A la mayoría de los niños se les pueden enseñar las bases de la meditación y de la oración antes de que aprendan a leer. En el Tíbet es frecuente llevarlos a un monasterio cuando apenas cuentan tres años de edad. Con sus padres viviendo cerca, los monjes les enseñan las técnicas, de modo que pronto pueden ir bien equipados en la vía hacia el nirvana.

A los cinco años les enseñan a memorizar y recitar varios mantras. Por la tarde, después de aprender a leer y escribir durante todo el día, sigue la práctica de la concentración. Algunos ingresan en centros especiales donde se les somete a meditación y aislamiento día y noche durante cuatro años.

A los ocho se les enseña a servir de acólitos en varios ritos y a usar las campanillas, los tambores y otros instrumentos sagrados. Es una edad muy sensible a la que se les puede inculcar ideas que durarán toda su vida.

Habría que enseñar las prácticas de la oración y de la meditación lo antes posible, sirviendo los padres de guías. Aunque las ideas espirituales plasmadas en este libro sirven básicamente para la educación de los jóvenes, la mayoría de estos métodos pertenecen al mundo exterior del niño. Son valores espirituales y prácticas morales que preservarán la pureza de su corazón y les harán madurar para tareas más elevadas al llegar a la edad adulta. Con la meditación, por otro lado, se ejercita otra parte diferente del niño, su alma. Aquí reside el potencial para la conciencia superior y es donde comienza el viaje espiritual *real*: el resto es preparación y apoyo.

¿Qué es la meditación?

Se han llenado infinidad de páginas intentando explicarlo. En lugar de recorrer el largo laberinto de las definiciones, un par de descripciones ayudarán a centrar la cuestión y nos permitirán adentrarnos en sus técnicas y el modo de emplearlas con los más jóvenes. Algunas observaciones y hechos esenciales son:

La meditación es un método para escapar de los intereses cotidianos de la vida y ayudar a la persona a dirigirse a su interior

En Tailandia sigue siendo costumbre que los soldados, los hombres de negocios, los dependientes y los profesionales pasen un mes al año en un monasterio budista, donde estudian textos, se dedican a la contemplación e intentan avanzar espiritualmente mediante la meditación diaria.

La meditación es un método de tranquilizar la mente

Lo que en Occidente llamamos nuestra mente «ordinaria» es para el meditador una máquina discursiva de hacer pensamientos que funciona en gran medida sin control. Incluso de noche no descansa y sueña. Rara vez está tranquila más de un minuto.

Es una pantalla en la que se proyectan sin cesar películas de imágenes mentales. Surge la imagen de un pensamiento, continúa durante unos instantes y después se funde con una diferente, otra nueva más tarde y así sucesivamente. Apenas controlamos este flujo. Se proyectan por sí mismas, una evoca la otra, que llama a una tercera y ésta a la siguiente.

Entre los psicólogos modernos se considera este flujo permanente como un fenómeno normal que no necesita –no debería– ser perturbado. Sin embargo, muchas disciplinas espirituales creen que este proceso «normal» es un velo opaco entre nosotros mismos y nuestra naturaleza más elevada, y se habla entonces de un estado de «sueño espiritual». ¿Cómo se puede apartar este velo? Con la meditación.

La meditación enfoca la mente sobre un único pensamiento, imagen o idea

Cuando el que medita concentra su atención en un único punto, se inicia un proceso de tranquilización en la mente. El punto de atención puede adoptar diversas formas (una imagen, una estatua, una idea espiritual, un movimiento corporal, la respiración, etc.).

La idea que hay detrás de estas técnicas es más o menos la misma en todas las disciplinas: detener el movimiento incesante de pensamientos fijándolo en un único punto de atención.

Si el que medita es capaz de permanecer en estado de concentración durante un período lo suficientemente prolongado, se puede producir un avance en su conciencia

Si se mantiene la mente sin pensamientos y fija en un punto durante cierto tiempo, se produce un estado de elevada conciencia. En el hinduismo se llama *samadhi*, en el cristianismo *contemplación*.

La meditación y la plegaria son siempre similares y a menudo una misma cosa

Cuando la plegaria es peticionaria hace falta una cierta concentración para impedir que la mente se distraiga. Cuando el devoto avanza algo más y de la simple petición pasa a intentar fijar su rezo en un aspecto de la Divinidad, a comunicar directamente con ella o vaciarse por completo para que sus energías puedan fluir en su corazón, la plegaria y la meditación se convierten entonces en lo mismo.

La meditación ejercita las facultades imaginativas de la mente y perfecciona los poderes de concentración

Uno de los efectos satisfactorios de la meditación es que agudiza los poderes de atención e imaginación del joven. Esos poderes pueden utilizarse para mejorar muchas actividades cotidianas. Los padres suelen observar que sus hijos se concentran mejor en el colegio después de haber meditado.

La mejor manera de aprender algo sobre la meditación es intentándola

Entre los libros sobre meditación se incluyen muchos para niños. Aunque conviene consultarlos, la mejor manera de que el niño entienda lo que es meditación es practicándola, y con los padres. Veremos la manera de hacerlo:

Prepararse para meditar

Seguirá una serie de técnicas dispuestas en orden creciente de sofistificación y adecuación a las diferentes edades. Las primeras son iniciativas para niños en edad preecolar. Las intermedias para los de seis a nueve años y las últimas a partir de ahí hasta la adolescencia. Antes de comenzar, unas palabras sobre cómo prepararse usted mismo y el niño para esta emocionante aventura.

Busque un lugar tranquilo y fuera de ruidos y molestias

Descuelgue el teléfono, cierre la puerta, deje fuera al perro y póngase en un lugar donde no le molesten.

Algunas personas dedican un rincón de la vivienda exclusivamente para estos fines. Es un espacio inviolable.

Algunas familias que lo practican, adornan el área de meditación con imágenes inspiradoras apropiadas a sus intereses espirituales: imágenes, objetos sagrados, rosarios, iconos, etc. Al comenzar, quítese los zapatos como signo de entrar en un terreno sagrado. A los niños les gustará esta parte de las ceremonias y también contribuirán a la decoración, dibujando temas espirituales.

Programe la meditación con sus hijos

Al principio será usted necesario como instructor, después como mediador amistoso. Habrá un momento en que los niños querrán meditar solos, pero esto viene más tarde. El sentido de unión al meditar es una emoción muy especial y no deberá olvidarse en ninguna familia.

Sea constante para que los niños no olviden y pierdan interés

Medite con ellos si es posible cada día. Las sesiones han de ser breves al principio, cinco minutos parecen mucho tiempo para un niño de cuatro o cinco años. Los de más edad pueden hacerlo durante períodos más largos. Lo importante es que la meditación forme parte del estilo de vida cotidiano. Si se convierte en un hábito de pequeños, lo seguirá siendo de mayores.

Siéntese en una postura cómoda

Los niños son flexibles y les encantará sentarse en la posición del loto (con una pierna sobre la otra). Estupendo. Si lo hacen así, muy bien, pero al principio no les fuerce la postura. Sería difícil entonces que estuvieran tranquilos. Insista en que una posición gimnástica sólo será molesta. Mi hija medita tumbada de espaldas. No es ciertamente ideal, pero sí mejor que nada. Más tarde, cuando la meditación sea un hábito, puede introducir posturas más sofisticadas.

Respire profundamente durante unos minutos antes de comenzar

La respiración profunda calma la mente. Las razones no las han investigado nunca los científicos occidentales, pero cualquiera que lo hace lo descubre con rapidez. Cuando estén cómodamente sentados, respiren profundamente mientras se concentran en los movimientos respiratorios. Al principio pueden ser sencillos, las técnicas respiratorias más complejas vendrán después, pero pueden ser perjudiciales si no se enseñan bien. Hágalo de cinco a diez veces. La meditación puede comenzar.

Diez técnicas de meditación básicas para niños

Meditación 1: *Sentados tranquilamente*

Objetivo

Introducir a los niños a sentarse relajados y al silencio interior.

Técnica

Aunque esta meditación es para principiantes absolutos, incluidos adultos, conviene practicarla de vez en cuando.

Siéntese junto al niño y explíquele que van a «pasar un buen rato» juntos, que generalmente somos muy ruidosos por dentro (pensamientos, recuerdos, etc.) y que vamos a intentar ahora algo nuevo, a tener silencio en el interior. Dígale que se relaje, cerrando los ojos, y haga usted lo mismo. Cuanto más relajado esté usted, más lo estará él.

Dígale que vacíe su mente de todo hasta quedar muy tranquilo, que esto es muy importante y que se concentre sólo en el silencio interior, que si lo consigue no habrá nada más que él y Dios.

Continúe hasta que el niño aguante. No le fuerce ni a prolongarlo ni tampoco a acortarlo. Al principio son suficientes dos o tres minutos.

Evitar problemas

La experiencia debe ser positiva, por lo tanto no les fuerce en ningún sentido. Si lo quieren dejar no importa, hay tiempo. La idea de estar totalmente en silencio puede darles miedo, espere a que se habitúen a ella.

Meditación 2: *Contar*

Edad

Cinco a siete años.

Objetivo

Enseñar la concentración en un punto.

Técnica

Aunque puede tardarse mucho en dominar esta técnica, parece que les divierte a la mayoría de los niños.

Siéntese con comodidad, respire profundamente, cierre los ojos y relájese. Explique a los niños que va a contar de uno a diez y que ellos deberán hacer lo mismo, visualizando cada número. Es importante que mantengan una imagen mental, la que sea, de cada número. Cuente lentamente y que los niños hagan otro tanto, y hable después sobre el aspecto de los números:

¿Qué números te gustan más?
¿Qué traje lleva el seis?
¿De qué color es el diez?
¿Tiene cara el nueve?

Explíqueles que en la antigua Grecia los pitagóricos creían que cada número tenía un alma y que estudiando los números se podía entender el universo. Mantener la mente concentrada en un único número ayuda a los niños a estar más atentos en clase.

Evitar problemas
No cuente demasiado deprisa. Deje a los niños tiempo para sus imágenes. Algunos prefieren que los padres les digan el aspecto mientras que otros quieren darles ellos mismos una imagen. Intente ambas cosas.

Meditación 3: *Hacer un viaje mágico*

Edad
Cinco a diez años.

Objetivo
Fijar la mente del niño en cierta secuencia prolongada de sucesos y ejercitar su imaginación visionaria.

Técnica
Que el niño se siente, cierre los ojos y respire profundamente. Dígale que van a hacer juntos un viaje mágico por la mente. Explíquele lo que quiere hacer: describirlo paso a paso en voz alta. Lo que el niño debe hacer es escuchar y seguirlo con su imaginación.

Deje que su propia imaginación vuele al describir el viaje (por un campo, por el aire, etc.) y puede introducir en el contexto ideas espirituales. Asegúrese de describir los detalles visuales de cada escena y de hacerlo siempre de manera viva e interesante. La técnica puede emplearse para abordar algún problema infantil.

Evitar problemas
A menos que tenga espíritu de narrador, prepare primero el viaje imaginario. De lo contrario puede correr el riesgo de intranquilizar al niño. Algunos padres dejan ciertos episodios en blanco para que los niños los completen. Es una técnica excelente para juegos de imaginación, pero no para meditar.

Meditación 4: *Cantar un sonido sagrado*

Edad
Cinco años a adultos.

Objetivo
Introducir al niño en la idea de los sonidos sagrados y ayudarle a sentirlos en su interior.

Técnica
El canto es una antigua técnica para tranquilizar la mente. La canción concreta elegida dependerá de sus creencias religiosas. Para nuestros fines, la palabra del sánscrito *Om* (se pronuncia Aooooo-mmmm) es excelente como inicio. Los hindúes la consideran el sonido primario que contiene todos los restantes. A los niños les gustará escucharla como un eco y acompañarla de la también sánscrita *Shanti* (paz): «Om, Shanti; Om, Shanti; Om, Shanti».

Explíqueles que se tienen que concentrar en la palabra Om y sentir su eco y sus vibraciones por el interior de su cuerpo. Que después intenten escuchar con el «oído interno» su mensaje secreto.

Para empezar, siéntese en el lugar de meditación con el niño, respire profundamente varias veces, relájese y cierre los ojos. Al cabo de varios minutos, después de despejar la mente, comience a cantar. Hágalo durante varios minutos, seguidos de un par en silencio, repitiéndolo tantas veces como el niño quiera.

Evitar problemas
A los niños les puede parecer divertido al principio este sonido cavernoso y profundo, resultándoles difícil el permanecer serios. Una vez que consiga que tomen el ritmo, pronto lo captarán. Es un sonido, efectivamente, muy poderoso, que el principiante no debería cantar más de algunos minutos cada vez.

Meditación 5: *Escuchar sonidos a tu alrededor*

Edad
Seis años a adultos.

Objetivo

Aprender la concentración, ampliar la conciencia y ser más despiertos sensorialmente.

Técnica

Explique al niño que van a «escuchar» juntos, que el mundo está lleno de sonidos pero que a menudo estamos tan distraídos que no los escuchamos. Sin embargo, concentrando nuestra atención en los que tenemos cerca podemos percibir el mundo de un modo mucho más activo de lo que pudiéramos imaginarnos.

Tras respirar profundamente, cierren los ojos y relájense. Escuchen en total tranquilidad los sonidos que perciban. Intenten no pensar en ellos, sólo escucharlos. Usen los oídos, no la mente. Deje que los sonidos penetren sin perturbaciones de pensamientos. Háganlo durante varios minutos y comenten después los resultados.

Evitar problemas

No es una meditación sencilla y los niños pueden fácilmente ponerse a pensar en cualquier cosa. Inténtelo con un metrónomo y que el niño se concentre en su tic-tac.

Meditación 6: *Viajar al extremo de los cielos*

Edad

Seis a doce años.

Objetivo

Concentrarse, disfrutar de la sensación de expansión interior y ser conscientes del movimiento del infinito.

Técnica

Siéntese, relájese, cierre los ojos. Dígale al niño que hoy van a explorar juntos el cielo. ¿Imposible? Vamos a intentarlo.

Imagínense que pueden volar, suban por el aire, arriba, arriba, hasta las estrellas.

Ya están en el espacio exterior, sin paredes, ni suelo, ni techo. No hay lado, ni arriba ni abajo, no hay comienzo ni fin.

Miren lo más lejos que puedan hacia adelante y comiencen a volar en esa direción. Exploren lo más que puedan. Vean lo que puedan. No paren hasta el límite. Den después la vuelta y sigan en otras direcciones. Hasta el final, dondequiera que esté.

Vuelvan ahora al punto de partida, esta vez hacia abajo. Al llegar al límite giren y suban lo más posible.

Después de haber recorrido todo, regresen al punto de partida. Esperen un momento y entren de nuevo en el mundo. Discutan juntos lo que han visto en su breve viaje por el universo.

Evitar problemas

Esto requiere imaginación. El niño puede no saber qué mirar en el «espacio exterior» y le preguntará. Pero si es posible, déjele que él lo imagine. La idea es introducirle en los conceptos de infinito, sin espacio y sin tiempo. Su propia imaginación deberá ser la guía, no la de usted.

Meditación 7: *El punto de luz en expansión*

Edad

Seis a doce años.

Objetivo

Concentrar e implicar a las emociones en la experiencia meditativa.

Técnica

Siéntense tranquilos y piensen unos instantes en personas queridas. Sólo buenos pensamientos. Cierren los ojos e imaginen un pequeño punto de luz en el centro de su corazón. Es amor. Es el afecto que sienten por ellos.

Imaginen que la luz aumenta de tamaño. Cada vez mayor y más brillante. Repítanse: «Más grande y luminoso, más grande y luminoso». Amor y más amor.

La luz ocupa ahora todo su pecho..., todo el cuerpo... Ahora es tan grande como la habitación..., como la casa. Cada vez mayor y más brillante. Sienta esa luz llenando todo.

Ahora imaginen que comienza a disminuir hasta el tamaño de la habitación..., de su cuerpo..., de su pecho. Finalmente vuelve a ser un pequeño punto en su corazón.

Dígale al niño que cada vez que quiera mire en su corazón,

vea la luz y recuerde que es amor. Pueden hacerla grande siempre que estén sentados tranquilamente. Pueden experimentar lo que es el amor al prójimo.

Evitar problemas

No se apresure en este ejercicio. Charle sin sentido de la urgencia. Si le resulta difícil al niño hacer grande la luz, dígale que vale cualquier tamaño. Es una meditación excelente, y bien hecha puede ampliar las capacidades sentimentales del niño e introducirle en la noción del amor como una fuerza dinámica y activa en el universo.

Meditación 8: *Enviar amor a otros*

Edad

Seis a doce años.

Objetivo

Continuación de la meditación 7 en la que los niños intentan generar amor dentro de sí y enviarlo al mundo.

Técnica

Siéntense tranquilamente, respiren y relájense. Que el niño piense en personas queridas y tenga buenos pensamientos y deseos.

Dígale que se centre en el punto de luz de su corazón y que se ha hecho grande como en la meditación 7. Cuando sienta que aumenta de tamaño dígale que piense en alguien que necesita amor y que le envíe esa luz. Después de varios minutos de estar enviándola, que la recoja de nuevo y la vuelva a su corazón, hasta que sea otra vez un pequeño punto. Tras respirar profundamente, que se siente a saborear el agradable recuerdo del ejercicio.

Evitar problemas

Bien realizado, este ejercicio puede liberar mucha energía, así que al principio será breve. Los niños se absorben a veces muy intensamente en él. Pueden ver luces y sentir sonidos. Esto será bueno o malo dependiendo de cada niño. Si se excita demasiado, es mejor recurrir a técnicas más cerebrales como las meditaciones 5, 6 o 9.

Meditación 9: *Concentración en un diagrama de meditación*

Edad
Seis años a adultos.

Objetivo
Afinar las habilidades de concentración e implicar el sentido de la vista.

Técnica
Estos diagramas se han utilizado durante siglos. Algunos, como los mandalas tibetanos o los yantras hindúes, gozan de poderes ocultos al creer de sus practicantes. Para nuestros fines es suficiente con un diagrama circular casero.

Se dibuja un círculo con un punto grande en el centro. Los niños pueden utilizar un compás. Coloque el diagrama lo más cerca de usted posible y siéntese delante. Respirar y relajarse. El objetivo es concentrarse en el punto, sólo en él y en nada más.

Concéntrense primero en este punto durante dos o tres minutos y después en el círculo. Después se trasladarán de uno a otro con la frecuencia que quieran, regresando a uno en cuanto los pensamientos les distraigan en el otro.

Después de un rato, cierren los ojos e intenten concentrarse en el punto o la circunferencia con su ojo mental. Continúen haciéndolo durante algunos minutos, abran a continuación los ojos, respiren profudamente y relájense. El ejercicio puede repetirse tantas veces como se quiera.

Evitar problemas
A diferencia de la mayoría de las meditaciones, ésta se hace con los ojos abiertos, lo que significa que el niño puede distraerse con facilidad. Debe estar frente a algo que no le distraiga.

Meditación 10: *Controlar el pensamiento*

Edad
Ocho años a adultos.

Objetivo

Es una técnica relativamente avanzada, destinada a ayudar a entrar en estados de concentración profundos y a escapar de la mente ordinaria productora de pensamientos. Es más adecuada para niños mayores interesados en la meditación y con al menos un año de experiencia en técnicas de concentración.

Técnica

Siéntense tranquilamente, relájense, respiren y cierren los ojos. Los padres deberán decirles a los niños las primeras veces que todo esto lo hagan con gran cuidado.

Comiencen centrando su atención en la respiración. No es necesario alterarla. Que sea natural y observen su ritmo.

Cuando sus mentes comiencen a desviarse de la respiración:

1. Observen que han dejado de concentrarse en la respiración y que están pensando en otra cosa.

2. Describan lo que están pensando, con una frase concisa. «Pienso en una serpiente», por ejemplo.

3. Tras ser conscientes de la interrumpción en la concentración y etiquetar el pensamiento, vuelvan a la respiración. Cuando decaiga la concentración vayan de nuevo a los pasos 1 y 2.

El objetivo no es impedir violentamente las distracciones, sino percibirlas desinteresadamente y volver después con rapidez al punto de concentración. Cuanto más puedan concentrarse en la respiración, más profunda será la meditación.

Evitar problemas

Es una técnica relativamente avanzada y difícil para los niños al principio. Puede ser muy frustrante darse cuenta de que no se puede tener la mente en la respiración durante mucho tiempo, pero este mismo hecho ya es excelente. Es una verdad necesaria y un incentivo para más adelante.

Además, la respiración es un foco de atención excelente y la especial cualidad de este ejercicio dará confianza al niño. Háblelo primero con él. Los principios son algo más complicados que con otras técnicas y puede tardarse algo en comprenderlos. Una vez entendidos y practicados con regularidad producen unos resultados maravillosos, calmando la mente.

Últimos pensamientos

Una idea esencial que debe tenerse en cuenta al enseñar la meditación a los niños –en realidad al practicar cualquier tipo de educación interior–, es que la tarea de los padres no es iluminarles, sino introducirles en las técnicas e ideas espirituales básicas. Es que los jóvenes entren en el *hábito de la meditación*, se familiaricen con ella y trabajen en su propia conciencia. María Montessori le decía a Inayat Khan que los niños de su clase eran reacios al principio a dedicar cada día algunos instantes a sentarse tranquilamente y vaciar sus mentes. Después de practicar la meditación durante algún tiempo, comenzaban a pedir más sesiones.

Éste es en esencia el papel de los padres: informar a sus hijos del proceso y animarles a seguirlo de modo que cuando crezcan se dén cuenta del valor de atender a su propio interior. No hay que asumir ninguna otra responsabilidad y, desde luego, no suponer, como algunos padres, que su deber es conducir al niño a la iluminación divina. Esto vendrá después, es de esperar, cuando elijan su propio camino espiritual y su propio maestro. Hasta entonces usted sólo tiene que preparar el terreno. Recuerde el dicho budista: «Cada persona vive, muere y medita sola».

Finalmente, tenga en cuenta que aunque la plegaria y la meditación son la base de cualquier práctica espiritual, el tipo de ejercicio que usted elija dependerá de sus creencias personales y de la clase de espiritualidad que quiere para sus hijos. Lo importante es sobre todo hacerlo, y hacerlo ahora, mientras el espíritu es moldeable. Y hacerlo con todo el corazón; si los niños saben que es sincero en sus creencias se volverán sinceros en las suyas. Pero hágalo mientras el niño está abierto, es inocente y recuerda todavía el lugar de donde viene y a donde todos iremos.

En uno de los pasajes más hermosos que se han escrito sobre la vida espiritual infantil, Inayat Khan dice: «La historia de la expulsión de Adán del Paraíso demuestra que hay un cierto período en la vida del hombre en que está en el jardín del Edén y que después es expulsado de allí y no vuelve a experimentar el disfrute, la felicidad y la libertad que su alma poseyó. No hay ningún alma de este mundo que no haya experimentado el Jardín del Edén; y el Jardín del Edén es la infancia».[1]

Notas bibliográficas

Introducción a la educación interior

1. Bukkyo Dendo Kyokai, *L'Enseignement du Buddha*, Kosaido Printing Co., Tokyo, 1981, p. 222.
2. Notas personales y no publicadas de A. R. Orage.

1. La educación interior comienza al nacer

1. Carlos Castaneda, *Tales of Power*, Simon & Schuster, Nueva York, 1974, pp. 201-203. (Ed. castellana: *Relatos de poder*, Fondo de Cultura Económica, Madrid, 1978.)
2. Norbert Glas, *Conception, Birth and Early Childhood*, Anthroposophic Press, Spring Valley, NY, p. 37.
3. Deborah Jackson, *Three in a Bed: Why You Should Sleep with Your Baby*, Bloomsbury, Londres, 1989.
4. Frederick Leboyer, *Birth Without Violence*, Knopf, Nueva York, 1975.
5. Charles Morris, *Psychology: An Introduction*, Prentice-Hall, Englewood Cliffs, NJ, 1976, p. 75.
6. Joseph Chilton Pearce, *Magical Child*, Dutton, Nueva York, 1986, p. 53.
7. W. S. Condon, «Neonatal Movement Is Synchronized with Adult Speech», en *Science*, n.º 183, 1974, pp. 99-101.
8. A. Meltzoff y M. K. Moore, «Newborn Infants Imitate Facial Gestures», en *Child Development*, n.º 54, 1983, pp. 702-709.

9. Eileen Shiff (compiladora), *Experts Advise Parents: A Guide to Raising Loving, Responsible Children*, Delacorte, Nueva York, 1987, p. 6.

10. Wilhelm zur Linden, *A Child is Born: Pregnancy, Birth, and First Childhood*, Rudolf Steiner Press, Londres, 1973, p. 81.

11. Karlfried Durckheim, *Hara: The Vital Centre of Man*, Allen & Unwin, Londres, 1970, p. 31.

12. Norman Garmezy y Michael Rutter, *Stress, Coping and Development in Children*, McGraw-Hill, Nueva York, 1984, pp. 55, 140-152 y 163.

13. Glas, *op. cit.*, p. 37.

14. Zur Linden, *op. cit.*, p. 82.

15. A. Thomas, S. Chess y H. G. Birth, «The Origin of Personality», en *Scientific American*, Agosto 1970, pp. 102-109.

16. Alison Clarke-Steward, *Child Care in the Family: A Review of Research and Some Propositions for Policy*, Academic Press, Nueva York, 1977, p. 25.

17. Clarke-Steward, *op. cit.*, p. 15.

18. Margaret Ribble, *The Rights of Infants, Early Psychological Needs, and Their Satisfaction*, Columbia University Press, Nueva York, 1947, pp. 4-7. (Ed. castellana: *Los derechos psicológicos del niño*, Nova Terra, Barcelona, 1974.)

19. Ashley Montagu, *Touching*, Harper, Nueva York, 1978, p. 114. (Ed. castellana: *El sentido del tacto*, Aguilar, Madrid, 1981.)

20. Montagu, *op. cit.*, pp. 112-113.

21. *Ibid.*, p. 136.

22. Polly Berrien Berends, *Whole Child/Whole Parent*, Harper, Nueva York, 1983, p. 169.

23. Glas, *op. cit,*, p. 84.

24. Hazrat Inayat Khan, *The Sufi Message*, vol. 3, Barrie and Jenkins, Londres, 1971, pp. 13-14.

25. Zur Linden, *op. cit.*, p. 85.

26. Khan, *op. cit.*, p. 16.

27. *Ibid.*, p. 14.

2. Enseñar al niño que da sus primeros pasos

1. Glas, *op. cit.*, p. 87.

2. Khan, *op. cit.*, p. 23.

3. Elizabeth G. Hainstock, *Teaching Montessori in the House*, Random House, Nueva York, 1968.

3. Las reglas del juego para niños de más edad

1. Citado por Elizabeth Manwell y Sophia Fahs en *Consider the Children: How They Grow*, Beacon, Boston, 1961, p. 111.
2. Allan Fromme, *The Parent's Handbook*, Simon & Schuster, Nueva York, 1956, p. 90.

4. La transmisión de lecciones espirituales a través de cuentos

1. Joseph Campbell, *Hero with a Thousand Faces*, Meridian Books, Cleveland, Ohio, 1970, pp. 3-4.
2. Sylvester M. Morey y Olivia L. Gilliam (compiladores), *Respect for Life: The Traditional Upbringing of American Indian Children*, Anthroposophic Press, Spring Valley, NY, p. 53.
3. Henning Nelms, *Magic and Showmanship: A Handbook for Conjurers*, Dover, Nueva York, 1969.

5. La comunicación de ideas espirituales en las actividades cotidianas

1. Morey y Gilliam, *op. cit.*, p. 54.
2. Peggy Jenkins, *A Child of God: Activities for Teaching Spiritual Values to Children of All Ages*, Prentice-Hall, Englewood Cliffs, NJ, 1984.
3. Thomas Merton, *The Seven Storey Mountain*, Harcourt, Nueva York, 1948, p. 53. (Ed. castellana: *La montaña de los siete círculos*, EDHASA, Barcelona, 1981.)
4. Peter Occhiogrosso, *Once a Catholic*, Houghton Mifflin, Boston, 1987, p. 104.
5. George Gurdjieff, *Meetings with Remarkable Men*, Knopf, Nueva York, 1980, p. 39.

6. Autoritarismo frente a autoridad

1. Stella Chess y Alexander Thomas, *Know Your Child: An Authoritative Guide for Today's Parents*, Basic Books, Nueva York, 1987, p. 41.

7. El Tao de la disciplina

1. Shiff, *op. cit.*, p. 18.
2. *Ibid.*, p. 149.
3. Charles Shaefer, *How to Influence Children*, Van Nostrand, Nueva York, 1978, p. 29.
4. «Teaching Responsibility», en Shiff, *op. cit.*, p. 180.

8. El Tao del castigo

1. Gerald E. Nelson y Richard W. Lewark, *Who's the Boss? Love, Authority, and Parenting*, Shambala, Boston, 1985. (Ed. castellana: *Educar con disciplina*, Ed. Martínez Roca, S. A., Barcelona, 1988.)
2. Thomas Gordon, *P.E.T. – Parent Effectiveness Training*, New American Library, Nueva York, 1975.

12. En mi habitación

1. Khan, *op. cit.*, p. 14.

13. La elección de los juguetes

1. *Parents' Manual: A Guide for Muslim Parents Living in Norht America*, publicación de la Asociación de Estudiantes Musulmanes de Estados Unidos y Canadá, American Trust Pub., Indianapolis, 1976, pp. 132-135.
2. Berends, *op. cit.*, pp. 124 y 132.

19. Enseñar a ser honrado

1. Francis Ilg y Louise Bates Ames, *The Gessell Institute's Child Behavior Guide*, Dell, Nueva York, 1979, p. 308.

20. Enseñar al niño a decir la verdad

1. Fromme, *op. cit.*, p. 149.

21. La enseñanza de una conducta honrada

1. Haim Ginnot, *Between Parent and Child*, Macmillan, Nueva York, 1980.

22. Paciencia

1. Richard Wilhelm (traductor), *The I Ching or Book of Changes*, Bollingen, Nueva York, 1966, p. xxv. (Ed. castellana: *I Ching*, EDHASA, Barcelona, 1988.)

23. Las maneras y el dominio sobre uno mismo

1. A. R. Orage, *Psychological Exercises and Essays*, Janus Press, Londres, 1965, p. 76.
2. Michael Shulman y Eva Mekler, *Bringing up a Moral Child: A New Approach for Teaching Your Child to Be Kind, Just, and Responsible*, Addison-Wesley, Reading, Mass., 1985, p. 227.
3. Morey y Gillian, *op. cit.*, p. 117.

25. Enseñar a los niños a orar y meditar

1. Khan, *op. cit.*, p. 14.

Bibliografía complementaria

Beck, Joan, *Effective Parenting*, Simon & Schuster, Nueva York, 1976.

Coomaraswamy, Ananda, *The Dance of Shiva*, Noonday Press, Nueva York.

Dodson, Fitzhugh, *How to Parent*, Signet, Nueva York, 1971. (Ed. castellana: *El arte de ser padres*, Aguilar, Madrid, 1973.)

Eliade, Mircea, *The Two and the One*, Harper Torchbooks, Nueva York, 1965.

Eyre, Linda y Richard, *Teaching Children Sensivity*, Ballantine, Nueva York, 1987.

Fleming, Don (con Linda Balahoutis), *How to Stop the Battle with Your Child*, Prentice-Hall, Englewood Cliffs, NJ, 1987.

Grollman, Earl, *Talking About Death: A Dialogue Between Parent and Child*, Beacon, Boston, 1976. (Ed. castellana: *Vivir cuando un ser amado muere*, Ed. 29, Barcelona, 1986.)

Guenon, René, *The Reign of Quantity and the Signs of the Times*, Penguin, Baltimore, 1973. (Ed. castellana: *El reino de la cantidad y los signos de los tiempos*, Ed. Ayuso, Madrid, 1976.)

Heller, David, *Talking to Your Child About God*, Bantam Books, Nueva York, 1988.

Kapleau, Philip, *The Three Pillars of Zen*, Beacon, Boston, 1965. (Ed. castellana: *El despertar del zen*, Kairós, Barcelona, 1981.)

Klipper, Ilse, *My Magic Garden*, Pathways Press, Palo Alto, Cal., 1980.

Larrick, Nancy, *A Parent's Guide to Children's Education*, Trident Press, Nueva York, 1963.

Lickona, Thomas, *Raising Good Children: From Birth Through the Teenage Years*, Bantam Books, Nueva York, 1985.

Nasr, Seyyed Hossein, *Ideas and Realities in Islam*, Beacon Press, Boston, 1966. (Ed. castellana: *Vida y pensamiento en el Islam*, Herder, Barcelona, 1985.)

Rozman, Deborah, *Meditation for Children*, Celestial Arts, Millbrae, Cal., 1977.

—, *Meditating with Children*, University of the Trees Press, Boulder Creek, Cal., 1985.

Schuon, Frithjof, *The Transcendent Unity of Religions*, Faber and Faber, Londres.

Sheldlock, Marie, *The Art of the Story-Teller*, Dover, Nueva York, 1951.

Silver, Larry, *The Misunderstood Child*, McGraw-Hill, Nueva York, 1984.

Suzuki, D. T., *Studies in Zen*, Delta, Nueva York, 1955.

Trungpa, Chogyam, *Cutting Through Spiritual Materialism*, Shambala, Berkeley, Cal., 1973. (Ed. castellana: *Más allá del materialismo espiritual*, EDHASA, Barcelona, 1985.)

Waley, Arthur, *The Way and Its Power: A Study of the Tao Te Ching*, Grove Press, Nueva York, 1958.

Índice

CUARTA PARTE – UN HOGAR CON CORAZÓN:
ESPIRITUALIZACIÓN DEL ENTORNO DEL NIÑO

QUINTA PARTE – ENSEÑAR AL NIÑO LOS VALORES Y LA VIRTUD

SEXTA PARTE – ENSEÑAR A LOS NIÑOS A MEDITAR

René Sidelsky
EL PODER CREADOR DE LA MENTE
Enriquezca su vida mediante el dominio de las técnicas del pensamiento positivo
ROBINBOOK
DINÁMICA MENTAL

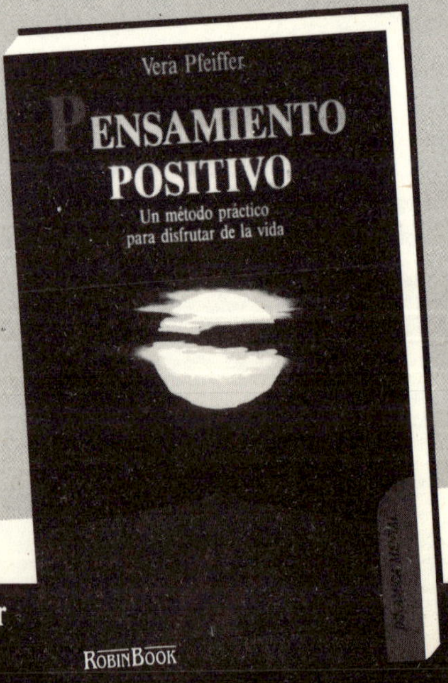
Vera Pfeiffer
PENSAMIENTO POSITIVO
Un método práctico para disfrutar de la vida
ROBINBOOK